恋爱中的苏格拉底

哲学入门十讲

张小星 著

清华大学出版社
北京

版权所有，侵权必究。举报：010-62782989，beiqinquan@tup.tsinghua.edu.cn。

图书在版编目（CIP）数据

恋爱中的苏格拉底：哲学入门十讲/张小星著. —北京：清华大学出版社，2020.10

（"敢于知道"人文通识系列）

ISBN 978-7-302-56415-7

Ⅰ. ①恋… Ⅱ. ①张… Ⅲ. ①哲学－通俗读物 Ⅳ. ① B-49

中国版本图书馆 CIP 数据核字 (2020) 第 170380 号

责任编辑：顾　强
封面设计：钟　达
版式设计：方加青
责任校对：王荣静
责任印制：刘海龙

出版发行：清华大学出版社
　　　　　网　　址：http://www.tup.com.cn，http://www.wqbook.com
　　　　　地　　址：北京清华大学学研大厦A座　　邮　　编：100084
　　　　　社 总 机：010-62770175　　　　　　　　邮　　购：010-62786544
　　　　　投稿与读者服务：010-62776969，c-service@tup.tsinghua.edu.cn
　　　　　质 量 反 馈：010-62772015，zhiliang@tup.tsinghua.edu.cn
印 装 者：三河市铭诚印务有限公司
经　　销：全国新华书店
开　　本：148mm×210mm　　印　　张：10.375　　字　　数：238 千字
版　　次：2020 年 10 月第 1 版　　印　　次：2020 年 10 月第 1 次印刷
定　　价：58.00 元

―――――――――――――――――――――――――――――――――――

产品编号：088317-01

献给最美的小小桃
——山尖尖尖上的那种

导　言
恋爱？苏格拉底？哲学！

恋人们总爱提一些奇奇怪怪的问题：

——你喜欢的是我的条件，还是我本人？
——你究竟怎么证明你喜欢我？
——你说，我们是不是注定在一起？
——我和你妈同时落水，你先救谁？
……

这些问题有的看似肤浅，不着边际；有的深刻，直指爱的本质。无论肤浅还是深刻，恋人总希望对方给出完美的回答。如果问了，对方却说不出，或给出漏洞百出的答案，恋人一定会生气，以为对方在敷衍。

实际上，这些问题都非常难以回答。

比如，什么是一个人的条件，什么又是一个人本人？年轻人拒绝相亲时，常常抱怨："相亲只看'条件'，根本不在乎对方'本人'。我要寻求真爱，要爱上一个人'本人'！"渴望真爱固然美好，可一个人"本人"真的和"条件"完全不同吗？没有了条件，本人还存在吗？再比如，什么是两个人"注定"在一起？注定的意思就是"必然"吗？可世间绝大多数因缘际会都是偶然，又谈何"注定"呢？最难的，当数"我和你妈先救谁"这个千古难题。说"先救母亲"，恋人会生气；说"抛下母亲先救恋人"，恋人可能又嫌弃你的人品。总之，怎么都是错。

答不出恋人的问题，不是因为笨，也不是因为不够喜欢。恋人反复追问的，其实都是千百年来的经典哲学问题。"怎么证明喜欢对方"涉及人类理性的结构；"条件与本人的差别"关系到个体的变化与本质；"注定在一起"预设了决定论或命定论；"先救谁"则取决于我们的道德原则。所以，想要回答上述问题，就要弄清理性的结构、人的本质、命定论与决定论的合理性，等等。可是，对于这些问题，就连历史上最聪明的哲学家们都争论不休。被爱情冲昏了头脑的恋人们，又怎么能在两三秒内就给出答案呢？

本书将通过十个最磨人的恋爱问题，引出十个相应的哲学话题。这些话题涵盖认识论、形而上学、伦理学、心灵哲学等哲学核心领域。我们会以恋爱视角深入探讨这些问题，分析背后的哲学思想，并勇敢地和恋人们共同面对其中的困境。经过十章的讲解，我们会掌握哲学核心领域的基本问题，也将懂得恋人被"怎么证明喜欢对方"等问题逼迫时，心里有多苦。

这本书为什么叫"恋爱中的苏格拉底"呢？因为苏格拉底（Socrates）不仅是西方哲学之父，还特别爱提问，和恋人一样是提问的高手。他常常在古代雅典的街道上问路人各种奇怪的问题："什么是正义？""什么是道德？""什么是知识？"……西方哲学的基调正是由苏格拉底的这些问题奠定。哲学并不神秘。和物理学、化学、社会学等学科一样，哲学也是用各种理论解释我们生活中看到的种种现象。只不过,哲学关注的事物更抽象。因为抽象,哲学家之间也更难达成共识。所以,哲学最主要的研究方法,是提问。不假定立场,不预设原则,用理性向生活中的基本现象进行提问。《恋爱中的苏格拉底》试着把苏格拉底这样的哲人放入恋爱关系中。面对恋人的提问,哲学家们究竟会怎么回答?又会提出怎样的想法?

恋爱的视角看起来稀松平常,却并不浅薄。本书的十讲,既可以带你浮光掠影地浏览哲学概貌,也可以伴你探索哲学的神秘。如果你深入理解了本书的每一个哲学脑回路,大概可以达到欧美高校哲学系本科一二年级的水平。可不要小瞧"本科",仿佛这两个字窥不见哲学的殿堂。要知道,哲学难在入门。很多学人终其一生也未必能问出苏格拉底对话式的问题。好在,这次我们有了恋人们的帮忙。恋人对于"怎么证明喜欢我"这类问题的执着,和苏格拉底真的很像呢。

目 录

认识论

第1章 你究竟是怎么知道喜欢我的？ / 2

1.1 你问我怎么知道喜欢你？其实我也想知道！ / 3
1.2 看看科学家会怎么说 / 4
1.3 归纳怀疑：你怎么知道明天的太阳还会升起？ / 7
1.4 外部世界怀疑：你确认现在不是做梦吗？ / 12
1.5 我思故我在："喜欢"不是科学，而是内心的感觉！ / 21
1.6 自我意识的模糊 / 25
1.7 小结 / 30

第2章 你真的喜欢我吗？你怎么证明？ / 32

2.1 如何用"为什么"把人逼疯？ / 33
2.2 阿格里帕三难困境 / 35
2.3 热衷于"证明"的数学家也没辙 / 45

2.4　三难困境与知识：你不仅没有理性，也将失去知识　/　48

2.5　既然逃不出三难困境，那么接受哪一种？　/　54

2.6　所以，究竟怎么证明"喜欢"？　/　63

2.7　小结　/　65

第3章　你喜欢的是我，还是喜欢的感觉？　/　66

3.1　可最终什么又不是感觉呢？　/　67

3.2　意识连贯，所以有稳定的外部世界？　/　69

3.3　理性主义：上帝啊，请帮帮我！　/　71

3.4　经验主义：世界是我的"感觉"而已　/　78

3.5　摩尔："证明外部世界"实在太容易！　/　85

3.6　小结　/　90

形而上学

第4章　你喜欢的是我的条件，还是我本人？　/　94

4.1　真爱是爱对方本人，可是"本人"存在吗？　/　95

4.2　区分"本人"与"条件"的两个理由　/　96

4.3　基底论："本人"就是"基底"　/　101

4.4　束论：个体只是一束性质的集合　/　110

4.5　小结　/　120

第5章 如果我破产毁容了,你会离开我吗? / 123

5.1 请先告诉我,究竟什么是"如果"? / 124
5.2 莱布尼茨:可能性就是"可能世界" / 127
5.3 可能世界究竟是什么? / 139
5.4 小结 / 149

第6章 等我们老了,你还爱我吗? / 153

6.1 时间存在吗? / 154
6.2 麦克泰格:放弃吧,时间真的不存在! / 157
6.3 拯救时间:B 序列与 B 理论 / 165
6.4 拯救时间:A 序列与 A 理论 / 175
6.5 小结 / 183

第7章 你说,我们是不是注定在一起? / 185

7.1 "注定"在一起是什么意思? / 186
7.2 物理决定论:科学家早就知道一切! / 188
7.3 决定论的困境:因果性将判你终身监禁 / 192
7.4 相容论与条件式:决定论和自由真的水火不容? / 200
7.5 条件式能力分析的两个难题 / 205
7.6 或许,决定论根本和"注定"无关? / 210
7.7 命定论:老天安排的,才算"注定"在一起 / 212
7.8 小结 / 219

伦理学

第8章　你当初居然还有别的选择？！　/ 222

8.1　作为对方的唯一选择，或许是件可悲的事？　/ 223
8.2　自由意志与道德责任　/ 227
8.3　法兰克福：好在，决定论的世界里也不能乱来　/ 231
8.4　自由与自我　/ 238
8.5　小结　/ 244

第9章　我和你妈同时落水，你先救谁？　/ 246

9.1　千古难题难在哪儿？　/ 247
9.2　功利主义的道德观：大家开心就好　/ 250
9.3　绝对义务论："你不可……！"　/ 269
9.4　初始义务观："你不可……"，除非……　/ 275
9.5　绝对义务的回归："你不可……，除非……"　/ 279
9.6　小结　/ 281

心灵哲学

第10章　把我的意识上传后，你会继续爱那个程序吗？　/ 284

10.1　意识传输的风险了解一下？　/ 285

10.2 身心二元论:心灵是心灵,身体是身体 / 289

10.3 行为主义:所行即所想 / 300

10.4 副现象主义:心灵是物理的"副产品" / 306

10.5 意识与"本人" / 311

10.6 小结 / 314

扩展阅读 / 316

致谢 / 318

认 识 论

第 1 章

你究竟是怎么知道喜欢我的？

章节要点：
- 什么是认识论？
- 休谟的归纳怀疑
- 外部世界怀疑论问题
- 我思故我在
- 自我知识的确定与模糊性

1.1 你问我怎么知道喜欢你？其实我也想知道！

恋人最爱提的一个问题是"你是怎么知道喜欢我的？"。绝大多数恋爱中的人都遇到过这个问题。毕竟"怎么知道喜欢对方"非常重要：如果真的喜欢一个人，就一定"知道"自己喜欢对方。要是你被问到"怎么知道喜欢"时居然抓耳挠腮答不出来，对方很可能会觉得其实你并不喜欢，会伤心离开。

就算没被"怎么知道喜欢"这个问题折磨过，电视剧中也常能看到类似的桥段。人们可能会不屑："这么无聊的问题，何必正面回答呢？去喝杯奶茶，再看场电影，对方不就开心了吗？为什么要纠结于怎么知道喜欢对方呢？"但就算这次用奶茶和电影顺利蒙混过关，下次呢？如果每次对方问"你怎么知道自己喜欢我"时都顾左右而言他，对方早晚会感到蹊跷："从不正面回答，看来是真的不喜欢我呢……"

实际上，"怎么知道喜欢"不仅重要，也非常难以回答。

说"每次看你都会感到快乐"行不行？人们很容易想到这个答案。如果喜欢，的确就会因为看见对方感到开心。况且，跟"快乐"这么美好的感觉相伴，也应该能让对方满意了吧？然而，你看到对方感到快乐，吃巧克力也快乐，玩手机更加快乐，你又怎么确定地知道自己的感觉算是"真正的喜欢"呢？难道恋人在你眼中竟然和吃巧克力、玩手机一样？可见，"感到快乐"作为"怎么知道喜欢对方"的回答不算完美。要是恋人追问"那我和手机到底有什么不同"，而你却支支吾吾，对方的脸色一定非常难看。

当然，如果对方是在开心的时候随便问问还好——只要你的答案不太离谱还能躲过一劫。可万一对方正在生气，或者心里没底，你就得非常小心了。

"怎么知道自己喜欢对方"背后的哲学问题，是究竟如何"确定地知道"一件事情。在日常生活中，我们自以为知道很多事情：比如，天是蓝的，玫瑰是红的，今天是周几，等等。这其中，有些知识比较确定，另一些不那么确定。我们知道自己叫什么名字，也知道自己乘坐的下一次航班一般不会失事。但相比之下，我们对自己的名字要确信得多。否则，也不会在订机票的时候购买保险。

恋人"你怎么知道喜欢我"的追问所关心的，正是你是否"确定地知道"自己喜欢对方。关系一生幸福的事情，绝不容半点儿含糊！

可惜，哲学家们早就发现，一旦采用严格的标准，我们几乎对任何事情都无法确定。无论面对多么强大的证据，只要你眯起眼睛仔细审视，就总会发现出错的可能。所以，想完美回答"怎么知道自己喜欢对方"，就必须先从哲学上解释"如何获得确定的知识"。对于被爱情冲昏了头脑的恋人来说，几乎不可能在对方提问的两三秒内完成这个艰巨的任务。

现在，我们一起看看那些"喜欢对方"的常规证据为什么不够确定，也看看哲学家们在追求确定性的道路上遇到过哪些障碍。

1.2　看看科学家会怎么说

先从"见到你就感到快乐"这个回答开始。

为什么这个答案不够理想？刚刚提到，快乐的感觉过于泛泛。和恋人看电影快乐、自己玩手机也快乐——快乐在生活中太过常见，很难区分恋爱和其他的场景。

那么，要不要提出比快乐更细致的标准呢？"脸红心跳"显然就好得多。你看见恋人会脸红心跳，刷手机却不会。如果你玩手机会脸红心跳，那一定是熬夜太久心脏负担过重了。这种感觉可并不"快乐"。所以，我们不妨用"感到快乐，并脸红心跳"来区分对恋人和对手机的喜欢。要是能加入"多巴胺分泌旺盛"这种科学标准就更好了。相信，随着医学和心理学的发展，人们终将找到"恋爱"所对应的脑神经状态。到那时，恋人就可以拿着自己的脑扫描图说："这张图完全符合恋爱的特征，我看着这张图，确定知道喜欢你。"

尽管我们的标准从"感到快乐"进化到脑扫描，背后的思路却基本相同。在求助于快乐和多巴胺分泌时，恋人是想通过外部的"客观标准"推导出自己喜欢对方。我们不妨把这种思路称为"客观论证"。

客观论证的一般形式是：

A. 如果我具有特征F，则我喜欢你。
B. 我具有特征F。
C. 于是，我喜欢你。

特征F可替换为"看到你觉得快乐""脸红心跳""多巴胺分泌水平提高"，等等。你觉得哪个特征和喜欢最相关，就把它放在F的位置上。只要选出的F足够可靠，条件A就会成立——"如果我具有特征F，则我喜欢你。"而条件A一旦成立，你只要确认自己满足F就可以知道喜欢对方了。总之，确保了条件 A 和 B，就可以推出结论 C："于是，我喜欢你。"

客观论证是一个典型的"肯定前件式"（modus ponens）。肯定前件式的一般形态是：

- 如果 P，则 Q。
- P。
- 于是，Q。

此处，P 与 Q 的内容依然不是关键。肯定前件式的厉害之处在于：无论 P 和 Q 的内容是什么，只要前面两个条件成立，则第三个条件"于是，Q"就一定成立。反之，如果 Q 居然是假的，则上面两个前提中也肯定至少有一个是假的。以身高测量为例：假设你某次相亲时，对方残忍地指出"你肯定不到178"。你大概会反驳"我早上刚刚量出178厘米"。此时，虽然没有明说，但你恰恰预设了关于身高的肯定前件式：

- 如果我今早测量身高时显示178厘米，则我身高178厘米。
- 我今早测量身高时显示178厘米。
- 于是，我身高178厘米。

而对方既然坚持反驳你"身高178"的结论，就必须拒绝上面的某一个前提。要么，你今早测量身高时看错了，根本不到178；要么，量出178厘米不等于真有178厘米——也许测量仪器不准，也许身高会浮动，等等。

所以，通过客观论证，只要找到了那个和真爱最相关的特征 F，确认"如果我具有 F，则喜欢你"，并同时确认"我具有

F"，就可以理直气壮地回答恋人，"我喜欢你"。之所以能知道自己喜欢对方，是因为进行了客观论证的思考步骤。毕竟，肯定前件式的逻辑毫无破绽；只要确定了 A、B 两个前提，你就对于"喜欢对方"的结论确定无疑了。

客观论证的重点是前提 A。我们发现，虽然快乐的感觉不足以证明喜欢，快乐的感觉加脸红心跳却有希望得多。如果恋人穷追不舍地问，我们还可以向科学求助。神经生理学发展迅速，早晚总能发现真爱的脑神经状态吧？

思考至此，如何"确定地知道自己喜欢对方"好像已经变成了科学问题。之所以回答不出来，是因为科学还不够发达。这跟哲学又有什么关系呢？

1.3 归纳怀疑：你怎么知道明天的太阳还会升起？

可惜，哲学家们发现，无论科学再怎么发展，都不能提供绝对的确定性。上述客观论证中的条件 A 或许能够成立，我们对此却永远无法确定。

为说明这点，让我们重新回顾一下回答了"看到你就感到快乐"的困难。这个答案第一眼看上去没什么问题。感到快乐就是喜欢，有什么不对呢？可我们随之想到了吃比萨的快乐、玩手机的快乐，并发现：快乐未必就是真爱。因此，也就只得抛弃"看到你就感到快乐"的答案。

这种转变的缘由，是我们"观察范围"的有限性。

最初，我们只观察到了恋爱的快乐，没想到玩手机的快乐。而当我们发现了刷手机的巨大快乐，也就切断了"看到你就感到快乐"和恋爱的关联。类似地，"感到快乐并脸红心跳"也受制于观察范围的局限。如果只考察谈恋爱和玩手机，的确会以为快乐加脸红心跳足以捕捉爱的本质。可是除了见到恋人时会快乐得脸红心跳，去健身房锻炼后也会快乐得脸红心跳。难道健身房能和恋人的地位比肩？同样的理由可以推翻"见到一个人时多巴胺分泌旺盛就是喜欢"的科学理论。毕竟，跑步流汗也促进多巴胺分泌，甚至会让人脸红心跳得更剧烈呢。

观察的有限性是条件A的一个致命问题。

条件A中的特征F与真爱之间的关系是必然的。而必然关系在本质上都是"无限的"——无论过去未来，只要特征F出现就一定要伴随真爱。条件A因而蕴含着一个"全称命题"（universal proposition）："所有的特征F，都伴随着恋人的喜欢。"所以，要想确认条件A，就必须观察"所有"那些关于F的情形。只有阅遍了全部满足特征F的人，并发现他们都身处爱河之中，我们才能百分之百地声称"如果某人具有F，则喜欢对方"必定为真。

但显然，我们根本不可能考察所有关于F的情形。人生苦短，很多人一辈子也没有几次脸红心跳的难忘体验，更不能用设备扫描所有人的大脑。就算知识可以在图书馆、光盘和云端数据库里不断积累，也终究是有限的。在任何一个历史时刻，人类观察过的现象都有着无法避免的边界。至少，未来还没有发生。就算我们扫描了迄今为止存在过的所有人的大脑，确认他们当中满足F的人都深陷爱情，也不能保证明天会不会有一个孤单多年的大脑显示出F的特征。

历史上，有限观察与全称命题之间的这种落差由英国近代哲学家休谟（David Hume）首先提出。休谟的问题被称为"归纳怀疑"（inductive skepticism）。归纳怀疑的中心思想是：通过有限经验归纳得出的全称命题永远可能是错的，人类的理性没法排除这些错误的可能性。

休谟在《人类理解研究》（*An Essay Concerning Human Understanding*）中举的例子十分质朴：无论人类历史见证多少次太阳的东升西落，也无法直接推出太阳明天还会升起。在人类能够观察到的范围之内，并不包含"太阳明天还会升起"这个命题。在生活中，大概的确有很多像图1-1里的人那样，曾经担心过第二天太阳是否真的会升起呢。

图1-1 归纳怀疑的困惑

读到这儿，很多人会对休谟的想法困惑不已。难道我们还不知道太阳明天会升起？要是连这个都不知道，还何苦奋力拼搏呢？不如嗨起来，去海边晒太阳，再疯狂购物，把积蓄都花光？当然，休谟从没有鼓励大家放弃人生。休谟的论点仅仅是：通过已有的观察，我们无法直接推导出明天太阳继续升起的结论。"太阳明天不升起"这个否定命题，和我们观察过的经验内容之间没有任何逻辑矛盾。

归纳推理（inductive reasoning）的确是日常生活中不可缺少的一部分。我们看见N次太阳升起，就推论下一次太阳还会升起。看见N只苹果落地，就以为下一只苹果也会落地。休谟承认：归纳对于生活实践非常重要。只不过，归纳没有多少理性基础。不管我们从理性内部进行逻辑反思，还是在外部世界中反复寻觅，都找不到归纳推理正确性的"证据"。在休谟看来，归纳法使用仅仅是源于人类的生活习惯。根本没什么道理可讲。

归纳怀疑的破坏力究竟有多大呢？可不止太阳是否升起这么简单。

如果我们只是不确定明天的太阳是否会升起，世界观还不至于瓦解。毕竟，科幻影片已经为我们描绘过一些太阳不再升起的灾难场景——太阳忽然坍塌、地球停止自传，等等。这些场景尽管凄惨，却并非不可能。严格来说，我们的确不知道明天是不是世界末日。就算末日到来，也只是经历了一场人类的挽歌。人类曾自以为"知道"的一切仍将是真的——最起码，我们知道银河系还在，宇宙还在，掌管着万物运行的物理规律也依然成立。物理老师当年在课堂上辛辛苦苦写过的公式，也都是正确的。

休谟会善意地提醒我们：这个想法太天真，完全低估了归纳怀疑的威力。

归纳怀疑的攻击范围绝不限于太阳升起这种具体的经验现象。任何对归纳法的使用都会受其影响，就连物理知识也不例外。比如，我们如何知道万有引力的存在呢？还不是因为一次次观察苹果落地，一次次看到涂满了黄油的面包从手边滑落地板？所有的物理规律都是从经验观察中总结出来的。通过反复试验，物理学家"总结"出许多规律，并用它们预测未来。

可我们又如何确定地知道这些物理规律的正确性呢？如何知道下一只苹果在成熟后不会直接飞向天空？在休谟看来，我们其实并不知道。物理学家观察过的现象是有限的。无论多么努力地重复物理试验也无法穷尽所有的可能情形。无论人类摘过多少苹果，都不能排除下一只苹果飞向天空的可能性。而一旦苹果毫无缘由地飞了起来，关于引力的物理学也将被改写。在这个意义上，我们并不能确定地知道当前的物理学是必然正确的。

当然，物理学家绝不会放过飞翔的苹果。他们会寻找苹果飞升的原因，并提出新的理论来解释这一切。

但是根据归纳怀疑，物理学家这么做毫无"理由"。任何科学研究都假定了世界上存在"规律"，假定世界的运行是"稳定"的，假定未来和过去之间不会产生明显的断裂。可世界的这种规律性本身正是归纳怀疑的攻击对象。凭什么假定存在必然的规律呢？就算宇宙迄今为止呈现出完美的规律性，也不能保证永远如此。在逻辑上，宇宙完全有可能在某一个时刻之后陷入彻底的混乱。不再有常量，也不再有力的作用。宇宙的坍塌不需要任何原因。坍塌，有可能只是因为世界上不再有"因果"而已。

恋爱客观论证中的条件 A 直接被归纳怀疑判了死刑。如果连物理学都招架不住归纳怀疑的攻击，关于恋爱的科学更没胜算。

通过健身房的例子，我们已经轻而易举地排除了"感到快乐""脸红心跳""多巴胺分泌旺盛"这些特征。运动会让人快乐得脸红心跳分泌多巴胺，却不是真爱。就算科学家发现了某个脑神经特征 F 精确地对应真爱，屡试不爽，也不能保证下一个出现特征 F 的人会不会只是在玩手机。"如果某人呈现 F，则他身陷爱情"这个理论有可能正确。只不过，我们永远没法确定。

既然条件 A 不确定，客观论证也就不确定。如果一个人拿着自己的脑图对恋人说，"你看，我知道自己是喜欢你的，因为脑部扫描图符合典型的恋爱特征。"精灵古怪的恋人可能会沿着休谟的思路怀疑，"这种特征说明不了什么，科学家一共才观察过几个人？再说了，观察得多，就证明这个特征一定是喜欢吗？"恋人的反问很像是刁难。可如果我们尊重归纳怀疑的基本想法，就不得不承认：根据我们有限的观察，的确找不出任何特征和喜欢之间的任何必然关联。

听到恋人的质询，有些人可能会气急败坏，觉得休谟一定是疯了。如果不知道世界存在规律，我们又何必吃饭睡觉，何必在熬夜追剧后很不情愿地调好闹钟呢？我们之所以做这些，不正是因为预设了"世界是稳定的、有规律的"，预设了"不吃会饿""不睡会困""不上班会穷"吗？然而，这些反问恰恰掉入了休谟的陷阱。我们"预设"了世界稳定有规律，"预设"了不吃会饿不睡会困。我们甚至有现实的理由这么做。只不过，我们找不到任何"证据"支持这些观点而已。用休谟的话说，这些预设仅仅是心理习惯而已。

休谟究竟是否正确？我们应该接受归纳怀疑的结论吗？

哲学家对此的回答不一。有人支持，也有人反对。但无论怎样，我们看到"怎么确定地知道自己喜欢对方"这个简简单单的问题背后，藏着怎样的千古哲学难题。如果想用客观论证回答恋人的提问，也就必须首先把条件 A 从归纳怀疑的泥潭中解救出来。可惜，头脑正热的恋人又怎么能在短时间内想得清楚呢？

1.4　外部世界怀疑：你确认现在不是做梦吗？

恋爱客观论证里的哲学陷阱可不只有归纳怀疑。

归纳怀疑只破坏我们对条件 A 的确定知识，"如果我有特征 F，则我喜欢你。"条件 B，"我有特征 F"，不受归纳怀疑的影响。毕竟，你有没有脸红心跳是非常具体的事情。脸红了就是脸红了，没红就是没红，你完全可以通过有限的观察确认脸到底红没红。

比归纳怀疑更可怕的"外部世界怀疑"（external-world skepticism）则不这样认为。

外部世界怀疑论不仅影响条件 A，也影响条件 B。很可能，你不仅无法知道脸红心跳是不是喜欢，甚至无法确认自己有没有脸红心跳。或许你自以为脸红心跳，其实却只是《黑客帝国》里的一块生物电池，没有表情，心跳微弱，安静地躺在睡眠舱里。根据外部世界怀疑论，你不能从根本上排除自己是不是《黑客帝国》里的生物电池，所以也无法知道自己实际上有没有脸红心跳。

外部怀疑论究竟是什么？哲学家又为什么提出这么奇怪的理论？

外部世界怀疑论最为经典的表述来自近代哲学家笛卡尔（René Descartes）。笛卡尔提出怀疑论证的目的并不是怀疑。跟锲而不舍的恋人一样，笛卡尔的初衷恰恰是寻找确定的知识。在《第一哲学沉思集》（*Meditations on First Philosophy*）的开篇笛卡尔就指出：我们从小接受太多错误观念，这些观念从未被反思，而在这些基础上建立的知识大厦全都是危房。想要确定的知识，就必须先用怀疑的方法扫平一切，推倒重来，把知识建立在不可怀疑的基础之上。

笛卡尔寻找确定的知识，是为了回应近代科技革命引发的怀疑思潮。

笛卡尔所生活的十六、十七世纪正值新旧学科的交替之际。哥白尼的日心说挑战了地心说的权威，伽利略对天体运动的解释动摇了统治多年的亚里士多德（Aristotle）物理学。在宗教领域，新教的改革也对天主教带来冲击。对此，很多人无所适从。如果不同世界观之间有这么根本的冲突，该相信哪边？是盲目地选择一方，还是都不相信？人的理性有可能认识真理本身吗？今天看来，地心说"当然"是错的，牛顿物理学也优于亚里士多德物理学。但这不能缓解科技革命带来的焦虑。毕竟，科学总会发展，牛顿物理学早已被取代，我们今天的物理学也很可能在多年之后被彻底推翻。或许，我们永远无法认识真理本身？科学会不会仅仅是一种生存工具，和真理无关？

这也正是笛卡尔同时代怀疑论者的焦虑。当时最著名的怀疑论者是法国哲学家蒙田（Michel Montaigne）。蒙田觉得理性在任何事情上都可能误入歧途。想要获得心灵的自由，摆脱偏见与误解，也就不能把任何观念视为真理。对凡事都拒绝判断，事不关己，反而成了理智的选择。

笛卡尔不同意蒙田的观点。笛卡尔认为，我们依然能获得确定的知识。当然，仅仅喊"蒙田不对，科学万岁"这种口号帮不上忙。必须证明确定知识的存在。而为了寻找确定的知识，笛卡尔的方法是进行"彻底的怀疑"（radical doubt）。用最离奇的怀疑审视我们所有的观念。如此一来，那些最终过滤不掉的知识也就不可怀疑了。

《第一哲学沉思集》中怀疑的方法有三个步骤，分别对应三种怀疑的武器：错觉、梦境、魔鬼。现在，我们分别看看这三种武器的具体内容。

1.4.1 错觉：眼见不为实

先说错觉。笛卡尔开门见山地告诉我们：绝大多数知识都来自于感知，而感知可错。

前文在介绍归纳怀疑时讲道：无论多么艰深的科学，最终都来自经验观察。如果牛顿力学预测苹果下落，你却看到苹果飞升，牛顿力学就遇到了麻烦。与经验相符的科学理论才有可能是正确的。

然而，经验感知不仅有限，还常常出错。筷子插入水中后仿佛被折断。筷子其实并没有折断，是感知欺骗了我们——感知让我们以为筷子断了。夜里仰望星空，如果光污染不严重，还能看到星光点点。星星看上去都很小，实际上却很大。感知于是再一次欺骗了我们。美颜相机也有类似的功能。对多数人来说，开启美颜等于换一张脸。如果总是把美颜相机当作镜子，也就会误以为自己长得很美。一旦不小心失手关闭了美颜，就会发现残酷的真相。当然，所有的镜头都会失真，所以我们也可以选择不相信这个所谓的真相。"美颜才是真的，我本人的样子和美颜效果更接近！"但无论怎样，美颜和不美颜总有一个是假的。无论你相信自己长得什么样，感知终究会多骗你一次。

这些生活中的错觉看似没什么危害，笛卡尔却认为它足以动摇感觉知识的基础。既然感知骗过你一次，就可以骗你一万次。感知的欺骗和恋人出轨类似，只有零次和无数次的差别。只要背叛过一次，就再也没法"完全相信"对方了。哪怕选择原谅继续生活在一起，双方的信任也总是打了折扣。感知也是一样。就算我们不会因为看错一件事就自戳双目，也没法百分之百地相信感知了。既然笛卡尔追求绝对的确定性，也就必须放弃感知的途径。

1.4.2　梦境：人又怎么知道自己没有做梦呢？

梦境，是笛卡尔怀疑方法的第二步。

引入梦境，是因为笛卡尔发现上述对感觉的怀疑不够彻底。人们虽然常被错觉困扰，但对自身近处的状况却认为基本不会出错。

比如，现在你正在读这本书，这是确定无疑的。你也可以举起左手，放心地大喊"这是我的左手"。只要神志清醒，这些判断就不可能出错。同样，在回答"怎么知道自己喜欢对方"时，你也可以盯着眼前医生给出的诊断说："没错，没错，我多巴胺的确升高了！白纸黑字，我不可能看错！"

白纸黑字虽然免于错觉，却会无法摆脱梦境的困扰。

毕竟，我们常在梦中做类似的判断。"我飞了起来"（见图1-2）；"刚中大奖，买了一吨小龙虾"；"上班明明迟到了，却怎么也跑不动"。梦中这些情形都是关于自身状态的。它们虚假，我们却信以为真。可见，对自身与周围事物的感知也没法百分之百确定——我们又如何知道这是现实而不是梦境呢？所以，当你说"我多巴胺的确升高了"时，恋人可以反问"你确定当时清醒吗？"

图1-2 梦境怀疑：你并不确定自己身上正发生着什么

可不要小瞧梦境怀疑的威力。

如果说，归纳怀疑仅仅破坏对外部科学规律的知识，错觉仅仅动摇我们对远处和微小事物的感知，梦境怀疑却可以揉碎整个世界。根据梦境怀疑，我们经历过的任何事情都是不确定的。我是谁？来自于哪儿？过往的记忆是不是巨大的幻觉？这些问题都将悬而未决。当然，我们依然有权利"相信"世界真实，不是一个梦。但和归纳法一样，这种相信更像生活实践中的"习惯"——否则，我们一定会被送进疯人院。但尽管如此，我们依然不能"确定地知道"世界是否真实。没有任何"证据"可以说明我们的经历真实，而不是一场梦境。

最终，我们不仅无法知道多巴胺有多高，甚至无法知道恋人到底存不存在。

或许有人会问：掐自己一下行不行呢？使劲掐自己一下，如果不疼就肯定是梦境。但，如果疼呢？疼就一定真实吗？不一定，因为梦境也会模拟痛感。你就算把自己掐得龇牙咧嘴也没用——梦境也可以模拟"疼得龇牙咧嘴"。同样，我们完全有可能梦见所有亲人围起来跟自己说："这孩子读书读傻了，怀疑自己在做梦，当然不是！你看，我们都好好的，你正醒着呢。"亲人说完这句话，你果然从梦中醒来。可见，分不清自己"是梦是醒"的不一定是文艺小青年，也可能是头脑冷静的哲学家。

1.4.3 魔鬼：骗得你体无完肤

梦境已经很让人头疼了。笛卡尔居然还推出了怀疑的第三步：魔鬼。

笛卡尔发现，梦境尽管碾碎了大部分知识，仍有一些知识不受影响。

一方面，梦境就算不真实，也只是生活中基本元素的组合。你梦见飞向空中的城堡，城堡里镇守着火龙。这个场景是虚假的：你不会飞，空中没有城堡，更没有喷火的龙。可梦之所以是梦，不正是因为重现了现实中的某些元素吗？现实中没有空中的城堡，却分别有天空和城堡。即便"城堡"只是我们的想象，那建造城堡的岩石一定存在。要是连岩石也不存在，总还有一些更简单的元素存在。笛卡尔最终总结：时间、空间、长宽高、数量这些最基本的元素一定由梦和现实共享。只要还有"现实"与"梦境"的区分，只要梦还来源于现实，我们就一定能从梦境中提取出关于现实的蛛丝马迹。

另一方面，很多知识本就和现实/梦境的区分无关。比如数学知识。"二加三等于五"。这个等式非常简单。只要头脑够清醒就一定不会算错。而且，你在梦里清晰地算出这个等式，也完全不影响它的确定性。数学家们常常在梦中获得灵感。他们梦见如何证明一个定理，醒来后完全可以沿着梦中的思路继续研究。数学毕竟是"抽象"的。数学可以计算现实，却不是"关于"现实的。无论世界上能不能找到五只苹果让我放在一起做加法，"二加三等于五"也依然成立。

那么，时空基本元素的存在是否不能怀疑？或者，能否把数学作为知识的确定基础？

笛卡尔认为还是不行。有一种怀疑的破坏性比梦境还要强大，即：或许我们其实被一个近乎全能的魔鬼操控。在这个场景中，我们没有身体，世界上也没有天空海洋，甚至没有时间和空间。就连数学也可能是假的——我们面对"二加三等于五"时自信满满，相信自己一定正确，却可能还是错了。初等数学带来的"确定感"或许只是魔鬼的把戏。笛卡尔强调，我们无法确定自己是否早已被这样一位魔鬼控制，所以，我们甚至无

法确切地知道"二加三等于五"。就算二加三真等于五，物理世界也的确存在，我们对此也没法确定。（见图1-3）

图1-3 魔鬼怀疑：也许世界上根本没有物质

笛卡尔的魔鬼是哲学史上最匪夷所思的设定之一。笛卡尔自己也只是把魔鬼的思想试验当作心灵体操，避免自己重新陷入轻信的"习惯"，避免让怀疑的方法前功尽弃。如果说，"分不清梦醒"的青春文学忧伤还情有可原，"分不清有没有被鬼骗"则实在不可原谅——这种困惑和犹豫毫无诗意和美感，切不可沉浸其中。但尽管如此，魔鬼欺骗依然是十分有效的思想试验。魔鬼与梦境破坏知识的方法十分相似。

以"薯条很香"为例。大多数人知道薯条的确很香。可如果想确定地知道薯条很香，要满足下列条件：

I. 一个人如果确定知道"薯条很香"，就一定能排除所有"薯条很香"为假的可能性。

这个条件十分可信。要确定薯条很香,就不能只是看见薯条就流口水这么简单。动物也会流口水,而我们需要的是理智上不可怀疑的确定性。所以,除了看见薯条就流口水外,你还得知道薯条不难闻,不臭,口感不生涩。如果标准更高一些,你就还得知道世界上存在薯条——知道人们吃的那些薯条的确是"薯条",而不是一种奇怪的化学产品。

可惜,笛卡尔指出了两个任何人都无法排除的"薯条很香"为假的可能性。一种可能性,是薯条其实很难吃,但我们从未吃过薯条,我们每次"吃薯条"时其实都在做梦。另一种可能性,就是我们连身体都没有,什么都没吃过,遑论薯条。这两个情形下"薯条很香"为假。而笛卡尔指出,我们没法排除自己做梦或被魔鬼欺骗的可能性。

由此得出另一条件:

II. 存在一些任何人都无法排除的"薯条很香"为假的可能性。

通过条件 I 和 II,可推出结论:任何人都无法确定知道"薯条很香"。

薯条的味道仅仅是一个例子。任何关于外部世界的命题,都会以同样的路径被梦境和魔鬼所影响。于是,对任何事情,我们都没有绝对的确定性。

现在,回到恋人"怎么知道自己喜欢对方"这个问题。外部世界怀疑和这个经典追问之间有哪些关系?

恋人显然不会怀疑外部世界存在。世界上存在天空、海洋、星辰,也存在恋人。不然,又向谁问"怎么知道喜欢?",提出这个问题的人又是谁呢?可是我们看到,恋人对"是否知道喜欢"标准的严格程度不亚于笛卡尔的确定性。一个答案只要可能出错，就不够确定。而不够确定，就没法满足恋人的期待。尤其，当对方通过客观论证回答"我看到自己的脑图具有特征F，所以确定我喜欢你"时，恋人完全可以质疑条件B，"你确定没看错吗？要不要再扫描一次脑图？"

可见，想通过客观论证回答"怎么知道自己喜欢对方"，就不仅要帮条件A破解归纳怀疑，也要把条件B从外部世界怀疑论的陷阱里救出来。至少，你得解决错觉给感觉知识带来的怀疑论影响。

所以，就算面对"怎么知道喜欢对方"哑口无言，也不要懊恼。你可能不是不够喜欢。这个问题本身太难，根本没人能答得出来。

1.5 我思故我在："喜欢"不是科学，而是内心的感觉！

"怎么知道喜欢"的问题究竟有没有解？除了"感到快乐"和"多巴胺分泌"这类客观的标准，有没有别的回答途径？或许，客观论证的方向根本错了。与其寻找"喜欢"的外在客观标准，不如转而求诸内心？"喜欢"毕竟是非常主观的一种感觉，大概原本就不是科学能解释的事物呢。

不光我们，笛卡尔在经历了梦境和魔鬼怀疑的绝望之后，也开始诉诸内心。他惊喜地发现，我们的内心状态无比确定。就算魔鬼再强大，再怎么骗我，我也必须存在。不然，魔鬼骗的又是谁呢？哪怕他让我误以为世界是物质的，误以为二加三等于五，却在这些基本的命题上屡屡出错，我也一定是存在的。被骗的人存在，这是欺骗的前提条件。如果我根本不存在，魔鬼也就没法骗我。笛卡尔因此得出结论：只要我还有被骗的可能，就一定存在。

至此，笛卡尔终于抓住了一根救命稻草。

可能会有人疑惑，笛卡尔如何知道自己被骗呢？魔鬼这么强大，当然不会在骗我的时候露出马脚！笛卡尔也确实"不知道"自己被欺骗。他既不知道魔鬼存在，也不知道魔鬼不存在。此时他所能确定的仅仅是：每当意识进行思考，他就必然存在。因为，如果世界上没有魔鬼，那么一切安然无恙，思考着的笛卡尔也就稳稳地活着；而万一真有魔鬼，脑中的想法就是魔鬼的杰作，我作为被欺骗者也必定存在。总之，无论有没有魔鬼，思考的自我都存在。思考，也就成为笛卡尔确认自己存在的方法。再厉害的怀疑也对此束手无策。这就是笛卡尔的名言"我思故我在"的来历。

所以，"我思故我在"不是让思想"产生"存在。思想只是存在的"证据"。每当你发现自己在思考，就可以放心大胆地推出"我存在"的结论。

除了魔鬼，"我思故我在"还能抵御《黑客帝国》等其他离奇的怀疑论场景。如果超级计算机骗我，那么"欺骗"也需要客体——我得存在，才能被超级计算机骗。梦境也是如此。陷入梦境的人一定存在。如果不存在，也就根本没法陷入梦境。无论怀疑论情形中的人类多么凄惨，他们至少保留了自己的存在。否则，怀疑场景也就没法成立。

从外部世界的怀疑到"我思故我在"的发现，是笛卡尔由外至内探索的过程。回归内心，不是因为恐惧或羞涩，更不是为了修仙，而是因为外部世界的一切都无法抵御怀疑。相反，只有内心状态是不能怀疑的。

现在我们来看看，笛卡尔的"思想"究竟指什么？

必须无比深刻地研究哲学和物理才算思考吗？必须为人类

做出巨大贡献才算思考吗？都不是。笛卡尔的"思考"门槛非常低。读一首打油诗、对流星幼稚地许个愿，这些都是思考。此外，想象一个场景是思考，感知到一个形象是思考，梦见自己"仿佛飞了起来"同样是思考。可见，"思考"的范围非常广。很多哲学家认为，笛卡尔的思考无非是"意识"或"自我意识"。理解、判断、想象、感知，这都是意识内部的活动。正因为发生在意识内部，它们对于意识自身而言才显得确定无疑。只要你的意识还在活动，无论内容多么无聊，就足以证明你自己存在。

笛卡尔的结论并非"我存在"这么简单。

除了自我意识的"存在"，意识所呈现的"内容"也不可怀疑。比如，笛卡尔可以确定"我觉得开心""我在思考数学题""我仿佛吃到了钵钵鸡"。设想，笛卡尔在开心地啃钵钵鸡时忽然进入贤者模式，思考"世界是真实的吗？"。在启用了极端怀疑的方法后，笛卡尔告诉自己眼前的一切可能是魔鬼的把戏。即便如此，笛卡尔也可以说，"钵钵鸡的香味是我无法怀疑的。就算世界上从来没有钵钵鸡，我意识之中的钵钵鸡也无比真实。所以，'我在意识之中仿佛吃到了钵钵鸡'这句话也就百分之百确定，谁也别想骗我！"

对于"我思"的这种确定性，习惯了唯物主义的当代人可能感到不适。如果我被魔鬼欺骗，没有身体，也没有大脑，又怎么会有意识呢？根据健康的科学世界观，物质难道不是意识的基础吗？意识的丰富感受，居然不是脑神经作用的结果？

笛卡尔的确不是唯物主义者。在笛卡尔生活的十六、十七世纪，基督教的有神论依然是西方的主流世界观。基督教不相信"死去万事空"，而是认为灵魂依旧可以在肉身毁灭后升入天堂。通过强调自我意识的独立性，笛卡尔恰好希望在理论上支持当时的主流神学世界观。

不过，我们无须把"我思故我在"和基督教神学过度捆绑。

一方面，"我思故我在"只是在概念上提示了精神与肉体的独立性。笛卡尔并不真的相信魔鬼存在；同样，他也不必相信精神真的能脱离肉体而存在。通过"我思故我在"，笛卡尔只是"设想"了一种精神脱离肉体的可能性。在现实层面，笛卡尔完全可以承认精神总会和肉体一起产生或消失。

另一方面，唯物主义没法独自回应怀疑的挑战。唯物主义认为物质是意识的基础。可是关于物质的知识却挡不住魔鬼的怀疑。"魔鬼欺骗"的可能性像乌云一样遮蔽了所有我们对物质世界的认识。科学虽然在不断发展，却达不到"确定"的严格标准。从怀疑方的视角看，意识的确比物质更加确定。

意识的确定性对"怎么知道喜欢"又有什么帮助呢？

答案已经呼之欲出。其实，当恋人问"怎么知道喜欢"的时候，并不关心外部的科学指标。恋人只关心对方的感受。而内心的感受恰好属于"不可怀疑"的意识范畴。所以，只要当事人稍微反思，就可以发现内心的喜欢。这种"喜欢"一定非常确定，就和笛卡尔的"我思"一样不可怀疑。我们不难设想下面的深情告白：

> 知道喜欢你，不是因为我发现自己在看到你时会脸红心跳，我也不相信医生对多巴胺指标的检查。这些我没法确定，它们都可能是虚假的。我知道喜欢你，因为那是我内心确定无疑的感受。即使世界不存在，即使我经历的一切都是幻觉，都不要紧。每当见到你时，内心涌动出的喜爱都确定无疑。它们如此确定，仿佛和我的存在一样不可怀疑。不，它们就是我意识存在的一部分。我喜欢，所以我存在。

这深情段告白尽管啰唆，却非常坚定。

在"我思故我在"的作用下，上述告白足以抵挡我们之前遇到的一切怀疑。至此，"怎么知道自己喜欢对方"仿佛终于有了答案。再刁钻的恋人应该也找不出漏洞了。于是，两人和好如初，被提问的恋人躲过了一劫。

1.6 自我意识的模糊

自我意识能否为"怎样知道喜欢对方"提供完美的回答？自我意识真的完全不可怀疑吗？20世纪的哲学家的确对自我意识提出了很多疑点。其中有两个疑点最为致命：一个涉及意识结构的复杂性，另一个涉及感觉的模糊性。我们现在依次看看这两个方面。

1.6.1 意识的复杂性：把"喜欢"只当成感觉，是不是太幼稚了？

我们刚刚采用了比较粗糙的意识模型，预设了一个人所有的"想法"都能完整地出现在他的意识之中。根据这个模型，"喜欢"是一种具体的感觉。一个人知道自己喜欢对方，就像知道自己"疼不疼"或"热不热"一样毋庸置疑。

然而，意识的真实结构要复杂得多。哲学家们发现，意识并不是一个晶莹透明的晶体，而是隐藏了很多我们自己都察觉不到的阴暗角落。

20世纪早期，弗洛伊德（Sigmund Freud）的心理分析学说就与笛卡尔针锋相对。弗洛伊德认为，人类行为的主要驱动力不是表面意识，而是潜意识。你自以为好好学习努力工作是为了走向人生巅峰，弗洛伊德却可以把你的真实动机解释为"俄狄浦斯情结"——实际上，你想弑父娶母。这个龌龊的动机隐藏得太深，连你自己都不知道。如果被问起，你也一定会矢口否认。对此，弗洛伊德仍会辩解：否认是没用的，你拒绝承认，是因为你把自己骗进去了而已。

对于"怎么知道自己喜欢对方"亦是如此。表层意识说：她非常美好，我想接近她，善待她。可背后的潜意识也许是：她凭什么这么美好？我一定要毁掉她。根据多层意识理论，你根本没法排除这种可能性，就算咬舌自尽也没法自证清白。潜意识中阴暗动机的可能性，就像梦境和魔鬼的可能性一样根本没法排除。

所以，你还能确定自己喜欢对方吗？

心理分析被很多人斥为伪科学。毕竟，潜意识过于神秘。难以证实，也无法证伪。可是就算抛弃了心理分析，我们也未必能挽救"喜欢"的确定性。意识的复杂性远远不是潜意识理论能够穷尽的。

比如，法国哲学家萨特（Jean-Paul Sartre）虽然明确反对潜意识理论，却拒绝把"喜欢"视为意识之中透明的状态。萨特在《自我的超越性》（*The Transcendence of the Ego*）一书中指出：意识"直接"呈现的内容只有红色和疼痛这些简单的感知。至于个人的习惯或性格特点，都不在意识中直接显现。

为说明萨特的观点，我们以"慷慨"为例。

什么是慷慨？慷慨是一种感觉吗？慷慨的确伴随着捐赠钱财时的幸福感。然而，捐赠的快乐本身并不是慷慨。如果一个人平时无比吝啬，只是某次心血来潮进行巨额捐赠，他的道德满足感也不足以构成慷慨。慷慨是一种"人格"特质，需要长期乐于捐赠，并且稳定地从中获得幸福。所以，无论一时心血来潮的举动带来多么崇高的道德感动，都没法直接形成慷慨的人格。

慷慨如此，习惯、喜好和性格特征亦是如此。这些都是一个人的综合特质，没法在某时某刻的具体意识活动中完整显现。

总之，笛卡尔式晶莹剔透的意识只存在于"当下"，而能够完整呈现于当下意识的只有"现在疼""现在仿佛看到红色"这些转瞬即逝的内容。人生的许多精彩都从中缺席。在笛卡尔的"我思"里，我们看不到过去和未来，找不到自己的性格特点，也不知道我们是好人坏人，更无所谓远大的人生理想。这个结局尽管遗憾，却毫不意外。毕竟，提出晶莹透明的自我意识的初衷是抵御极端怀疑。"我思"是一件概念武器。而我们不能奢求一件武器既能抵御魔鬼，又能生长鲜花。

现在我们来问，"喜欢一个人"究竟是更像"感到红色"，还是更像"慷慨"？爱情更靠近转瞬即逝的感觉，还是时间之中铺展的人格？

答案似乎是后者。对于恋爱，人们能在"瞬间"经历的感觉无非是脸红心跳，无非是兴奋与紧张。但这些已经是爱了吗？好像还不是。喜欢一个人，就必须在这些转瞬即逝的感觉中额外注入自己的人格；加入对自我、他人和世界的理解。尤其，喜欢就会渴望承诺，渴望永久的陪伴，而永久的陪伴却总要在未来才能兑现。更重要的，你还得对恋人好：乐意收拾屋子，帮着取外卖，准备共渡难关，更不许变心，等等。

可见，萨特的意识理论虽然抽象，却非常准确地捕捉到了爱的本质。其实，当恋人们焦虑地追问"你是怎么知道喜欢我"时，并不关心对方一时一地的感受，而是希望明白对方的心理有没有一种长期的倾向，有没有一个稳定的结构。

"喜欢"的复杂带来的一个后果,就是抵御不住极端怀疑。

一旦祭出笛卡尔的魔鬼,眯起眼睛审视一切,对一个人的喜欢还能幸存吗?很难,因为魔鬼可能会扭曲你的记忆。或许,你自以为上次想到恋人时和现在一样开心,但实际上你却感到了厌恶和不屑。魔鬼毕竟能给你错误的记忆,你却浑然不知。而既然你无法排除这些糟糕的可能性,也就没法确定自己是否真在较长的时间跨度上对恋人倾心。

所以,面对刚刚诉诸"自我知识确定性"的深情告白,如果提问者曾经读过萨特,或足够古灵精怪,大概会皱起眉头默默走开。她大概会觉得对方幼稚,以为喜欢只是某时某刻的感受:"孩子实在太年轻了,完全不懂什么是喜欢。"

"完全不懂什么是喜欢"这个评价看似残忍,却非常合理。根据萨特的分析,即使我们不动用毁天灭地的笛卡尔魔鬼,也不该把喜欢简化成当下的某种感觉。用当下内心的瞬时状态来证明自己喜欢对方,终究误解了"喜欢"的含义。

1.6.2 意识内部的感知确定吗?

就算我们暂时忘掉意识的复杂性,也很难借用笛卡尔的"我思"来回答"如何知道自己喜欢对方"。当代哲学家发现,就连"感到疼"这种瞬时意识状态也未必百分之百地确定。

为说明这点,我们先替已经被折磨得体无完肤的恋人回答一下来自萨特的挑战:

好,我承认喜欢不完全是当下的感受,我之前幼稚了。但这并不要紧。哪怕喜欢是一种综合人格特质,它在当下意识中的投影也非常独特。当我看到你时,我会感到无比地开心、无比地安稳。这种强烈的感觉在我吃巧克力、玩手机的时候都不曾有过。如果问我一辈子不能吃巧克力，还是一辈子看不见你，我一定选择不吃巧克力。所以你看，哪怕喜欢总要在时间中延绵，我也能在瞬间的意识切片中找到喜欢的证据。我确定这就是喜欢，因为从这么强烈的感觉综合出的复杂特质，也注定不凡。

总之，就算喜欢不被瞬时的意识所穷尽，后者也可能包含了喜欢的某种独特片段。这个片段与众不同，是"喜欢"的毋庸置疑的证据。让我们网开一面，假设这个前提正确。可问题是：人们真能百分之百地识别喜欢一个人的感觉吗？

自从笛卡尔提出"我思"以来，绝大多数哲学家都默认了人类对于自己"疼不疼"这类感知确定无疑。意识中的感觉经验仿佛完全透明——只要我们真心问自己，随时都可以回答自己疼不疼、冷不冷。

但很多时候，感知本身就是模糊的。

比如，你虽然分得清冷热，但你分得清热和温吗？人类对温度的感知是连续的。"冷""热"这些概念的边界也不够清楚。你在气温达到28℃的时候知道自己很热；但在24℃的时候就未必知道自己热不热了。

当代哲学家威廉姆斯（Timothy Williamson）提出过以下思想实验。你早上六点起床。起床后什么都不做，只问自己"我冷吗？"你无聊地从早上六点一直问到下午两点。

显然：早上很冷，你也知道自己冷；下午很热，你知道自己不冷。在这一过程中，你对自己的"冷"越来越不确定。经过某个临界点后，你开始知道自己热。而在无限接近临界点的时候，你会犹豫——不确定这种温凉的感觉到底还算不算冷。当然，你可以换个说辞："现在温，不是很冷，也不是很热。"

但这是在转移话题。我们的问题是"你冷吗"。如果意识的内容是完全透明的，那么关于你"感觉冷不冷"就永远应该有着确定无疑的答案。你没有，你犹豫了，就说明"感觉冷"对于自我意识也不是完全透明的。

威廉姆森总结道：我们对于当下感知的判断也可能出错。不存在笛卡尔式晶莹剔透的意识。

综上，意识不仅结构复杂，就连最简单的那些感知片段也无法完美无缺地把握。这对于"怎么知道喜欢"几乎是灾难性的打击——就算不怀疑归纳法，不去质疑外部世界，就算忘掉意识的复杂结构，只把喜欢看作一种简简单单的感觉，我们也没法完美地知道自己是否喜欢对方。毕竟，我们真能确定自己见到恋人时的感觉是"喜欢"吗？确定不是"快乐""兴奋""紧张"或"嗨"？毕竟，这些感觉在现实生活中很难分开，而"快乐"和"兴奋"却并不是"喜欢"。

1.7　小结

通过恋人"你究竟是怎么知道喜欢我的"这个经典追问，我们引出了归纳怀疑、外部世界怀疑、自我的确定性、自我知识的模糊性等话题。想回答自己怎么知道喜欢对方，就不仅要解决归纳怀疑和外部世界怀疑的经典哲学难题，还必须避免陷入自我知识的模糊陷阱。既然哲学家对这些问题已争论了千百年，恋人的苦恼自然也毫不意外。

归纳怀疑与外部世界属于哲学"认识论"（epistemology）的领域。认识论研究我们和世界之间的认知关系：我们怎样认识这个世界？什么是知识的本质？人是理性的吗？我们到底有没有确定的知识？这些问题看上去非常简单。可一旦我们开始质疑，就会发现背后的层层陷阱。这些概念陷阱让哲学家们无比着迷，心甘情愿地用几个世纪的时间去探索。

"究竟怎么知道喜欢对方"对"确定性"有着极高的要求。恋人希望对方的喜欢无比确定。毕竟，关系到一生幸福的问题容不得含糊。对于确定性，哲学家和恋人一样执着。很多哲学家始终相信：就算生活中的绝大多数事情都含糊不定，也必然存在确定的知识。笛卡尔尤其认为确定的知识是我们人类知识大厦的基础。否则，无论我们积累了多少知识，整个大厦都有可能因为基础的薄弱而瞬间倒塌。近代科技革命前后的怀疑论思潮恰好印证了这点。

笛卡尔对自我意识的回归看似是怀疑之下的无奈之举，却为之后几个世纪的认识论研究树立了确定性知识的典范。笛卡尔之后的休谟等近代哲学家均把"意识内容"当作确定知识的原型。直到今天，哪怕晶莹剔透的意识模型受到来自威廉姆斯等人的攻击，很多哲学家依然没有放弃笛卡尔的立场。

第 2 章

你真的喜欢我吗？
你怎么证明？

章节要点：
- "为什么"这个问题为什么讨厌？
- 阿格里帕的三难困境
- 知识的本质与结构
- 基础主义
- 融贯主义
- 无限主义

2.1 如何用"为什么"把人逼疯?

"究竟怎么知道自己喜欢对方"给恋人带来了很多苦恼,追求"喜欢"的确定性足以引发归纳怀疑、外部世界怀疑等经典哲学问题。但这还只是开始。恋人的经典追问非常多,每一个又都纠缠着更多的哲学难题。

现在我们来看另一个问题:"你怎么证明爱我?"

这个问题似曾相识——不就是"怎么知道喜欢"的翻版吗?问"怎么知道喜欢",不就是因为内心不确定,需要对方给个"证明"吗?从心理层面看,恋人所有的追问或许都源于安全感的缺失。但在内容上,这些问题又并不相同。

从哲学的角度看,"怎么知道喜欢"和"怎么证明"分别涉及两个话题。"怎么知道喜欢"寻求确定性,它的主要对手是归纳怀疑和外部世界怀疑论。"怎么证明"则涉及知识的结构,关系到知识大厦是怎样一环一环建起来的。

为了展示"怎么证明"的恐怖,我们先设想一个惨烈的场景:恋人吵架。

假定,恋人中一方以为对方不爱自己,于是大喊:"我再也不相信你了!"对方害怕,忙说:"别这样,我是真的爱你的!"生气的一方并没有消气,而是反问:"我不相信,你怎么证明给我看?"对方感到心虚,说:"要不我跳嘉陵江?为了证明爱你,我宁愿跳嘉陵江!"气愤的一方回了一句:"跳啊,前面就是嘉陵江,看你敢不敢!"结果,扑通一声,对方真跳了。

可是，跳江就能证明爱吗？未必如此。怀疑一旦开始，就永无止境。比如，生气的那一方可以感叹："跳江只能证明你会游泳！这和爱我有什么关系？你根本就不爱我，你根本证明不了！"

这种悲哀的场景在生活中并不多见，但偶尔还是会出现在社会新闻里。对此，大部分人的反应都是："太离谱了！好好的日子不过，那么较真干吗呢？"跳江的确非常不理智，可我们设身处地为恋人想想：如果开启了怀疑的魔盒，不再相信对方，可不是任何证明都无法完成吗？而内心困惑，要求对方给一个证明却又在情理之中。

虽然大家平时很少跳江，很多人却都遇到过"怎样证明"的困境。小时候的玩伴或成年后的死党偶尔会用"为什么"无聊地逗你玩。不管你说什么，对方都加一句"那为什么呢"，你回答后，对方继续问"那又为什么呢"。

比如，你说："我觉得应该采用三休日，周五、六、日都不上班。"对方觉得好奇，问："为什么呢？"你说："这样有利于提高工作效率。"你的回答比较含糊，对方继续问："为什么呢？"你耐心地解释："现在的工作强度都很大，熬到周五已经没效率了。"对方居然还不满意，继续问："为什么呢？"

这时，你发现对方根本不是好奇，而是存心捣乱。于是你一本正经地说："为什么？我还真的看过一项社会调查，发现大家周五工作效率不高；而有些公司尝试工作四天，业绩居然更好。"你心想，这下对方该哑口无言了吧。可对方居然还在问："那为什么呢？"你已经生气了，开始反问："你到底想问什么？"对方也毫不示弱，立即回答："比如，这个调查是怎么进行的？采用了什么方法？方法真的可靠吗？另外，调查的样本怎么选取的？为什么这么选？另外，就算工作四天真能提高效率，为什么又非要提高效率呢？提高效率有什么好？我真的有无穷无尽的'为什么'等着问啊。"

被对方反噎了这么一下，你大概也觉得意外，要么准备跟对方动手打架，要么假装有急事接电话去了。反正，就算你说到地老天荒，对方也不会放过你。

这种"为什么"的组合连环拳尽管和恋人"怎么证明"的问法不同，两者背后都指向同一个困境：任何证明都是不可能彻底完成的。毕竟，前提总有更远的前提，而更远的前提又复有其前提。所以，不问还好；一旦疑惑地问出了"怎么证明喜欢自己"，对方就崩溃了。

哲学家们自然不会放过这么古怪的现象。

古希腊的阿格里帕（Agrippa）就专门讨论过无穷倒退的问题。时至今日，哲学家们依然试着寻找答案。接下来，我们会首先介绍阿格里帕的"三难困境"（trilemma），并随后讨论当代学者对困境的回复。既然"怎么证明喜欢"的难题最终来自哲学，我们兴许能从艰深的哲学理论中找到答案呢？就算找不到答案，至少也能明白"怎么证明喜欢"是如何把恋人们逼疯的。

2.2 阿格里帕三难困境

阿格里帕是古希腊晚期的哲学家。关于阿格里帕的记载很少，但他提出的三难困境却在哲学界广为人知。三难困境是这样一类情形：你有且只有三种选择，可哪一种都不可接受。哪个选择都是绝境。

设想，你逃到了一个荒岛上。岛上的食物很少，只有蜘蛛和蝎子。此时的你面对三种选择：吃蜘蛛、吃蝎子、饿死。你非常讨厌蜘蛛和蝎子，又不想饿死。于是，你陷入了三难困境。你必须在吃蜘蛛、吃蝎子和饿死之间选一个，但你哪个都不想要。三难困境是一种形式，里面的具体内容可以随意替换。比如，蜡笔小新讨厌青椒和胡萝卜，那么当周围没有其他食物的时候，吃青椒、吃胡萝卜、饿死也就成了他的三难困境。

刚刚我们用"三休日"的例子展示了"为什么"的破坏力。反复问"为什么"尽管讨人嫌，但也算温和。阿格里帕思考的情形则更激烈。他关心的问题是：意见不同的两个人如何能说服对方？为了说服对方，我们究竟能在公共讨论中提供什么证据？

古希腊人很爱辩论，也爱讨论公共议题。阿格里帕思考的情形也以公共争论为原型。为了说明阿格里帕的困境，我们换一个比"三休日"更具争辩色彩的题目——"枸杞到底能不能养生？"在中医文化的熏陶下，很多人觉得枸杞能养生。质疑中医的人则认为枸杞养生不足为信。中西医论战的根源其实也是哲学，但这不是我们的重点。我们只问：对于枸杞养生效力持不同观点的人都能提供什么理由呢？他们又会遇到哪些困境？

假设路人甲说："枸杞可以养生。"路人乙则问："为什么可以养生呢？"甲迟疑了一下，转念回答："人们都这么说啊！"乙不服气地回应："大多数人真的都认为枸杞养生吗？而且，人们都说枸杞养生，枸杞就养生吗？"对话至此，甲和乙大概已经决定相互拉黑，老死不相往来了。但是，我们假定甲乙是完全理性的，他们只想把问题搞清楚，不掺杂任何个人的荣辱。于是，虽然甲被问得有些难堪，他还是决定继续回答乙的追问。

三难困境终于出场了。

阿格里帕指出：如果继续讨论，不断回答"为什么"，就会有三种可能的情形。要么理由的链条无限延伸，要么链条回到之前提过的某个理由，要么链条终止于某点。只要讨论还在进行，就有且只有这三种可能。而阿格里帕认为，三种情况中的任何一种都不可接受。任何一种都将使我们没有任何理由坚持自己的观点。（见图2-1）

图2-1　阿格里帕三难困境

2.2.1　困境一："无限延伸"，就一辈子也吵不完

先看第一种情形：无限延伸。

无限延伸，是指随着对话的进行，被问的一方总能找到新的理由。永不终结。比如对于"人们都说枸杞能养生"，甲可以继续解释："我相信人们都这么说，因为我听到了。"接着又讲"我不耳背，所以别人说的时候我听得清楚"，以至无穷。

当然，无穷的理由链条很难具体想象——我们其实也不太清楚甲还能怎么回答。但没关系，理由的无限延伸是一种"逻辑"的可能性。就算任何人都没有过无限的理由，这种逻辑可能性依然存在。我们关心的，是无限延伸之所以"困难"的缘由。

因此，我们暂时不必纠结于甲回答的具体内容。也许甲会说"我去耳科检查过""医生很好"，甚至可能在某一刻感叹"大熊猫很可爱哟"。虽然我们还看不出里面的关联，也依然可以假设乙此时会心一笑，并继续问："我懂了，可你为什么觉得大熊猫可爱呢？"

至此，无限延伸的困境已经非常明显。

如果一个不断向前追溯的"理由链条"没有尽头，就说明这个链条根本没有"开端"。任何一个可能的开端都将依托于其他的理由而成立。而既然没有开端，这个理由的链条本身也就从未真正"启动"过。甲所谓"枸杞养生，因为人人都这么说"的理由从未真正成立。

当然，事实上确实有很多人觉得枸杞养生。可我们问的不是事实，而是人类相信一件事情的"理由"。也就是说，你必须"有理由相信人们都这么说"，才能用这个理由来支持"枸杞养生"的想法。事实是事实，理由是理由。只有当你认清了一个事实，它才有可能成为你相信其他事情的理由。

链条没有"开端"的另一个说法，是争论不可终结。

在公共讨论的语境中，甲的目的是"说服"乙。这也是恋人"证明爱对方"的语境：只有完成了自己"爱对方"的证明，对方才会消气。而想让说理终结，链条也就必须有尽头。不然，等到甲乙两人都入了土，乙也不会被说服。就算枸杞真的养生，帮甲乙两人延续了三五年的寿命，也无济于事。同样，下定决心用一生的时间证明自己爱对方，对方可能三五年后就跟别人结婚生子，等到他们的孩子读了高中你也证明不完。

此外，无穷延伸还忽视了人类心灵的有限性。古希腊哲学家亚里士多德提醒我们：人类的心灵有限。就算阅历再丰富、学识再渊博，一个人的心灵也只能想有限的事。我们在讨论归纳怀疑的时候特别强调：人生苦短。大家每天都要为吃饭穿衣劳碌，甚至吃饭穿衣本身就是一种劳碌。这种情况下，怎么可能有人为"枸杞养生"想过无数理由呢？

心灵的有限性和阿格里帕讨论的公共语境又有什么关系？

这里需要首先澄清：公共讨论本身并不要求援引"已知"的理由。如果是为了说服乙，甲完全可以在面对一个个"为什么"的时候寻找他从未思考过的新答案。甲可以说："你等等，让我先想想，仔细研究一下，再来回答你。"此时，就算甲的心灵有限，也完全能够不断提供新的证据。争论的无限延伸仿佛和心灵的有限性本身并没有什么直接的冲突。

可我们换个问法——不再问甲怎样"说服"乙，而只问他"为什么"相信枸杞可以养生。这样一来，理由链条的无限延伸就会立即给有限的心灵带来灾难。随着问题的转换，乙的"为什么"将不再针对新的理由。相反，乙的潜台词会变成："你究竟是为什么'相信'这件事啊？告诉我你的理由。"

面对这个提问，甲不能再思考"枸杞养生"本身。他必须开始追忆"我当初到底是为什么相信枸杞养生的？我的理由是什么？"也就是说，甲提供的理由必须是他此前真正思考过的。这些理由也就必须储存在甲的心灵"之内"。可既然心灵有限，链条无限，甲也就无法在自己的心灵之内给出回答。最后的结果是：甲根本没有理由相信枸杞能养生。他只是盲目地相信而已。

很多中医的反对者可能觉得这个结论无关紧要。

在他们眼中，任何人都没理由相信枸杞能养生。就算枸杞真能养生，人们也只是迷信而已。可惜，中医反对者严重低估了"无穷倒退"的困难。倒退带来的破坏和枸杞无关。枸杞只是个例子而已。在阿格里帕看来，我们对任何一个命题的信念都抵挡不住"为什么"的攻击。如果一个个"为什么"引出的理由链条延伸至无穷，那我们将不仅没理由相信"枸杞养生"，也会没理由相信"枸杞不能养生"。总之，人类自以为理性。自以为有理由相信很多事情。结果，我们所有的理由竟都是虚幻的。就算我们的很多观念其实是正确的，也仅仅是巧合而已。

这个后果又会给"证明喜欢"带来哪些困境？刚刚看到，无限延伸导致争论不可终结，想要完美地证明喜欢终究是天方夜谭。那么，心灵的有限性又会产生什么影响？

表面看来，似乎没什么影响。有限的心装不下无限的理由，最坏的后果无非是人类将失去理性的基础。有人会说：恋爱未必需要什么理性啊！喜欢也许首先是一种"感觉"，而感觉的"存在"不需要理性解释。开心就是开心，疼就是疼。哪怕不会说话，不认识"疼"这个字，也还是可以觉得疼。如果喜欢是一种感觉，它存在就存在。即使当事人不懂得什么是喜欢，不会说"喜欢"两个字，也依然喜欢。

然而，理性的缺失就算不会抹去爱情本身，也会影响我们对爱情的认识。

哪怕你见到恋人时总会伴随着完美的幸福感，哪怕这幸福比"吃蛋糕"和"玩手机"更强烈，你都没理由相信"我喜欢对方"。毕竟，你的理由又是什么呢？是"看到对方就感到无比开心"吗？可是"为什么"呢？你凭什么相信自己看到对方就无比开心？或者，你又凭什么相信看到对方无比开心就是喜欢呢？为什么？为什么？这些你根本想不清吧？好，既然想不清，那你就没理由相信自己喜欢对方。

这顿"为什么"的狂轰滥炸非常讨厌，其可恶程度不亚于外部怀疑论和笛卡尔魔鬼。不出所料，阿格里帕本人就是怀疑论者的代表。不过，在结束对无穷倒退的讨论之前，我们需要注意阿格里帕困境与笛卡尔魔鬼的差别。笛卡尔魔鬼在施展法力时有着明确的攻击目标，比如感觉知识和数学直觉。更重要的，笛卡尔魔鬼以"错误的可能性"为明确的攻击手段：感知值得怀疑，因为可能是错觉；数学值得怀疑，因为可能算错。

阿格里帕的怀疑则相反。一方面，无穷倒退不分领域，把经验知识和数学知识一并打包摧毁；另一方面，无穷倒退也不依赖"错误的可能性"，它只问一句简简单单的"为什么"。

2.2.2 困境二：如果"循环论证"可行，人人就都能自说自话

无穷倒退这么可怕，为什么不避开它呢？何必纠结于无穷的理由链条呢？阿格里帕却认为就算你逃出了无穷倒退，也会陷入其他泥潭。

三难困境中的第二重困境是循环论证。

所谓循环论证，就是用你想要的结论反过来证明所需要的前提。比如甲说，"枸杞养生，因为书上这么写"；而被问到"为什么"时却又说，"书上这么写，因为枸杞养生"。甲的证明就陷入了循环。"书上说枸杞养生"和"枸杞养生"一团和气地相互撑腰，形成闭环。

循环论证的问题不言自明。

越是荒唐的想法，越能和更荒唐的想法结合成循环。"我的爸爸是玉皇大帝"这个命题疯狂至极。可是，下面两个命题却彼此支持：

- "我的爸爸是玉皇大帝，因为我梦见他这样告诉我。"
- "我梦见爸爸告诉我，他是玉皇大帝。因为他就是玉皇大帝。"

如果有人用这两个理由证明自己的爸爸是玉皇大帝，一定会遭人嫌弃。（见图 2-2）嫌弃的原因不只是他迷信，更因为这种"自圆其说"根本不讲理。连"我的爸爸是玉皇大帝"都行，我们也就自然可以证明"自己是佛陀转世""迈克尔·杰克逊是外星人""地球不是圆的"。

图 2-2　不要和论证循环的人对话

对"怎么证明喜欢"这个问题，恋人绝不能回答"喜欢你，因为见到你就会开心；而见到你就会开心，因为喜欢你。"这么绕的表白听起来浪漫，但对方只要头脑够清醒，就会怀疑自己看走了眼："我居然被这么傻的人吸引，必须反省一下自己了。"

循环论证虽然糟糕，我们也不要对它过于苛刻，避免伤及无辜。

首先，要区分显著的循环和隐含的循环。上面关于"玉皇大帝"的言论之所以尴尬，不只因为循环，更是因为"明显地"循环。一共才两个理由，竟然还能把自己绕进去。这就像无人防守的前锋在球门前被自己的假动作绊倒一样蠢。但现实生活中，很多循环的结构极其复杂，一般人很难看出破绽。如果在意志薄弱或者困倦不堪的时候读到这类复杂的循环论证，我们也难免信以为真。

其次，要区分循环论证与错误信念。"我的爸爸是玉皇大帝"除了明显的循环，还有明显的错误。玉皇大帝是虚构形象，虚构人物怎么能生儿子呢？就算玉皇大帝真的存在，我们的神话故事中也从未提到他在人间有一个儿子。这种荒唐显然不应仅仅归咎于论证循环。有些论证尽管循环，其中的每一部分却都是正确的。比如：

- "使用暴力是不对的，因为暴力不能解决问题。"
- "暴力不能解决问题，因为使用暴力是不对的。"

我们承认"使用暴力不对"，也觉得"暴力不能解决问题"，但不能因此胡乱证明。正确的想法可能来自糟糕的理由。恰当的理由也可以支持错误的想法。阿格里帕讨论的是"理由"，而不是事实"真假"。当恋人问"怎么证明喜欢"的时候，也不一定在怀疑"对方其实喜欢"的事实本身，只是希望对方给出足够的理由而已。

2.2.3　困境三："链条终止"等于不讲道理

刚刚讲了三难困境中的两个：无限延伸和循环论证。两个情形都很让人头疼，都不能说明为什么你的想法是理智的。第三种可能的情形——链条终止同样糟糕。

所谓链条终止，就是在回答的过程中诉诸了某个理由之后，再没有更多的理由作为支撑。讨论终止，因为我们已找不到更远、更深的理由。

理由的终止并不等于对话的终止。毕竟，当甲给出了他关于枸杞养生的最终理由时，乙还是可以锲而不舍地问"为什么"。

甲可以对此怒吼，"别问了""烦不烦""算了，咱们还是吃饭去吧"。而他如果更严肃地回答，也只能"重复"刚刚的最终理由。"为什么天是蓝的？""因为天是蓝的。""那么天又为什么是蓝的？""就因为天是蓝的啊。"虽然这个对话还在延续，甲的理由链条却止于"天是蓝的"。无论甲乙最初的话题是什么，无论枸杞养生和天的颜色最终有什么关联，如果"天是蓝的"的确是甲的最终理由，他也就只能不断重复这个理由。最终理由之所以是最终理由，就是因为没有其他的理由的支撑。

链条的终止又为什么是困境呢？

不可接受的原因无非：证明根本还没结束啊！甲乙关于枸杞养生的问题聊了这么久。乙在一次次"为什么"中消耗了大量的好奇心。最后甲说完"天是蓝的"居然就不再回答了。就算甲最后提的不是天的颜色，而是中医的基础药理，那也不行。既然乙还没有被说服，证明也就还没有结束。尤其，如果面对的是恋人"怎么证明喜欢"这种问题，你说到一半时竟然拒绝提供新的回答。那么对方一定会觉得你是不耐烦了（你也确实不耐烦了）；而不耐烦，显然是"不喜欢对方"的证据呢。

刚刚假设乙并不接受甲的最终理由。但如果接受，就万事大吉了吗？如果甲乙在争论三百回合后都同意"天是蓝的"，也都认为"天是蓝的，所以……枸杞能养生"，这个时候，甲就真的论证了枸杞能养生吗？

未必如此。哪怕乙被说服了，之前在一旁观战的丙可能摩拳擦掌，说："我不同意，为什么天是蓝的呢？"这样一来，甲提供的理由链条就不算"枸杞养生"的完美证明。

再设想，恋人在嘉陵江边吵架。一方为了证明爱对方，真的跳了江。对方心软，说："好啦我知道了。"可是在江边吃瓜的群众可能就不干了。他们扔下瓜，对两位相拥的恋人说，"不对啊，跳江怎么就证明喜欢对方了？跳江只证明你会游泳啊！为什么？"于是，虽然恋人因为心软而不再刁难，对方也终究没能完美地证明自己真的喜欢。

至此，我们不难看出"链条终止"失败的深层原因。

拒绝链条终止的背后，是关于"理由"的一个十分朴素的想法：一个想法"有理由"，或"值得相信"，必须有其他理由的支撑。相信枸杞养生，就需要有"枸杞养生"之外的其他想法来支撑它，比如"人们都认为枸杞养生""医学杂志发表了关于枸杞养生的论文"，等等。反之，你相信"枸杞养生"这个想法本身不能为它自己提供任何理由。（见图2-3）

图 2-3　终止理由的链条，等于不讲道理

2.3　热衷于"证明"的数学家也没辙

三难困境的产生来自"为什么"提问的合法性。只要能问为什么，证明的链条就不得不继续推动，最终陷入三难困境中的一种。总之，完美的"证明"不存在，只是人们的想象。

这个结论听上去让很多人不服气。难道数学也不能完美证明吗？

毕竟，数学才配得上真正的"证明"。人们在嘲笑古板的数学系学生时，也常常说他们什么都想证明。至于证明枸杞养生、证明喜欢对方，这都是不严格的说法。阿格里帕对数学证明又能说什么呢？当我们用几何公理证明一个定理时是多么开心！这居然不算完美的证明吗？面对几何公理，阿格里帕还问得出"为什么"吗？

由于阿格里帕的生活年代久远，他本人的数学哲学思想很难考据。不过，我们不必关心阿格里帕的真实想法，只需继承他的精神问："为什么几何公理成立呢？"

比如，根据平行公理，经直线外一点有且只有一条直线与已知直线平行。这个命题为什么成立呢？我们做几何证明时很少反思这个问题。如果一个证明的某个步骤用到了平行公理，我们就会认为这个证明的分支顺利完结。所以，平行公理显而易见，我们几乎从来不会问"平行公理为什么成立"。

但，平时不问，就不能问了吗？

"平行公理为什么成立"毕竟是一个非常正当的问题。初学几何的人未必会觉得这个公理不言自明。而一旦问了，老师也就必须解释。为了解释，老师可能会在黑板上画一条直线，在直线外点一个小圆点，再通过这个点画一条直线与已知直线平行。接着，老师通过这个点继续画一条平行线，居然跟上一条重合！老师重复很多次之后，那条平行直线越来越粗，越来越重。老师擦擦汗，抹抹肩上的粉笔灰，说，"你看，无论怎么画都只有这一条线。"学生盯着黑板许久，发现的确如此。也不再问平行公理为什么正确了。证明几何用到平行公理时，也不再要求证明这个公理本身了。

可是，这真的说明平行公理能完美地终止证明吗？不一定。毕竟，初学者曾合情合理地问过为什么平行公理成立。他相信平行公理的理由恰恰来自当年黑板上那条粗粗厚厚的平行线。看到这条平行线一直加粗却不分叉，学生才心甘情愿地相信平行公理。

至于平行公理"无须证明"，也只是因为我们找不出恰当的"数学证明"——这条公理已经非常简单，简单到我们不能从更简单的几何命题把它推导出来。可是，没有证明，不等于无须证明。既然几何初学者的疑问合情合理，他就完全可以要求提出证明。实际上，如果这位学生对老师更苛刻一些，就会说："老师，你描了这么多线很辛苦，我理解，可你并没有'证明'平行公理成立啊。这么丑的图像我自己也想得出来，可我需要的是数学证明。之前做几何证明题我只会画图的时候，你也从来没给我满分啊！"

可见，阿格里帕困境同样困得住数学证明。

值得一提的是，的确有哲学家认为数学的公理与演算规则不能被理性追问。他们认为，这些规则只是我们的"共识"（convention）——大家都觉得公理显然正确，也就放心使用不再问。20世纪最著名的西方哲学家之一维特根斯坦（Ludwig Wittgenstein）就曾指出"二加二等于四"这类命题已经是理性空间中最基本的一砖一瓦。这些砖瓦能用来搭建世间万物，却没法检验它们自身。这就像：眼睛能看见别人，却看不见自己。哪怕向镜中望去，也不过是把看到的另一只眼睛"当成自己"而已。和眼睛一样，理性也有盲点，理性不能穷尽自己的基础。所以在维特根斯坦看来，阿格里帕的困境原本就不需要解答。与其纠结于公理的证明，老师和学生不如在黑板前相视一笑，放过彼此。

现在，回到"为什么"这个三个字。"为什么"问的究竟是什么？或者说，阿格里帕困境的影响究竟有多广？

从"是否喜欢"，我们谈到枸杞养生这类日常争论，最后把严格的数学证明也拉进三重困境中。可见，阿格里帕式的"为什么"不限于任何一种。我们把"为什么"引发的链条称为"理由"的链条——"为什么"所要求的也无非是相信一件事情的理由。理由本身有强有弱。数学证明严格，他人的证言不严格。但无论亲自证明还是听人讲述，都可以提供相信一件事情的理由。阿格里帕的结论是：我们没有理由相信任何一件事。人类自以为理性，理性的根源却又十分盲目。无论数学证明，还是枸杞养生，我们最终答不出任何一个"为什么"。这对于理性将是一场巨大的灾难。自然，也没有人能真正"证明"自己喜欢对方。恋人对证明的苛求，足以让每一个健康的大脑罢工。

2.4 三难困境与知识：你不仅没有理性，也将失去知识

可能会有人疑惑：理性没有基础又如何？

就算没有理性，现实世界好像也不受任何影响。我们依然吃得好睡得香，工作生活两不误。理性没有基础，不等于我们就是疯子。那些陷入循环论证的人不会真的以为自己的爸爸就是玉皇大帝。更没有人因为答不出"为什么"就放弃人生。无论怎样，我们依然"知道"自己是谁，"知道"该做什么。通过亲眼所见、亲耳所闻，我们掌握了很多"知识"。这些知识不断稳固我们和世界之间的关系。此时此刻你正在读这本书，你也知道你正在读书。难道仅仅因为你最终答不出"为什么我

相信自己在读书",就不知道自己在读书了吗?

可惜,三难困境没这么容易摆脱。

三难困境不仅动摇理性,也破坏"知识"。实际上,理性恰恰是知识不可或缺的一部分。如果没有理性,知识也不复存在。所以,尽管三难困境提问的角度不同于笛卡尔的魔鬼,却支持类似的结论——关于世界,我们"一无所知"。

为说明理性与知识的关系,让我们来看一看什么是知识。

2.4.1　JTB 框架:知识就是有辩护的真信念

知识是我们非常熟悉的一个概念。

人们知道很多事情,比如"地球是圆的""天下雨地会湿""北京是中国的首都"。地球的形状、下雨的影响、中国的首都,这些都指向事实。除了经验事实之外,我们还知道很多抽象理论。我们知道"二加二等于四",知道"力等于质量与加速度的乘积",还知道"氢氧燃烧会生水"。这些数学、物理和化学规律不算严格的"事实",但我们同样可以知道这些科学真理。此外,还有很多道德和审美方面的知识。我们知道"凡·高的《星空》很美",知道"盗窃不对",而这些内容既不像具体事实,也不是科学规律。可见,知识的范围十分广阔,不仅覆盖了具体事实和抽象真理,也包括了道德和审美方面的内容。

澄清了知识的范围,我们再看知识的本质。

知识究竟是什么?哲学家们为此探索了千百年。古希腊的柏拉图(Plato)在《泰阿泰德篇》(*Theaetetus*)中提出一个重要的理论。柏拉图认为,一个人知道一件事情,需要满足三个条件:

（ⅰ）此人相信此事；
（ⅱ）此事为真；
（ⅲ）此人有理由相信此事。

以"甲知道枸杞养生"这个判断为例。甲什么时候算作"知道枸杞养生"呢？根据柏拉图的说法，如果甲知道枸杞养生，则：

（ⅰ）甲相信枸杞养生；
（ⅱ）枸杞真的能养生；
（ⅲ）甲有理由相信枸杞养生。

先看条件（ⅰ）。相信枸杞养生，似乎是知道枸杞养生的必要条件。

如果对枸杞养生没有任何想法，又怎么会知道枸杞养生呢？在学习"$F=ma$"等物理规律之前，我们对这些等式毫无想法，自然也不知道这些等式成立。另外，如果你想到了"$F=ma$"却不相信它，同样也不算知道这个等式成立。如果你在物理考试的时候遇到判断题，问"F 等于 ma 吗？"你非说不等于，那老师一定会判你错，认为你根本不知道力和加速度之间的关系。

再看条件（ⅱ）。枸杞真能养生，甲才有可能知道枸杞养生。

这个条件指出：我们只能知道真实的事情。如果一件事情是假的，则我们最多只能"相信"这件事，或者"自以为知道"。而"自以为知道"不算真的"知道"。为了说明条件（ⅱ），我们读一读下面几个句子：

- "小明很穷，但是他知道自己是世界首富。"
- "小王知道地球是平的。"

- "小李知道如果跑出悬崖，会先像动画片那样悬空一会儿，几秒钟之后才掉下去。"

这几句话很别扭。好像哪里不对。多数哲学家认为这些句子别扭的主要原因是用错了"知道"。你不可能"知道"错误的事情。如果把这些句子里的"知道"换成"相信""以为"或"觉得"，读起来就通顺多了：

- "小明很穷，但是他觉得自己是世界首富。"
- "小王相信地球是平的。"
- "小李以为如果跑出悬崖，会先像动画片那样悬空一会儿，几秒钟之后才掉下去。"

修改之后的句子不那么别扭了。

当然，就算修改之后，三个人的情况依然让人堪忧。小明的精神不正常，小王知识贫乏，小李非常幼稚。但这不是"知识"概念的问题，这是现实的悲惨。正确的概念可以描绘悲惨的现实，不会因为现实的可悲就变成错误的语言。无论怎样，修改前后的两组语句有着明显的差异。第一组语句误用了"知识"的说法，而第二组语句没有。这个差异足以支持条件（ii），即知识预设信念的正确性。

最后，也最为关键的，是条件（iii）。

满足条件（i）和（ii）本身还不足以构成知识。这两个条件只能确保你的想法事实上正确。而一个正确的想法很可能只是碰巧正确。

比如，玩扑克猜花色。对方拿出一副扑克牌，随便抽出一张盖在桌上，问你"什么花色？"你不知道，只好猜。"方片！"

你想了一会儿之后回答。"不改了吗？""不改了！"此时你心里没底，但选择坚定地相信这张牌是方片。对方翻牌，果然是方片。你猜对了，你正确地相信"这张牌是方片"。

可你并不知道。你只是运气好猜中了而已。为什么"这张牌是方片"的想法不算知识呢？很多哲学家认为，虽然它满足了条件（i）和（ii），却不满足条件（iii）——你其实没有任何理由相信这张牌是方片，而不是红心或黑桃。

以（i）～（iii）解释知识，是知识的 JTB 理论。其中"J"是"justification"的缩写，指我们对一个命题的认知辩护，即相信这个命题的理由，对应条件（iii）。"T"是"truth"的缩写，要求命题为真，对应条件（ii）。而"B"指"belief"，对命题的信念，对应条件（i）。根据 JTB，知识就是"justified true belief"，一般译为"有辩护的真信念"。

JTB 由柏拉图提出后一直是哲学界的主流，直到 20 世纪中期才被质疑。哲学家对于 JTB 有过很多争论。但多数人认为无论知识能否被 JTB"定义"，（i）～（iii）始终是知识的必要条件。就算知识的本质远远超出了 JTB 的设想，知识依然不能没有信念、真理与辩护三个条件。

2.4.2　被困住的知识

由于 JTB，知识也要遭殃了。

阿格里帕三重困境的攻击对象是相信一件事情的"理由"。而既然理由是知识的一部分，三重困境也就会进而破坏知识。假如阿格里帕的攻击成立，世上将不仅没有真正的证明，也将没有真正的知识。

"一无所知"这个结果非常惨。如果严格的证明和完美的理性是生活的奢侈品，知识则是必需品。生活之所以平稳地运行而没失控，就是因为我们"知道"很多事情，并运用知识做出相应的行为选择。

比如，你撕开一包薯片，开心地吃起来，是因为你知道薯片撕开之后可以吃。你知道被撕开的薯片不会消失，不会蒸发，不会变成石头，不会瞬间腐烂。你知道这一切，所以撕开薯片的时候虽然口水直流，却内心平静。反之，如果你不知道撕开后薯片会不会瞬间蒸发，你大概根本就不会撕开包装。对其他食物也是如此。总之，如果"不知道"食物可以吃，人类大概早就灭绝了。

三重困境破坏知识的具体武器，同样是"为什么"这个问题。

回到"枸杞养生"的例子。假设，甲说自己"知道枸杞养生"，乙问"为什么"。乙的问题合情合理——根据JTB，知道枸杞养生，就必须有理由相信枸杞养生，而乙自然可以针对这个理由问"为什么"。继续假设，甲回答："因为人们都这么说"。乙接着问："为什么人们都这么说呢？"这样问，是因为预设了甲的确知道"人们都这么说"。否则，如果甲不知道"人们都说枸杞养生"，也就不知道"枸杞养生"——毕竟，甲刚刚以"人们都这么说"作为相信枸杞养生的理由。而根据JTB，甲既然知道"人们都这么说"，也就必须有理由相信"人们都这么说"。乙也就能够针对这个理由继续问"为什么"。

对话的延续可能产生三种场景：无限延伸、循环论证、链条终止。我们知道，每一种场景最终都不提供理由。所以，甲没有理由相信"枸杞养生"。根据JTB，甲也就不知道"枸杞养生"。

从最初"怎么证明喜欢"的问题，我们引出了穷追不舍的"为什么"。阿格里帕告诉我们，这个"为什么"既瓦解证明，也威胁知识。最终，它和"怎么知道喜欢"这个问题一起导向了相同的怀疑论结果。可见，恋人的刁钻不逊于哲学家。当古灵精怪的恋人不顾一切追问时，常常提出真正的哲学问题。

在介绍哲学家对三难困境的回答之前，有必要进一步澄清"怎么证明喜欢"和"怎么知道喜欢"背后怀疑论机制的差别。

我们在讲解"无限延伸"的时候提到了笛卡尔魔鬼和三难困境的一个差别：笛卡尔魔鬼诉诸错误的可能性。实际上，"怎么知道喜欢对方"困难，在于它对"理由"的强度要求过高。提出这个问题的恋人要求对方排除所有误差，而"感到快乐"和"多巴胺分泌旺盛"都不符合标准。至于被问的一方"觉得自己感到快乐"的理由又是什么，提问者其实毫不关心。所以，"怎么知道喜欢"并不延伸理由的链条，只不过是集中火力鞭打对方的第一个理由。把这个理由打死了，也就消气了，不去追打下一个理由了。

反之，"怎么证明喜欢"对任何一个答案都不感兴趣。无论对方给出的证明是好是坏，"怎么证明喜欢"的提问者都直接索要新的理由。

2.5　既然逃不出三难困境，那么接受哪一种？

三难困境不是哲学"结论"，而是需要解决的"问题"。人类有理性与知识，这毕竟是生活的常识。如果一个哲学思辨的结论居然违背常识，肯定是某个环节出了问题。

可是，三难困境的问题究竟出在哪儿呢？由于延伸、循环与终止穷尽了链条延伸的所有可能，我们不能说："天无绝人之路，还有第四种可能。"相反，我们只能在三种情形中任选其一，并说明它为什么可以接受。三害取其轻。

对于如何在三种情形中选择，哲学家们也相应分成了三派。一派叫"基础主义"（foundationalism），认为理由的链条应该终止；一派叫"融贯主义"（coherentism），认为链条应该循环；一派叫"无限主义"（infinitism），认为链条应该无穷后退。

现在，我们分别介绍这三派的主要想法。为了方便，我们先考察他们对"知识"结构的说明，随后再回到"证明"与"争论"的公共语境。

2.5.1 基础主义：知识是一座大厦，地基就是起点

顾名思义，基础主义认为知识存在基础。

在基础主义者看来，延续的链条最终会遇到牢不可破的理由。这些理由极其清楚，任何神志清醒的人都会对它们欣然接受，根本问不出"为什么"。就算问了，对方也能立即合情合理地回答"就是如此啊！"基础主义者把知识理解为"大厦"，而大厦的地基就是知识的起点。通常，基础主义者把这些起点称为"基础辩护"（basic/foundational justification）。

究竟什么是基础辩护呢？哪些具体的理由强大到连"为什么"都问不出？很多哲学家认为，笛卡尔的"我思"就是其一。当你的意识进行反思，"我在思考"的证据就完整地呈现在你面前。面对一个正在反思的意识，你还问得出"为什么"吗？对于"正在思考"这个简简单单的事实，你究竟还有什么不清楚的？在基础主义者看来，当一个证据极完整的时候，就算对方的"为什么"符合语法，也不算真正的提问。

除了"我在思考"这个抽象事实，意识的各种内容都享有基础辩护。

比如，当你在意识中看到鲜艳的红色，"我仿佛看到红色"

就极其清楚。关于"看到红色"的全部证据都呈现在你的意识里。或者，你在感到剧痛时，就获得了关于"我疼"的全部理由。此时的你大可喊出，"我真疼啊！"没人会嫌你思虑不周。相反，如果你在剧痛中还认为自己的理由不充分，对于自己到底疼不疼还得继续研究，那才是真疯了。（见图2-4）

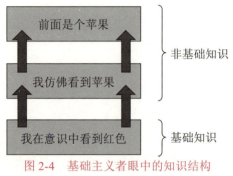

图2-4　基础主义者眼中的知识结构

不仅意识的感知内容，数学命题同样可以为基础辩护所支持。

前文提到数学公理的证明：学生对平行公理半信半疑，老师在黑板上画了半天，最后两人双双放弃。这是否意味我们没有完美的数学知识呢？基础主义者并不认输。这个例子顶多说明不存在完美的数学证明，而数学知识依然可能有坚固的理性基础。比如这位辛苦的数学老师，他自己懂得平行公理，认为这条公理简直是"自明的"（self-evident）。对这位老师而言，当他在脑中理解平行公理时，也就获得了关于平行公理的全部证据。学生不理解，强求证明，那是学生的问题。学生问得出"为什么""怎么证明"，是因为他脑中并没有对公理的透彻理解。一旦他理解了，平行公理就将和"我思考"一样完整而清晰，"为什么"也就变得毫无疑义。

当然，几何学发展出了不同的体系。平行公理并非在每个体系中都成立。但这是后话，也不影响数学老师关于几何公理辩护的基础性。

一方面，老师在课上讲解的始终是欧氏几何，而平行公理在该体系中的确成立。另一方面，即使平行公理有疑问，其他的公理也可以是不证自明的。甚至很多并非公理的简单数学命题也同样清晰。比如"二加二等于四"。你盯住这个等式的时候就知道自己绝不会出错。你完完全全地用理智把握了这个等式成立的原因。关键是你相信它成立的原因并不来自更基本的数学解释。诚然，我们可以说"二加二等于四，因为二加二等于三加一，而三加一等于四"。可你相信"二加二等于四"的原因不必依赖"二加二等于三加一"。对五以内的加减法你实在太熟悉，每次都得一百分，不需要任何演算推导。

通过"我思"和简单数学，我们能够发现基础主义回应三难困境的策略。那就是：回到意识之中，从意识里寻找最基本的理由。忘掉外部的公共争吵，也别给学生写证明，只在第一人称的视角下追寻自己的理由链条。

一旦选定了这个视角，"我思"和简单数学的基础性就会适时呈现。

2.5.2　融贯主义：知识其实是一张网

基础主义虽然为三难困境提供比较可行的解决途径，也有很多人持不同观点。

融贯主义认为：知识的真实结构错综复杂，相互交织，不存在独立的端点。基础主义把知识想象成大厦，融贯主义却把知识看作一张网，其中的每个节点都关联着很多线索。当我们对某个想法问出了"为什么"，永远找不到所谓独立的基础辩护。

任何理由,都只能在理性的网络中相互牵制。

那么,为什么意识中的红色感知无法构成"我仿佛看到红色"的基础辩护?红色的感知为"我仿佛看到红色"所提供的理由,又能如何被重新编织到理由的网络中?融贯论者提出了不止一种方法。其中,最著名的方法由塞拉斯(Wilfrid Sellars)提出。

塞拉斯是 20 世纪中期著名的融贯主义者。他认为,红色感知之所以无法提供"我仿佛看到红色"的完整理由,主要是因为当我们把这种感觉解释为"红"时,早已使用了"红"的概念。而"红"的概念看似简单,掌握它却并不容易。

怎样才算掌握了"红色"的概念呢?

仅仅对红色的感知经验说"红"这个字还不够。想掌握"红"的概念,你还必须懂得许多关于物体、光线与空间的知识。在看见一只红杯子时,你如果理解"这杯子是红色的",就需要懂得杯子在不同环境下的特点。比如,我们都知道:如果天黑以后不开灯,你就什么都看不见。而什么都看不见,不改变物体本身的颜色。所以,如果你在天黑时因为什么都看不见就说"这只杯子变黑了",你也就不懂什么是有颜色的物体。相应地,你也就未能掌握"红"与"黑"等概念。或者,如果你的家人在红色杯子前摆了一株绿色植物,你竟认为"这只杯子又变绿了",你的家人一定百感交集,觉得你或者是伟大的诗人,或者精神出了问题。

塞拉斯的论点究竟是什么?

原来,当我们追随笛卡尔退回意识的领地时,所使用的语言却依然来自外部世界。理解"这是红色",就要理解"什么是红色"。而后者要求掌握很多关于意识之外物理世界的知识。简言之,"这是红色"将不再是基础。

所以,当笛卡尔信心满满地说"我看到红色"时,你可以问他:"凭什么你这么确定?你真懂'红色'这个词吗?"笛卡尔只得回答:"懂啊,因为我看到红杯子时会说'这是红杯子',哪怕半夜关灯什么都看不见了,我也绝不改口说'杯子变黑了'。你看,我懂'红色'的意思吧?"听笛卡尔这么回答,塞拉斯一定非常满意,"好,你懂,可是基础主义也就输了。"

哲学家们曾就塞拉斯的批评讨论了许久,我们不再深究。这里亟须澄清的,是融贯主义和"循环论证"的关系。

循环论证是理性的灾难。如果我们接受循环,任何人都将有理由相信自己的爸爸是玉皇大帝。即便正确的想法——比如"使用暴力是不对的""暴力不能解决问题"——也不该相互循环地论证支持。融贯论者怎么面对这个问题呢?如果知识是一张有限的网,那么如果不用"为什么"把人从一个节点逼向另一个,对方早晚会回到之前的某个节点,构成循环。

对此,融贯主义的经典回答是:循环确实不好,但错不在融贯主义,而在"为什么"这种提问方法。

阿格里帕着重讨论的"为什么"是一个线性的问题。线性问题的特点是:一个提问只对应一个答案。"为什么相信枸杞养生?""因为听到很多人这样说。""为什么相信听到很多人这样说?""因为某次……"也就是说,面对一个"为什么"时,你只能说出一个"因为"。这是对话的线性规则。

然而,如果网络才是知识的真实结构,相信一件事情的理由就会有很多。比如,当你看到一只红杯子,你相信"这是一只红杯子"的理由不只有"我仿佛看见一只红色杯子的形象"。你的理由还将包括:"我眼神好""我没闭眼""当时光线正常""我懂'红'这个概念""杯子出现在桌子上而不是空中,所以这不是幻觉""我刚才还用它喝水",等等。所有这些,都是你相信"这是一只红杯子"的原因。单个的"为什么"远远不能揭示这些复杂的理由结构。

而且，正如融贯主义者所言，这些理由之间本就相互支撑。如果你眼神极佳，却看到杯子出现在空中，那很可能是幻觉。或者，如果你看见桌子上有杯子，当时光线却极差，你也难以确定那就是杯子。（见图 2-5）理由之间的这种相互关联原本就是生活的常识。循环论证的问题，在于坚持用一个个"为什么"简化这些关系，硬生生地把一张网拧成了一条绳。

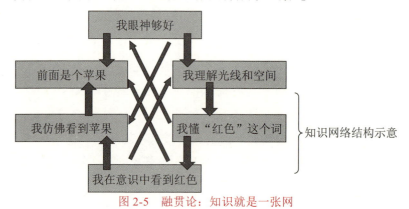

图 2-5　融贯论：知识就是一张网

可是就算融贯主义能化解循环的尴尬，也要面对其他难题。

再以"我的爸爸是玉皇大帝"的循环论证为例。就算我们把这个循环织成一张细密的网，也拯救不了这个命题的荒诞。不管是循环中的一段，还是网络中的一点，错的就是错的。何况我们看到，再荒唐的观点之间都可能彼此连贯，相互托底。设想，甲在相信"枸杞养生"时还认为"我爸是玉皇大帝"，并补充道，"我妈是后土娘娘"。哪怕天天看到妈妈在普通的公司上班，他也坚信妈妈掌管地上的一切。每当被问到枸杞为什么养生，甲会说："是掌管地上一切的妈妈决定的。"至于妈妈为什么能决定一切，他又会解释，"因为妈妈是玉帝的妻子"，"而我的爸爸是玉皇大帝"。总之，甲的想法不可理喻，却彼此撑腰，构成了一张因为关系混乱反而无比坚固的网。但就算如此，也没人会佩服甲的睿智。我们绝不会赞许他"特别理性""思想特别深刻"。毕竟，甲的绝大多数想法都毫无理由。

融贯主义最终错在了哪里？

刚刚的例子告诉我们：一个人的观念系统"是否融贯"和它"是否反映现实"是两回事。而只有恰当反映了现实，一个观念才能够是理性的。融贯论者误以为观念间的连贯就是理性的全部。可惜，"网"可以遗世独立地飘在任何地方，根本不向现实负责。基础主义的"大厦"则不同：大厦不仅为知识提供牢固的地基，更把知识扎根在现实之中。

2.5.3　无限主义：千万不要低估人心，人心是无限的

最后，我们来看一看无限主义。

无限主义是解决阿格里帕困境三个方案中最小众的立场。无限主义者拥抱无穷倒退，他们认为能够倒退至无限才是理性的光荣。如果甲是著名学者，长期研究枸杞，有充分的理由相信"枸杞养生"，那么当他反复被"为什么"逼问的时候，就应该不断给出新的回答。反之，如果甲的回答止于某点，或陷入循环，就不算真的有理由相信"枸杞养生"。

道理我们都懂——阿格里帕早就指出终止和循环的问题。可难道无限主义就能因此宣告胜利？我们就该心甘情愿地接受无穷倒退？不要忘了亚里士多德的教诲：心灵是有限的，有限的心灵装不下无限的理由。既然我们人生中任何一个时段内所想过的事情总是有限的，也就不可能为观念提供无限的理由。

无限主义者对此的回答是：不要低估人类心灵的力量！

的确，我们认认真真有意识想过的事情总是有限的。可

人类能在有限的规则中生成无限的理由。当代著名哲学家索萨（Ernest Sosa）举过这么一个例子：我们都学过自然数，知道怎么数1，2，3，4……也知道1，3，5……是奇数。自然数是无限的，奇数也是无限的。现在假设，有小朋友问你："世界上有奇数存在吗？"你说："有啊，至少有一个奇数存在。"对方问："为什么呢？"你又说："有一个奇数存在，因为至少有两个奇数存在。"对方不服气又问："那为什么呢？"你继续回答："因为至少有三个奇数存在"，以此类推。

在这个对话中，你是沿着下面这个理由链条进行回答的：

- "至少有一个奇数存在"
- "至少有两个奇数存在"
- "至少有三个奇数存在"
- ……

在这个理由链条中，后一项为前一项提供理由。如果至少有两个奇数，那么至少有一个奇数。如果至少有三个奇数，那么至少有两个奇数。当然，这个回答链条比较奇怪。小朋友问有没有奇数，你举例说"1是奇数"就够了。何必欺负小朋友呢？

不过，尽管你的回答不够友好，却不荒唐。确实存在这么一个链条，它无穷延伸，每一句话都由后一句话支撑。更重要的，虽然这个链条很长很长，其中大部分句子你从未想过，但你却已经"有理由"相信它们。只要学过算数，知道有"无数个"奇数，你自然就有理由相信"起码有二十七个奇数""起码有六百八十九个奇数"。

这很像是：当你乘坐地铁时不仅知道自己坐地铁，还有理由相信你坐的不是轮船，不是飞机，更不是航天飞船。当然，你坐地铁时大概在低头看手机，或者睡觉，根本没想自己坐的是不是轮船或飞机。但无论怎样，你依然"有理由"相信这些。如果有其他乘客问："你现在坐的是飞机吗？"你会不假思索地回答："当然不是！"

总之，无限主义者并不认为有限的心灵容不下无限的理由。

2.6 所以，究竟怎么证明"喜欢"？

基础主义、融贯主义、无限主义是对阿格里帕三难困境的三个回应。

这些理论关注的首要内容是"知识的结构"。毕竟，如果说完美的证明只是一种奢求，知识却是生活的必需品——人必须知道很多事情才能在地球上生存。三种理论各有优劣。哲学家们关于孰对孰错至今仍没有定论。

现在，我们回到"怎么证明喜欢"的问题。基础主义、融贯主义、无限主义对知识的解释能不能帮恋人"证明"自己喜欢对方？可惜，完全不能。

先看无限主义。无限主义认为有限的心灵容得下无限的理由。当我们知道一件事情时，已经接起了无限长的理由链条。可是"证明"是公共行为。证明一件事，就要细心地展示能让所有人信服的证据。无论你内心的理由多么深刻，别人也不可能直接看见。内心存在无限的理由，不等于在实践中给出了长度无限的证明。而显然，我们用再多的时间也写不出长度无限的证明。就算你和恋人都已经成仙，寿与天地齐，对方也永远等不到你"证毕"的一刻。

融贯主义同样表现不佳。把知识看作网状结构，拒绝回答线性的"为什么",这本身就是拒绝证明。无论我们的知识结构是不是线性的,证明终究是线性的。而在线性的证明过程中陷入循环,是会被恋人嫌弃的。

基础主义似乎最有希望?基础主义认为知识的理由链条存在自明的起点。只要能跟恋人一起找到这些起点,就不必无穷倒退了。基础主义者又给我们指出了哪些基础证据呢?是"我疼"等经验意识内容,以及主观视角下"二加二等于四"这类简单的抽象真理。

这些内容可以作为证据拿给别人看吗?

不可以!别人看不见你的疼,也看不见你对"二加二等于四"的掌握。别人只能在你龇牙咧嘴的时候"推断"你疼,或者在你算数考一百分的时候"猜想"你真的理解了答案。对于你的意识内容,别人从外部观察的证据永远不如你自己的真切。

思考至此,被要求证明喜欢对方的恋人大概已经恼怒不堪,"我为什么这么证明都没用?真想把心掏出来给你看看啊!"《大话西游》里正好有这样一个经典桥段。

紫霞仙子:"你骗我!你根本就不想亲我,你刚才说的话全都是骗我的!"

至尊宝:"我是认真的!你先把月光宝盒拿出来。要不要我把心掏出来给你看看啊?"

紫霞仙子:"不用,我自己来!"

说罢,紫霞仙子真的钻进至尊宝的心里,去审问他椰子形状的心。可惜我们都不是神仙,没法直接洞悉他人内心的想法。你或许看得见对方的心脏,看得见对方的脑图,但这些远远不及把对方内心的想法直接呈现给你。

2.7 小结

恋人常常要求对方证明喜欢自己，很多人也被"为什么"这个问题反复折磨。这两个场景背后都指向同一组困境：理由的结构是什么？存在坚实的理由吗？我们究竟能否完美地证明一件事情？

阿格里帕试图告诉我们：无论结构怎样，都不存在绝对坚实的理由，我们也永远无法证明任何一件事情。由于 JTB 要求知识包含理由，知识同样也会陷入三难困境。

知识的结构自古希腊时期就让哲学家感到困扰。

尽管塞拉斯在 20 世纪中期的攻击使基础主义沉寂多年，基础主义却是历史上最主流的知识结构理论。亚里士多德、笛卡尔、休谟、罗素（Bertrand Russell）等著名哲学家都是基础主义者。绝大多数哲学家都接受了亚里士多德"心灵有限"的观点，认为无限延伸不可接受。而既然循环论证也有明显的问题，基础主义就成了我们唯一的选项。

在基础主义者眼中，"三重情形"的说法并不严格。他们认为"链条终止"应该细分成两种情况：一种是因为不讲道理而强行终止对话，另一种是面对完整自明的理由不再问"为什么"。前一种情形是对理性的践踏，后一种却有可能为理性提供坚实的基础。前文提到，"我在思考"等意识反思内容和"二加二等于四"似乎都可以被完整自明的理由所支撑。近年来，哲学家们依然在不断探索理性的结构，寻找理性的起点。

第 3 章

你喜欢的是我，还是喜欢的感觉？

章节要点：
- 主观感觉与客观实在
- 外部世界存在的证明
- 近代理性主义
- 近代经验主义
- 上帝存在的证明
- 摩尔的常识主义

3.1　可最终什么又不是感觉呢？

恋人最怕错付真心，怕对方逢场作戏。毕竟，有些人恋爱只为度过一段青春。另一些人以为自己爱得深爱得真，最后才发现只是经历了一场自我感动。对恋爱的这些误解，很多人能够坦然处之。可真正潇洒的毕竟是少数。于是，恋人们有时会纠结地问："你喜欢的究竟是'我'，还是'喜欢的感觉'？"

这个问题听上去合情合理。喜欢一个人肯定和喜欢一种感觉不同。人是人，感觉是感觉。人是客观实在。感觉只是自己的主观体验。对人的喜欢更持久，感觉却常常转瞬即逝。所以，凡是认真的感情，恋人都希望对方喜欢的是自己。如果自己喜欢对方，对方却只是喜欢"喜欢的感觉"，那实在太可怜，太悲惨。

看起来，"你喜欢的是'我'还是'喜欢的感觉'"的标准答案显而易见。对方都这么问了，肯定要斩钉截铁地回答："是你，不是感觉。"可在当事人看来，这两个选项真的不一样吗？如果对方逼问："真的吗？喜欢的真是我而不是感觉吗？"你还能答得心安理得吗？

一个人最终的所有，毕竟只是自己的感觉啊。

为说明这点，我们设想：你最近上火，想吃水果，正好在桌子上看到一只苹果。你拿起来闻了一下，发现没坏，就把苹果洗洗吃了。你降了火，觉得很开心。根据常识，你看到了苹果本身，拿起来，又吃掉了它。现在我们来问：让你开心的是吃这个苹果本身，还是"吃一只苹果的感觉"？

这个问题或许会让你一头雾水。与苹果的接触真的可以脱离对苹果的感觉吗？

当你看到苹果，意识中就呈现出苹果的样子，这是视觉感知印象。你闻着苹果的味道，这是嗅觉。你拿起苹果时伴随着触觉。吃苹果时又产生味觉。这些都是广义上的"感觉"。所以，你又怎么分得清一只苹果和它带给你的感觉呢？（见图3-1）

而如果我甚至不能分清一只苹果和它带来的感觉，也就难免混淆喜欢"一个人"和喜欢"喜欢的感觉"。面对恋人的提问，你似乎不得不让步——"喜欢你，不就是喜欢和你在一起时的感觉吗，另外还能有什么？"

图3-1　也许，一切最终只是你的感觉

在哲学史上，对象和感觉之间的差别与"外部世界怀疑论"紧密相关。笛卡尔为寻找确定知识启用了极端的怀疑方法：也许有全能的魔鬼在骗我，世界上本没有物质，而我们所经历的一切都是魔鬼的把戏。笛卡尔认为，既然无法从原则上排除这种可能性，也就不能从根本上确认外部世界的存在。我们能够确定的，只有意识中的感觉而已。尽管现实生活中的正常人不会把笛卡尔的想象当真，哲学家们却已经为此头疼了几个世纪。

他们通常把笛卡尔的问题称作"外部世界存在的证明"（proof of the external world）。

我们如何证明外部世界存在呢？怎样证明世界上不止有我们每个人自己的感觉？

这类问题不问还好。一旦问了就几乎没法回答。因为当我们提出"如何证明外部世界存在"时，早就预设了"已知"仅仅覆盖了意识的内容。而从主体意识到客观世界的跨度非常大，很多哲学家绞尽脑汁，最后只得承认人类理性迈不开这么大的步幅。

同样，在日常情形中，喜欢"一个人"还是喜欢"喜欢的感觉"差别不大。可一旦在两者间做出概念的切割——感觉是主观体验，人是客体对象——就很难再把它们重新黏合在一起了。最终，我们仿佛只得投降，"你问我喜欢的是你还是喜欢的感觉，可我经历的一切终究是我的感觉，喜欢你，就是喜欢这些感觉啊……"

这样的回答貌似深刻，但听上去很像在回避问题。

那么，怎样才能给出让人满意的回答呢？哲学家们又提出过哪些外部世界存在的证明？

3.2　意识连贯，所以有稳定的外部世界？

或许有人会想：梦中的影像总是飘忽不定，而我们平时的意识经验却非常稳固。你看见一只苹果，洗它，咬它。苹果就乖乖地被你洗，被你吃。它不会忽然消失，也不会忽然变成一只兔子从你手中跑掉。所以，一定存在着真实的外部世界——不然我们的经验世界怎么会这么稳定呢？

笛卡尔在提出怀疑方法的时候也想到过这个理由。

但他随即否掉了这个理由。笛卡尔提醒我们：有些梦光怪陆离破碎不堪，另一些则逻辑非常连贯。梦中的苹果未必总会消失，也未必会变成兔子，却依然是虚假的。所以哪怕我们的意识内容连贯而清晰，也有可能正处于梦中。

况且，"梦"不是唯一的怀疑论场景。我们不仅无法排除正在做梦的可能性，也无法确定自己是不是《黑客帝国》里的生物电池，等等。如果说，梦中的景象大部分都是含混的，黑客帝国的超级计算机与全能的笛卡尔魔鬼可不会留任何漏洞。这些想象中的暴君会把周围的"世界"安排得妥妥当当，让你所有的意识经验都严丝合缝地衔接在一起。就算哪儿不连贯了，他们也有办法立即修补，免得你起疑心。

你或许可以辩解："我不想生活在黑客帝国的世界，所以我宁愿拒绝这些可能性，相信世界实在。"何况不光是你，大家也都这么觉得。你还可以说："如果相信了怀疑论场景，我就会失去在生活中拼搏的动力。还拼什么呢？最后都是幻觉啊！"所以，为了生活能够继续，你相信世界的真实。

可是这些都不是外部世界存在的"理性证明"。

如果你被恐怖组织绑架，对方威胁说"你必须相信二加二等于五，否则我就引爆核弹毁灭全世界。"你也应该为了全人类而相信"二加二等于五"。世界这么美好，你肯定"不愿意"让世界消失。可是，就算你为了世界的和平而相信"二加二等于五"，并不意味着二加二真的就等于五。你的"愿意"没法"证明"这个错得离谱的数学等式。

类似，你不想当黑客帝国里的生物电池，每天都告诉自己"我是真的"，也不算是外部世界存在的证明。

阿格里帕曾经告诉我们完美地证明一件事情有多难。证明依赖于前提，而前提又复有自己的前提。相反，外部世界存在证明的难度不在于无法终止，而在于根本没法开始。如果我们已有的前提仅仅是意识中的各种影像，以及理性头脑掌握的一些逻辑原则，甚至没法迈出通向外部世界的"第一步"。

3.3 理性主义：上帝啊，请帮帮我！

基督徒在面对困难时常会下意识地想，"上帝啊，帮帮我"。很多无神论者也爱把上帝挂在嘴边。而哲学家们在思考严肃的哲学问题时，却会认认真真地求上帝伸出援手。

笛卡尔在陷入怀疑的泥潭之后，就试着通过上帝的力量让自己回到客观世界。

笛卡尔认为：只要能证明上帝存在，就能证明外部世界存在。上帝毕竟和魔鬼不同，他不会骗我，也绝不会忍心让我们永久地陷入幻觉，无法醒来。笛卡尔的思路可概括为两个步骤：

- 第一步，论证上帝存在，而且是作为全知全能至善的神而存在。
- 第二步，论证全知全能至善的神不可能骗我，所以世界真实。

对于今天的读者，这两个步骤简直不可理喻。

如果连世上有没有红苹果都证明不了，又怎么能证明上帝存在呢？即使存在，上帝也远比苹果神秘得多。通过上帝证明存在苹果，就像是学不会加减法所以先学微积分一样荒诞。如果被恋人问到"喜欢的是'我'还是'喜欢的感觉'"时竟然先跑去证明上帝存在，恋人一定会以为你看破了红尘，于是伤心地离开。

但在笛卡尔等人看来，求助于上帝既不疯狂也不绝望。

上帝之所以显得比苹果神秘，只是因为人们习惯于用感官认识世界。苹果看得见摸得着，而上帝看不见摸不着。可是，感官并不是我们认识世界的唯一途径。笛卡尔代表的哲学传统称为"理性主义"（rationalism）。理性主义认为，除了感官之外，我们的理性还可以独立地认识很多事情。比如，虽然在一开始学习"二加二等于四"的时候免不了掰手指，我们的理性却可以逐渐脱离感知，直接理解这个等式的含义。毕竟，就算世界上再也没有手指可以数，找不到任何具体的计数单元，理智也依然会告诉我们"二加二等于四"。同样，虽然上帝并不出现在人类的感觉世界中，理智也完全有可能独立地发现上帝存在。

现在，我们分别来看看笛卡尔论证的两个步骤：理性如何证明上帝存在？如何利用上帝证明外部世界存在？

3.3.1 本体论证明：最完美的事物一定存在！

笛卡尔证明上帝存在的方法，是诉诸上帝的完美，具体包含如下步骤。

1. 根据定义，"上帝"的观念无限完美，具有全部的正面属性。
2. 而"存在"是一种正面属性。
3. 所以，根据定义，上帝存在。

上述论证被称为"本体论证明"（the ontological argument）。本体论证明从上帝的概念直接推出上帝的存在。它的核心思想可以翻译成："最完美的事物一定存在，不然就不够完美。"现实生活中，人们经常抱怨美好的愿望总是难以实现，快乐的时光也无法持久。不过从本体论证明的思路看来，所有那些不能实现或转瞬即逝的都不算真正的完美。"最完美的事物"不会有任何漏洞或把柄，它一定存在。

这里会有人问：凭什么上帝被描绘成无限完美的？上帝不能有缺陷吗？《旧约》中的上帝就比较记仇，而记仇可不算是美德。不过，哲学家不必纠结于此。怎样解释宗教中的上帝形象，那是牧师的工作。哲学家只需要关心"无限完美"的含义就够了。至于它实际的所指是基督教的上帝还是东方的如来佛祖都不要紧。只要最完美的实体存在，我们就有希望脱离怀疑论的泥潭。

"无限完美"的观念包含所有正面的美好属性——"善良""勇敢""有爱心""学识渊博"等。根据定义，凡是美好的正面属性，都必定包含在"无限完美"的观念之中。所谓观念包含的属性，是指当我们想到这个观念时必然可以想到的内容。"三角形"的观念就包含了"有三条边""有三个角""在欧式平面的内角和为180度"，等等。"人"的观念则包含了"是哺乳动物""有两只脚""通常有十个手指""活到40岁时可能会秃顶"，等等。

很多属性无所谓完美与否。"有三条边"这个性质本身就无关好坏。另外一些属性则让人们唯恐避之不及，比如"40岁开始秃顶"。而"勇敢""博学""有爱心""美丽"都是令人向往的正面属性。一个包含了"勇敢"的观念比不包含它的观念要更加完美。上帝，作为无限完美者，包含了所有这些正面的属性。无论想到的还是没想到的正面属性，上帝都必须具有。否则，他就不再是定义中的"无限完美者"了。

无限完美的观念一定存在，因为"存在"是一种完美的正面属性。

对绝大多数事物来说，存在都比不存在要理想。你给朋友过生日，准备了一个生日蛋糕。你对朋友说："蛋糕很好吃呢，新烤出来的，配有新鲜动物奶油，还有很多草莓。"你的朋友流着口水问："在哪儿？在哪儿？"如果你回答："可惜，这个蛋糕还有一个缺点，它不存在。"对方一定会生气，以为你在逗他。这种情况下，"存在"显然是一个正面属性。一个存在的蛋糕比不存在的蛋糕要完美。再比如，战争年代，一个国家被敌军入侵，节节败退，都城即将失守。防守的将领要是说："我还有一支部队，武器精良，训练有素，可惜它只是不存在。"一定被群起攻之："都这种时候了还开什么玩笑！"一个存在的军队比不存在的军队要完美。

蛋糕和军队都因为存在而"更完美"，是指它们会给他人带来更多益处。此外，存在也会赋予当事人本身更多的力量。

比如奇幻类影片中反派领袖的灵魂常常渴望重新获得肉体，进而统治世界。《指环王》中的索伦、《哈利·波特》中的伏地魔都是如此。伏地魔邪恶至极，也给魔法世界带来过巨大灾难。但在某种意义上，当他以完整的形态重现于世时，的确变得更加"完美"。通过存在，他获得了无比的力量。可见，对于当事人自身而言，存在也是一种正面的属性。

既然存在是一种正面的属性，"无限完美"的观念当中也就不能缺少这个属性。正如"三角形"必然"有三条边"一样，"无限完美的上帝"也必然"存在"。

本体论证明历史悠久，并非是笛卡尔的原创。最早的提出者之一是圣·安瑟尔谟（Saint Anselm）。笛卡尔只是重新阐述了圣安瑟尔谟的论证。目前仍然有一些哲学家在研究并改进本体论证明。他们用到的术语比较复杂，我们不做讨论。

但可以想见，无论怎样完善，本体论证都显得怪怪的。虽然每个前提和步骤都看似合理，可当我们得出"上帝必然存在"的结论时依然会感到诧异。一个事物是否存在，要在经验世界中寻找证据。小王存在，因为你看见了小王。小李存在，因为小王说看见了小李。你存在，因为你的意识反思到了自己。这些都发生在经验世界之中。相反，概念完全取决于定义和思考。哪怕我们在现实世界中根本找不到绝对的三角形，"三角形有三条边"也依然成立。所以，人类有"三角形"的概念，不等于世界上就存在三角形。而人类可以定义"上帝"，定义"无限完美者"，不等于无限完美的上帝就一定存在。本体论证明一定在哪个环节出了问题。

德国近代的著名哲学家康德（Immanuel Kant）就曾点中本体论证明的一个死穴。

康德认为，"存在"（to exist/to be）不是一个谓词，也不指示一个属性。日常语言习惯于把存在用作一个谓词。"地球存在""空气存在""花存在"，这些语句和"地球是圆的""空气很轻"在形式上类似。"存在"也就和"是圆的"一同作为谓词出现。

在康德看来，这只是一种假象。"存在"其实不是谓词，而是一个主语能够被谓词指称的必要条件。当你跟朋友说"可惜生日蛋糕只是不存在"时，对方的反应绝不是遗憾——仿佛蛋糕上的奶油少了一层——而是因为荒诞。如果一块蛋糕不"存在"，它就根本不可能"涂满了动物奶油"。没有奶油和草莓，蛋糕仍是蛋糕；没有存在，蛋糕也就不再是蛋糕，更谈不上奶油和草莓的搭配。

所以，我们不能把存在看作属性。"存在"也就没法包含在"无限完美"的观念中。

至于刚刚提出的那些把存在当作正面属性的理由，需要用其他的方法来解释。所谓一只蛋糕存在的正面意义，在于"有蛋糕"比"没蛋糕"更能让你的朋友开心。而"有蛋糕"和"没蛋糕"分别指向两种可能的世界状态。这两种状态不能翻译为同一只蛋糕的"存在"和"不存在"。至于《指环王》中的索伦和《哈利·波特》中的伏地魔在获得身体后的确更强。然而在获得身体之前，他们早已作为灵体而存在。所以，这两位超级反派完整形态的完美只是他们身体的完美，不是存在的完美。

不过，我们暂时不管本体论证明的这些漏洞。先看看上帝能否带我们安全返回外部世界。

3.3.2　完美的上帝不会骗我，所以外部世界存在

就算完美的上帝存在，又关我们什么事呢？

世界上美好的事物太多了，大部分都和我们没什么关系。维纳斯断臂是维纳斯的遗憾，维纳斯的美也是维纳斯的美。观赏维纳斯的确会改变我们的心境。可是我们终究不是维纳斯。作为独立的存在者，维纳斯不必给我们带来任何影响。

上帝的完美有什么不同呢？

根据定义，上帝具有全部的正面性质。在西方宗教哲学的传统中，上帝的无限完美一般被阐释为"全知、全能、至善"。

- 全知，即知道所有的真理。
- 全能，即能做到任何事情。
- 至善，即希望完成所有的善举。

有知识，有能力，善良。这都是非常正面的性质。我们都

希望自己有能力，有知识。很多人也同时希望自己更善良。至于另外那些为了追求名利而放弃良心的人，也往往承认善良的人是好的。

作为绝对的完美者，上帝不仅具有这些性质，也把它们发挥到极致。

如果有任何一件事情上帝不知道，如果有任何他不能完成的事，上帝都不算绝对完美。同样，如果上帝原本能够做成一件好事，却袖手旁观，他也就不算绝对的善良。也就是说，对于我的任何灾难和不幸，上帝都会伸出援手。这样的上帝又怎么会允许我们陷入永恒的幻觉呢？一定不会！所以，外部世界肯定存在。

上述论证可以简化为下面几个步骤：

- 陷入长久的幻觉非常糟糕。
- 上帝全知，所以如果我们状况糟糕，他会知道。
- 上帝全能，所以上帝如果愿意，就会把我们从糟糕的状况中拯救出来。
- 上帝至善，所以如果上帝知道我们状况糟糕，就会愿意把我们从中拯救出来。
- 综上，上帝不会让我们陷入长久的幻觉。

论证的结果很美好。要是结果成立，我们就算是完成了"外部世界存在"的证明，终于能顺利区分"外部对象"和"自己的感觉"了。就算被恋人逼问到底喜欢"对方"还是"喜欢的感觉"，也终于能理直气壮地回答"是你"。

但这个论证真的没问题吗？上帝的完美真的可以用来否定任何灾难吗？

好像不能。世界不仅不完美，还充满各种各样的痛苦。生老病死无法避免，自然灾害难以被战胜。此外还有各种人为的灾难——偷窃，谋杀，乃至战争，都由人的恶念和愚蠢产生。上帝为什么会眼睁睁地看着这一切发生呢？为什么不帮我们停止战争，消除疾病呢？可见，上帝并不是无限完美的。他要么不知道世间的这些痛苦，要么不能消除所有的痛苦，或者根本就不想改变这一切。

既然世界充满了缺陷，不存在全知全能至善的神，我们也就同样有可能犯各种错误。当我们以为幸福地生活在物理世界的时候，外面的一切都可能与我们想象的不同。

综上，用理性主义的方法证明外部世界存在实在大费周章。不仅要证明上帝存在，还得调和上帝的完美与人世间的痛苦。要区分喜欢"一个人"和喜欢"喜欢的感觉"，真的很麻烦呢。

3.4 经验主义：世界是我的"感觉"而已

"经验主义"（empiricism）非常不喜欢理性主义的方案。不喜欢，不是因为嫌麻烦，而是因为经验主义者只信赖经验。

在经验主义者看来，所有的知识最终只能来自于经验。理性主义者所谓独立于经验的理性是天方夜谭。存在着全知、全能、至善的上帝？无限的上帝超越了任何有限的感知？这完全是人类认知领域之外的事情，我们无权讨论。要是实在没办法，确实可以诉诸信仰，把上帝用作宇宙的黏合剂。可这终究是无奈之举。于是，经验主义者建议我们老老实实地从经验出发，放弃幻想，看看所谓的"外部世界"到底是什么。

"经验主义"本身的内容丰富，覆盖了各式各样的立场。

我们即将讨论经验主义处理外部世界证明的两个最经典的策略：贝克莱（George Berkeley）的"观念论"（idealism）和密尔（John Stuart Mill）的"现象主义"（phenomenalism）。

3.4.1 贝克莱：存在即感知

近代最典型的经验论者是休谟与贝克莱。

我们在第一章中介绍了休谟的归纳怀疑：无论见过多少次日出，都不能保证太阳在下一次依然升起。就算太阳实际上的确会升起，我们的理性也没法通过以往的经验"推导出"这个结论。在休谟看来，相信明天的太阳还会升起，只是出于我们的"习惯"（habit）——你觉得太阳还会升起，我也觉得，大家都这么觉得，这是我们人类某种根深蒂固的习俗。习俗本身没什么道理，却也没必要修改。

休谟认为，我们相信外部世界存在，也是一种习惯。

外部世界这回事，理性上根本证明不了。我们所能直接认识到的只有意识中频繁闪过的种种观念而已。意识对我呈现了一块比萨，对我呈现了饥饿，呈现了我伸手去抓比萨的视-听-触觉综合感知。可是"比萨本身"真的存在吗？常识认为比萨的确存在呢，但休谟可以继续问：这个"比萨本身"又是什么？真的存在着意识内容之外的比萨吗？或者说，所谓外部世界中的客观存在，是不是"独立于人的性灵而存在"（mind-independent）？

休谟认为，不存在心灵之外的事物。至少，我们没有任何理由相信存在。

出于常识和习惯，人们以为外部的世界独立于意识。可对什么是独立于心灵的外部对象，又没人能说得清。的确，当我不看那块比萨的时候，它并不会因此从物理世界中"直接消失"。想让比萨消失，我就得把它吃掉。仅仅闭眼睛不看是没法让比萨直接蒸发的。但即便如此，比萨也未必是独立于心灵的。当我们说"那块比萨还在"时，其实是设想了这样一个画面：比萨在桌子上乖乖趴着，你离开时它也保留着浓郁的色泽和芳香——这就是常识对比萨"独立于心灵"的解释。

但这个解释并不十分自洽。

毕竟，你的心灵还在看着这个画面啊！我们刚刚其实是用一个"画面"解释了为什么比萨不会因为人的离开而消失。而画面总需要观察者，观察者又有心灵。这个画面中关于比萨的一切——形状、色泽、气味——最终都只是我们意识中的感觉。无论你多么使劲地闭眼睛，告诉自己"我不看我不看，我不看比萨也存在"，并同时努力地想象比萨继续存在的时候，依然不得不动用自己的视觉经验。总之，在人类的概念系统中，一个比萨的"存在"根本没法脱离感觉意识的系统。比萨如此，所有其他的事物也是一样。

所以，休谟认为人类对独立于心灵的外部事物的想法仅仅是一种心理习惯。跟归纳法一样，外部世界从根本上没法通过理性获得证明。

贝克莱关于外部世界的表述更为极端："存在即感知"（esse est percipi/to be is to be perceived）。没有独立于心灵的存在。所有的存在都只有通过心灵的感知才能理解。可见，经验主义对"如何证明外部世界存在"的回答至此已经开始影响"什么是外部世界"这个问题的答案。既然我们没有任何途径认识意识感觉领域之外的事物，后者对于我们也就没有意义。所有的存在都是意识领域之中的存在。

由于贝克莱只认可意识中观念的存在，他的经验主义也被称为观念论。

比萨饼的例子虽然能帮我们理解观念论的基本想法，却也容易让我们误以为观念论只认可感知——仿佛理性和经验主义的差别在于是否认可理性。实际上，所有的哲学都尊重理性。理性主义和经验主义只是对于理性的范围意见不同。理性主义认为理性可以独立于感性而运作，经验主义则认为理性必须以感性为基础，甚至必须以感性事物作为思考的对象。

比如，经验论者可以认为：我们不仅有"两只苹果"的观念，或"两部手机"的观念，还有数字"二"的观念。这个数字"二"的观念尽管抽象，却并非完全独立于"两部手机"和"两只苹果"。经验主义者承认我们认识数字"二"，也知道"二加二等于四"。只不过，这些数学真理最终都是"关于"苹果和手机的。数字"二"不独立存在。

在这点上，理性主义的唯一差别是：数字"二"独立存在，无关于具体的苹果或手机。数学真理虽然能应用于计算，却不依赖具体的事物而存在。表面上，理性主义和经验主义的差别不大。两者都识数，都能进行数学运算。然而，他们对于理性与经验关系的不同理解却会在"外部世界"等哲学问题上带来重要差别。理性主义者之所以有信心论证上帝与世界的存在，恰恰因为他们认为理性可以独立于经验而运作。经验主义者则否认这点。

无论怎样解释理性主义和经验主义的差别，我们至少可以确定：贝克莱观念论的"观念"（idea）不限于感知经验。意识中的所有想法，无论具体还是抽象，都可称为"观念"。

3.4.2　现象主义：感知的条件式

贝克莱对于外部世界和观察者的分析貌似合理，但稍微一想就会遇到问题。

概念上,我们对任何事物的理解都要经过感觉意识的媒介。我们最终所认识到的一切也都是意识领域内的投影。可每个人的意识范围都是有限的。如果你不仅把那块比萨留在桌上,离开,还关掉"观察者"的监视画面,彻底忘掉这回事,难道比萨就消失了吗?就算人类只能在意识的领域中理解"存在",可难道当一个事物离开所有人的感知视野,居然就不存在了吗?

对这个问题,贝克莱的解决方案是诉诸上帝——上帝感知一切。所以,不用担心事物会因为被遗忘而凭空消失。上帝用他无所不在的感知延续着整个世界的存在。就连宇宙中最深远的角落,也不会因为人类意识的局限而消失。

贝克莱是虔诚的基督教徒。他信仰上帝存在并不奇怪。只不过,既然都在哲学体系中引入上帝了,何必还要纠结于意识呢?全能的上帝为什么不能在意识领域之外创造事物呢?如果上帝存在,最直接的结论难道不应是像笛卡尔那样得出"上帝不能骗我,所以外部世界存在"吗?搬出上帝,却只让上帝感知世界,很像是明明已经搬出了核武器,却又拿出水果刀逼对方就范。

虽然贝克莱对上帝的求助不算成功,"存在即感知"的想法却有着相当的吸引力。兴盛于十九、二十世纪的现象主义就发展了贝克莱的想法。

现象主义同样认为"外部"事物本质上由意识中的感知构成。只不过,现象主义在分析意识和物体的关系时比贝克莱更进了一步。如果只从字面理解"存在即感知",就会得出"不被感知就不存在"的结论。这会把所有的存在限于有限意识的狭窄范围之内。为了避免这个荒唐结果,现象主义用"条件式"(conditional)分析事物。

条件式的标准形式是"如果……就……"。"如果天下雨,地就会湿""如果熬夜太久，就会困""如果努力工作，就会走向人生巅峰"，这些都是条件式的例子。条件式的种类有很多，但它们有一个共同特点：哪怕"如果"所描述的情形没发生，也不影响条件式本身的真假。比如，就算始终没有下雨，"如果下雨，地就会湿"这句话也可以是正确的。只要一个地方没有遮挡物，天没有热到雨水未落地就会蒸发的程度，这里就满足"如果下雨，地就会湿"。即使这里长期干旱，几年没有下雨，也不妨碍"如果"下雨，地就会湿的事实。

在现象主义看来，外部世界物体的本质是关于感知的条件式。

回到"桌子上有一块比萨"这句话。在现象主义者眼中，比萨的存在不等于我"此时此刻"对比萨的感知。否则，当我转身点可乐的时候比萨就会消失。经验主义者所需要的，其实仅仅是用意识感知这块比萨的某种"可能性"。"桌子上有比萨"的真实含义，也就变成"如果我凑近，比萨就会看着更大""如果我伸手，就可以把比萨抓起来""如果我把比萨吃掉，就会感到特别开心"，等等。作为"物质对象"，桌上的那块比萨完全由这些意识的条件式构成。

这样一来，就不用担心比萨无缘无故消失了。就算所有人都转身离开，忘掉了这块比萨，也不妨碍"如果回头，就会看到比萨的形象"这句话为真。只要还没被吃掉，这块比萨就始终可能重新被感知。

现象主义用条件式替代贝克莱的上帝，以确保外部事物能持续存在。同时，现象主义又十分忠于观念论的立场。条件式也好，陈述句也罢，现象主义谈论的始终都是意识中的感知。无论是我的"凑近"，还是比萨的"看起来更大"，都发生在意识之中。所以，现象主义对于事物持续存在机制的解释不必假定独立于心灵的外部世界。

不过，在改进贝克莱观念论的同时，现象主义也引入了新的问题。

第一个问题，是条件式翻译比较片面。"桌子上有比萨"能不能翻译成"如果我凑近，比萨就会看着更大"？不行，这个翻译起码不完整。除了"走近看着更大"外，还需要"如果伸手，就可以抓起来"以及"吃掉它会感到开心"，等等。如果这个"比萨"只是走近后看着显大，却根本拿不起来，更没法吃，那它就根本不是一只实实在在的比萨。除了可以吃，这个"比萨"还应该满足很多其他条件：比如"放久了会坏""要是不付钱就拿出餐厅，店员会来追"。这个清单是无限的。根本写不完。比萨可能处于无限的场景，并在这些场景中有不同的表现。所以，我们也就没法用有限的条件式把它穷尽。

可能会有人对此疑惑：干吗写这么多条件式呢？比萨是实实在在的。它在不同情况下的"可能"表现和此时此刻又有什么关系？

从常识来看，关系确实不大。但是现象主义者却不能这么想。现象主义的原则恰恰是要把"那儿有一块比萨"这种关于外部实在物体的语句翻译成条件式。在现象主义者眼中，当我们说"那儿有一块比萨"时，我们说的其实就是那一长串关于意识内容的条件式。毕竟，不存在独立于心灵的事物，存在即感知！

现象主义的第二个问题与第一个十分相关。实际上，我们不仅没法穷尽比萨在各种情形下的表现，甚至也说不清任何一种具体的情形。以"如果走近，就会看起来更大"为例。正常的比萨的确符合这个条件式。如果走近看的时候没有显得更大，那一定是只假比萨，或者是你饿昏时产生的幻觉。可是哪怕对于真正的比萨，也未必"如果走近，就会看起来更大"。假如你在走近的同时闭上了眼睛，或被别人遮挡了视线，你都不会看见这块比萨变得更大。或者，当你走向比萨时，有变态拿起比萨故意以相同的速度离开，你眼中比萨的大小就会保持不变。总之，很多意外都会导致比萨不会"如果走近，就看起来更大"。

为排除所有这些意外，就必须把上面的条件式改为"如果走近，且如果没闭眼，且如果没人遮挡视线，且如果没有变态拿起比萨以相同的速度离开，则比萨看起来更大"。可这么烦琐的叙述其实还是不够用。意外的可能毕竟太多，甚至是无穷无尽。这个复杂语句的长度也将是无限的。

可见，我们写不尽比萨在各个情形下的表现，甚至说不清它对某一特殊可能情形的反应。一句简简单单的"桌上有块比萨"，其真实内容竟超出了人类大脑的有限容量。现象主义显然不愿承担这个理论后果。

有人或许会反问：何必穷举这些无限的条件呢？为什么不用"等等"结束？这样多潇洒！

在语言的使用中，人们的确会以"等等"进行简化。前文也用"等等"概括了意外的无限性。可是，"等等"虽然方便了表达，却抹不掉这些表达背后的意思。就算我们在"如果走近，且如果没闭眼，且如果没人遮挡视线"之后用"等等"结尾，所概括的内容在事实上也非常复杂。这些隐含条件依然超出了"桌上有块比萨"所提供的信息。总之，现象主义的解释并不理想，终究要扭曲"桌上有块比萨"的原意。

3.5　摩尔："证明外部世界"实在太容易！

外部世界存在的证明困扰了 17 世纪以来的大部分西方哲学家。自从主观与客观世界之间被笛卡尔的魔鬼劈开，理性主义与经验主义者提出了各种缝合两者的方案。他们一次次尝试，又一次次失败，最终只得承认："外部世界存在证明"的挑战根本不可能完成。

直到 20 世纪初，英国哲学家摩尔（G. E. Moore）发现了转机。摩尔提出了下面这个外部世界存在的证明：

1. 这是一只手（摩尔举起了一只手）。
2. 手是物理事物。
3. 所以，存在物理事物。

这是外部世界存在证明吗？笛卡尔、贝克莱等人对于外部世界纠结了那么久，为什么摩尔举举手就能完成证明？这对于"外部世界"的话题未免太不严肃了吧？但无论摩尔的行为多么令人费解，他的确认为自己"证明"了外部世界存在。（见图 3-2）

图 3-2　摩尔简单粗暴的外部世界存在证明

为了支持自己的观点，摩尔特地列举了"证明"的三个条件：

- "证明"的条件一：证明的结论与前提不同。
- "证明"的条件二：如果前提为真，则结论必然为真。
- "证明"的条件三：我们知道前提为真。

摩尔认为，他的外部世界存在证明满足这三点要求，是一个好的证明。为厘清摩尔的想法，我们先来看看这三个条件，再检查摩尔的证明是否满足了它们。

条件一要求证明的前提需与结论不同。一个命题不能自己证明自己。阿格里帕告诉我们要避免循环论证，因为任何荒唐的想法都可以通过循环论证而自圆其说。"我的爸爸是玉皇大帝，因为我梦见他这样告诉我""我梦见爸爸告诉我他是玉皇大帝，因为他就是玉皇大帝"就是典型的循环论证。如果循环论证可以接受，那任何人都有理由相信自己是玉皇大帝的儿子。

前提与结论相同，可以看作循环论证的极端情形。

- "我的爸爸是玉皇大帝。"
- "所以，我的爸爸是玉皇大帝。"

这个论证糟糕，而且糟糕的理由和循环论证非常相似。如果允许自证，那任何荒唐的命题都可以自证。

注意，自证的问题，与命题是否荒唐无关。试比较：

- "一加一等于二。"
- "所以，一加一等于二。"

这比自称玉皇大帝要好得多。毕竟一加一确实等于二，而且我们也都知道一加一等于二。可是,用"一加一等于二"证明自己,并不算是"真正的证明"。"证明"需要从已知的前提推出未知的结论,或至少用比较确定的前提支持不那么确定的结论。如果前提和结论相同,这两点也就没法满足。所以,良好的"证明"的确应该满足摩尔提出的第一个条件。

再来看条件二。

摩尔的第二个条件是前提蕴含结论。如果前提成立,结论就必然成立。"必然"非常严格,一丝一毫的偏差都不允许。满足严格必然关系的前提与结论包括:"苏格拉底是人,所以苏格拉底是哺乳动物";"苏格拉底存在,他是人,所以有人存在"。第一组满足必然关系,因为人就是哺乳动物。第二组同样满足:既然苏格拉底存在,他还是人,那么一定是有人存在的。

日常生活中的大多数论证都比较松散。之前讨论的"证明喜欢对方"其实只是要求提供喜欢的某种证据而已。摩尔对"证明"(proof)的使用则严格得多。在严谨的证明中,前提与结论之间一旦相连就永不断裂。就算世界终结,不再有任何人能重复这个证明,前提与结论之间的关系也依然成立。对于这种关系,哲学家们通常会说:前提"蕴含"(entail)结论,或论证"有效"(valid)。

最后,证明的第三个条件是前提已知为真。

前提与结论间的逻辑关系还不能保证结论成立。"世界上没有哺乳动物"蕴含"所以世界上没有人"。可这个结论是假的。世界上不仅有人,而且有很多很多人。所以一个好的证明不仅有效,前提也必须正确。当然,前提仅仅事实上为真还不够,我们还得"知道"前提成立。"证明"有一定的社会标准。只有当我们从已知的前提出发,逐步推出结论,才算是读到了一个合法的"证明"。否则,证明就将是一堆没人能看懂的符号而已。

当然,证明的前提未必要所有人都知道。数学中的多数前提一般人根本没听过。但这并不妨碍数学家们用这些前提写出精彩的证明。可见,完成一个证明,只需要证明者本人知道前提成立。如果想把证明展示给其他人,那么这些人也应该知道前提成立。

摩尔认为,他动动手指就完成的外部世界存在证明完美满足上述三个条件。

摩尔的证明满足第一条。"这是一只手"和"手是物理事物"确实跟"存在物理事物"在概念内容上不同。如果摩尔讲的是"有物理事物,所以有物理事物",那的确在自说自话。反之,与"这是手"和"手是物理事物"相比,"存在物理事物"提供了新的信息。

证明的第二个条件同样满足。"这是一只手"和"手是物理事物"在逻辑上蕴含"存在物理事物"。如果世上不存在物理事物,就肯定不存在手,或者手虽然存在却不是物理事物。总之,只要摩尔的前提成立,他的结论就一定成立。

摩尔的证明最具争议的是第三个条件。

摩尔真的知道自己的手是一只手吗?当我们举起右手,真的知道这是一只手吗?怀疑论者会反驳说,"摩尔根本不知道,他知道的只是自己在意识当中看到了手的形象!"对这个指责,摩尔式的回答是:"清醒一点!你居然真的不知道自己有手吗?"

根据常识,我们知道很多事情:知道自己有手,知道自己的名字,知道地球是圆的,玫瑰是红的,等等。所有这些都是哲学家讨论知识概念的起点。没有了这些,也就根本不可能定义什么是"知道"。如果我们跳出近代哲学对"证明外部世界存在"的执着,打自己一巴掌,就会发现知道自己有手是再自然不过的事情。摩尔的"证明"也恰好由此出发——如果知道自己有手，就的确能推出外部世界的存在。至少，这是剑走偏锋证明外部世界存在的绝佳角度。

当然，怀疑论者不会轻易被摩尔说服。

在某种意义上，摩尔的确提供了外部世界存在的证明，但这个证明并不能缓解怀疑论者的焦虑，甚至完全没有回应怀疑论的挑战。笛卡尔等人所关心的是从"自我意识"迈向外部世界。摩尔则直接在外部世界的终点找到不循环地证明物理对象存在的方法。双方的话题虽然都是"外部世界存在证明"，摩尔从一开始就和笛卡尔等人的视角完全不同。双方争论的并不是同一个内容。

可既然摩尔没有回应怀疑论者，外部世界的存在依旧悬而未决。如何证明外部世界存在？在提出这个问题之前，我们几乎从未对外部世界产生任何怀疑。可一旦用这个割裂了主体与客体的关联，回到客观世界也就变得难上加难。"你喜欢的是'我'还是'喜欢的感觉'"，这个问题的情形类似。通常，没有人会怀疑自己喜欢的是对方。可是一旦区分了"对象"和"感觉"，我们恐怕就再也没办法从自己的感觉世界里逃脱了。

3.6　小结

恋人喜欢的究竟是"对方"还是"喜欢的感觉"？这个问题涉及主体感觉与客体实在之间的差别。要说明自己喜欢的是对方，而不只是喜欢的感觉，就必须要确认外部世界的存在。

外部世界的存在是近代以来最主要的哲学话题之一。理性主义与经验主义者采用了各种方法解释外部世界的存在与本质。

然而我们看到，这些方法并不成功。理性主义者相信外部世界独立于心灵，最终却没能用理性证明外部世界的存在。经验主义者则拒绝相信独立于心灵的物理世界，认为外部对象无非是主观感知的组合。摩尔虽然提出了一个外部世界存在的证明，却错失了主客体割裂的最初问题。

至今，哲学家们对于外部怀疑论依然没有完美的回答。

摩尔的证明虽然回避了怀疑论，却逐步促成了哲学研究视角的转换。摩尔的观点是：哲学思考应当以常识为基础。如果事先接纳了观念论的视角，把自己囚禁在主观感知之中，的确难以证明外部世界的存在。然而，常识告诉我们存在物理世界，告诉我们物理世界稳定，且能被人类的理智所认知。这些才是哲学需要尊重的前提。与其相信怀疑的结论，不如直接从这些前提出发。

实际上，尽管对外部世界的质疑与常识相悖，怀疑的起点也同样是常识。第一章中提到，笛卡尔怀疑方法的每个步骤都合理地指出了错误的可能性。感知可错，所以不可完全相信感知；数学可错，所以不可完全相信数学。而既然只有自我意识的存在和内容是确定的，也许意识中的观念才是我们直接认识到的内容。因此，如何从意识中的观念通达客观实在，也就自然而然地成为哲学家们所要思考的问题。

摩尔之后的当代认识论者们虽然不再把外部世界存在的证明当作自己的首要任务，却依然受到其他很多哲学问题的困扰。前文讲到的归纳怀疑、自我知识的模糊与确定性、阿格里帕三难困境、知识的结构等，都是令当代知识论学者焦头烂额的问题。尽管这些问题没有"外部世界"的宏大视角，却同样挑战我们对人类理性与知识本质的理解。

形而上学

第 4 章

你喜欢的是我的条件，还是我本人？

章节要点：
- 什么是形而上学
- 什么是个体
- 条件和本人有什么差别
- 个体的基底论
- 个体的束论
- 基底论与束论的优势与困境

4.1 真爱是爱对方本人,可是"本人"存在吗?

人们对"真爱"最朴素的设想或许就是:真爱一个人,就是真爱一个人本人。

如果真爱一个人,就不应该只爱对方的条件。即使对方老了、丑了,真爱也依然存在。所以,恋人们常常会问,"你喜欢的是我的外表、才华,还是我本人?"对自己的外表和才华再自信的人,也绝不会甘愿对方只喜欢自己的这些条件。我们常常听到恋人抱怨,"你竟然只是图我的钱财""你这个死外貌控,只是觉得我好看"。长得好看又有钱当然是人生幸事,可这些不应该是爱情的本质。如果恋人们痴心到能够问出"你究竟怎么知道喜欢我"这种哲学问题的程度,大概宁愿自己穷一些、丑一点儿,也希望对方是真心爱自己的吧。

向往真爱的人,总会期望伴侣所爱的是自己本人。热恋中的人如此,单身的人也是如此。年轻人对相亲的恐惧恰恰源于对真爱的坚持。"不想去相亲!"因为相亲只看条件——学历、收入、身高、外表等条件匹配一番之后才能入场。而不想把自己等同于这些条件,不想被挂在菜场式的相亲角,正是因为坚信自己一定能遇到真爱。就算父母和媒人把对方条件说得再好也不去。去了,就等于放弃真爱,向生活妥协。

可是究竟什么是一个人本人?"本人"真的存在吗?在抱怨对方只看外表时,恋人们默认了条件与本人的不同。但这个差别真的成立吗?

的确,就算一个人变丑变穷,也不改变他是谁。可如果性格也变了呢？如果一个温柔的人在生病或经历变故之后变得暴躁，还是他本人吗？要是连记忆也消失甚至被替换了呢？或者，一个人被魔法变成猪，他还是他"本人"吗？当古灵精怪的恋人问对方喜欢的是不是自己本人时，大概已经发现了蹊跷。"你总说爱的不是我的条件，可难道我化成灰了，你还会爱这摊灰不成？所以，你之前一定是在骗我，喜欢的还是我的条件。我们分开一段时间，各自冷静一下吧。"面对这种反应，任何人都会哑口无言。那么，到底该怎么回答？怎么解释条件与本人差别才不会掉进陷阱呢？

一个人的性质与其本身的差别是哲学中最久远的话题之一。这个差别涉及我们怎样理解"一个事物"，或哲学家所谓的"个体"（particular）。表面上看，前一讲所讨论的"对方"和"喜欢的感觉"的差别似乎正好对应于"本人"和"条件"的差别。担心对方只是喜欢"喜欢的感觉"，不正是因为担心对方喜欢的不是"自己本人"吗？但其实，条件与本人之间的差别并不涉及外部世界怀疑论。即使假设外部对象是真实的，我们也依然会在这个丰富多彩的物理世界中遇到本人和条件之间的差别。

那么，什么是一个"个体"呢？条件与本人之间的差别究竟来自哪儿？哲学家们对这些问题又给出过怎样的回答？这一讲中，我们会考察一些经典的个体理论，并尝试为面对质疑的恋人寻找答案。

4.2　区分"本人"与"条件"的两个理由

"本人"与"条件"之间的区分似乎是日常生活假设的一部分。可是，这个区分究竟来自哪儿呢？哲学家们发现，有两个理由支持我们区分一个人的"条件"和"他本人"。一个理由是主语和谓语之间的结构差异；另一个理由是个体能够在变化中保持统一。我们先来看看这两个理由的具体内容。

4.2.1 主语和谓语不同，所以"条件"跟"本人"不同

主谓之间的结构差异是非常基本的语言现象。

比如"柏拉图很英俊"这句话。主语是"柏拉图"，谓语是"英俊"，而"很"作为状语修饰柏拉图英俊的程度。除了"英俊"之外，"柏拉图"还适用于很多不同的谓词，像"肌肉男""希腊人""爱辩论"等。

主谓差异，似乎恰好对应了一个人"本人"与其"条件"的差异。如果一个古希腊的女性与柏拉图相亲，媒人一定会这样说："柏拉图啊，这人的'条件'特别好！不光长得帅，头脑也特别灵活，还有雅典本地户口呢！"而如果对方其实不愿意相亲，就会说"唉，我不在乎这些，我只在乎会不会喜欢上'柏拉图'本人"。可见，刚刚提到相亲活动中"条件"与"本人"的差异，正好对应于主语和谓语的所指。既然语言中存在主谓差异，我们自然也应接受条件与本人的差异。

不过，为什么主谓之间的差异会迫使我们接受条件与本人的不同？

这个看似简单的说法背后隐藏着一个重要前提：一句话如果正确，就必须与事实对应。语句是真是假，取决于世界中有没有相关的事实与之对应。哲学家们常常用"雪是白的"说明这点。"雪是白的"这句话正确，是因为其语言要素和事实之间满足恰当的对应关系。"雪"指雪，"白的"指白色。"雪是白的"指雪的颜色是白色。而既然雪的确是白色的，"雪是白的"也就为真。总之，一句话如果正确，它的语言要素就必

须和世界中的事实相互对应。以此类推，主谓结构的差别也就必须真实反应"条件"与"本人"之间的不同。

可能会有人疑惑：语言真的要和世界完美对应吗？

比如，女神在说"呵呵"时表达了一种烦躁却又不想直说的无奈。这种复杂的情绪没法从"呵呵"两个拟声字中立即读出。从字面上看，"雪是白的"或许指示了雪是白的这个事实，"呵呵"却并不直接包含它所表达的不堪与无奈。此外，命令和请求这些语言现象也跟事实无关。"去倒杯水！"这个命令不必对应任何事实。就算世界上不再有杯子和水，没人能用杯子倒水，这个命令本身也依然可以成立。与"雪是白的"不同，"去倒杯水"不涉及真假。总之，语言和世界之间可以存在很多错位。语言的功能和要素未必都能在现实世界中找到某种对应。

然而就算语言与现实之间存偏差，也不影响"雪是白的"这类陈述句的主要成分与现实对应。毕竟，"雪"与"白"的确分别指雪这种物质与白颜色。

"柏拉图很帅"同样只是在陈述事实。作为陈述句，它的主语和谓语应该分别有所指："柏拉图"指柏拉图本人，"帅"指柏拉图的条件。当然，如果柏拉图真的很帅，古希腊人就能用这句话表达赞叹，"柏拉图实在太帅了啊！"他们甚至可以用这句话当口号，在柏拉图的"学院"前应援。但无论怎样，这些赞叹和应援，都以"柏拉图很帅"这个陈述句的真理为前提。而陈述句为真，至少要求它的主语和谓语在世界中有所对应。这样看来，我们仍然能以主谓结构理解"本人"与"条件"的差异。

4.2.2 条件会变，人不会变

除了主谓结构外，区分本人与条件的另一个原因是：一个人可以在条件变化的同时却保持自我同一。

柏拉图很帅、能言善辩,但年纪大了以后也免不了肌肉松弛,思维迟缓。可难道不帅了、不聪明了,柏拉图就不是柏拉图了吗?完全不会。柏拉图还是柏拉图。世界永远在变化。我们每天都获得很多新的性质,丢掉很多之前的性质。长高几厘米,多几根头发,都是我们的变化,可你并不会因为这点变化就成为另一个人。对于这种属性变化最直接的解释就是本人与条件不同。一个人的条件可变,但本人还是本人。(见图 4-1)

图 4-1　变化不必影响个体的身份

比起"条件",哲学家们更爱用"属性"或"性质"(property)这个术语。"性质"涵盖的范围很广。任何能以"谓词"指示的都是性质。比如柏拉图的"帅""能言善辩""有雅典户口",这些都是伴随"柏拉图"的谓语。这些谓词所指的也就是柏拉图的各种性质。当然,柏拉图的性质远不止于此。我们还可以说柏拉图"今天没刮胡子""没看过《蜡笔小新》""却不爱吃青椒和胡萝卜"，等等。

恋爱的语境对"条件"的理解比较狭窄，往往只涉及学历、收入、身高、颜值、健康等。所谓"条件好"，一般指某人在这些方面的属性优越。至于一个人今天上衣的颜色，通常不是可以在相亲市场列出的"条件"。不过，与"本人"对立的并非恋人和媒人口中狭义的"条件"，而是一个人普遍的"性质"。一个人变老变丑不影响他是谁，穿红穿绿同样不影响他是谁。所以严格说来，本人和条件的差异实际上是本人和属性的差异。我们不妨把"真爱"的对象更精确地表述为：真爱一个人，就是爱对方本人，而不是对方的性质。

可能会有人疑惑：事物真的可以随意变化属性，却保持自我同一吗？

诚然，感冒的你是你，痊愈的你更是你。可当你从小长到大，完全变了样之后，你还是同一个人吗？如果你与童年的小伙伴重逢，对方说"你当年总尿床"的时候，你会觉得对方是在说"你"吗？你大概会恼怒。可这种恼怒不是源于害羞，而是因为没有找到共同感兴趣的话题。对方想叙旧，却找不到任何与"此刻的你"相关的话题。儿时的尿床太过久远，跟"现在的你本人"毫无瓜葛。

尿床与你无关的原因不只是时间太久，更因为你已经历了"太多"变化。

在一个人发生翻天覆地的变化时，我们常常说他"仿佛变成了另一个人"。热血少年漫画的主人公们在能力飞升之后最爱宣告，"我已经不是从前的我了！"当《七龙珠》里的孙悟空变身超级赛亚人、《火影忍者》中的鸣人习得九尾仙人模式、《一拳超人》的埼玉掉光了头发，他们还是他们"本人"吗？埼玉的例子尤其典型。埼玉曾是一名普通的上班族。随着日复一日的锻炼，他却成为地表最强的超人，头发也不幸掉光。此时的埼玉已经"换了一整套"外表与能力。他还是之前的埼玉吗？

可实际上，就算热血漫画的主人公能力飞升，他们也没有真的"变了一个人"。孙悟空的朋友们并不会在他变身超级赛亚人时上前问："您是哪位？"鸣人的忍者同伴们也只会赞叹他的能力变化而已。至于埼玉老师，更不会在成为超人之后就否认之前的他也是他本人。

为说明这点，我们不妨问自己：如果你经历了地狱般的训练后就会成为另一个人，那何必还要训练呢？你付出汗水换回的所有成果都将是"别人"的啊。你辛苦锻炼，"别人"拯救世界拿奖牌。而当这个"别人"领奖的时候，或许会感谢一下"你"的付出，就像感谢父母老师等其他人一样。这太荒唐了！更荒唐的是，如果属性的剧烈变化会让你成为另一个人，那之前的你又去哪儿了呢？消失了吗？这非常不公平。凭什么刻苦修行的人要毫无征兆地离世呢？

可见，为了说明变化的可能性，我们应该保留属性与本人的区分。一个人的属性是"帅""爱辩论"这些谓语的所指。一个人本人则涉及"他是谁"。据此，无论一个人属性变化多大，都不改变他本人的身份。热血漫画里的主人公们经过修炼后只是"仿佛"变了一个人。他们并没有真的变成别人。

4.3 基底论："本人"就是"基底"

我们借助主谓结构和个体变化这两个现象初步解释了"本人"的含义。"本人"并非坚不可摧。肉体凡胎终会消失，而根据唯物主义的观点，肉体的毁灭也会导致一个人本人的消失。不过，这些观察仅仅涉及本人的"存在条件"，并不破坏本人和属性之间的"独立性"。前文的讨论至少说明：在"本人"存在的前提下，属性无论怎样变化都不改变一个人的真实身份。这么"纯粹"的本人特别适合承载真爱。如果真爱一个人，就应该喜欢这个不带任何属性的本人。无论对方"变"了多少，真爱都不消失。

然而，究竟什么是一个"本人"呢？

与性质/本人这一区分最契合的哲学观点是"基底论"（the substratum theory）。基底论认为，任何人都由两部分组成：一部分是他的性质，另一部分是他的"基底"（substratum）。其中，性质是谓词所指示的内容，基底则对应一个人本人。"基底"说法看似奇怪，但顾名思义，它"承载"着一个人的各种属性。正是通过基底，不同的属性才汇聚起来构成一个完整的人。

4.3.1　基底没有任何特质

基底究竟是什么？基底长什么样？有身高和体重吗？

根据属性/基底二分法，基底本身不能有任何属性。一个人的基底没有名字，也不能有身高和体重。身高体重是人的属性；严格来说，名字也是一个人的属性。而既然基底不是属性，也就不同于任何这些内容。总之，基底非常抽象，完全看不见摸不着。

面对这么神秘的"基底"，很多人大概想抓住一个唯物主义的稻草：基底不就是一个人的物质身体吗？有了身体才能有高矮胖瘦，才能好看难看。就连性格特点都依赖于大脑的存在。所以，一个人的基底不就是他的身体吗？一旦身体消失，人也就去世了。这正好对应了基底对"你之为你"的承载作用。

可惜，上述解释虽然缓解了"基底"这个概念带来的眩晕，基底却和身体完全不同。身体只不过是一个人的性质而已。相亲市场写得明明白白："男，身高175cm，体重65kg，健康无病史。"这些身体特征都是一个人的"条件"。我们的确承认过："本人"的存在依赖外部因素——有身体，人才可以存在。但身体并不因此就是基底的一部分。试问：如果基底就是身体，那么当一个人车祸截肢，他的"自我"就减少了吗？他的"本人"就被改变了吗？并不会。相反，他还是他。甚至如果他有一位爱人，爱人在车祸后依然不离不弃，我们还会羡慕地感叹，"真好，他的爱人真的爱他本人"。

但如果基底不是身体，它又是什么？

我们其实已经指出，基底"什么都不是"。毕竟，对一个事物进行归类，就是赋予其性质。比如柏拉图是人，是灵长动物，是生物。这都是对柏拉图的归类。"是人""是灵长动物""是生物"也就是柏拉图的属性，而不是他的基底。如果柏拉图有一只宠物狗叫"小白"，我们就可以用类别的属性差异对他们做出区分："柏拉图是人，小白是狗，所以他俩不一样"。这就如同说："樱木花道是红头发，流川枫是黑头发，所以他俩不一样"。总之，类别也是性质。而既然基底不是性质，我们就不能通过类别概念对基底进行澄清。

为更好地说明这点，我们再来思考一个解释基底的方案：一个人的基底是他的意识吗？

在经过笛卡尔魔鬼的洗礼后，我们很容易事事求助于意识。遭遇外部世界怀疑论了，我们向意识索要确定性。被阿格里帕的"为什么"逼疯了，我们向意识索要基础辩护。现在，我们搞不清什么是基底，不知道自己"是谁"了，能不能继续求意识帮忙呢？既然笛卡尔指出哪怕被魔鬼欺骗"我"也必定存在，而这个"我"又是一个自我意识，能不能认为一个人的意识就是他的基底呢？毕竟，意识和身体不同。意识没有高矮胖瘦，没有心肌梗塞和肾结石。意识的确有很多内容，这些内容却都不是意识本身——当你感到疼痛时，疼痛只是你的意识对象；相反，你的意识本身不"疼"。这样看来，说一个人"有意识"，并不算赋予他某种特定的属性。

此外，意识似乎和基底一样，都很好地解释了一个人"即为他本人"的原因。

一个人变高变帅是他，变老变丑还是他。在某种意义上，哪怕一个人的记忆消失，性格剧变，他也还是他。如果他的伴侣爱的是他本人，则即使他没了记忆，变了性情，也还是会继续爱他。《恋恋笔记本》这样的故事恰好说明：对方患了阿尔兹海默症也不要紧。就算对方已经忘了你是谁，你还是可以甜美地陪伴对方。《复仇者》中的班纳化身脾气暴躁的绿巨人时，也没被朋友们当成另一个疯子。而贯穿所有这些变化并保持一致的，正是一个人的意识。这样看来，意识似乎是对基底最好的解释了。

可惜，基底依然不等于意识。

虽然"意识"本身空洞，容纳许多不同的内容，"有意识"却仍然是一个属性。设想，柏拉图除了宠物狗"小白"之外，还养了一只多肉植物，叫"小胖手"。植物没有意识。于是我们可以说，"柏拉图有意识，小胖手没有意识，他俩因此不同。""有意识"也就成为一个能够描述柏拉图状态的属性。

把基底等同于意识的另一个后果是：要是一个人晕倒了，没了意识，也就不再是他本人了。至少，当我们昏睡着时根本没法进行笛卡尔式"我思"的意识活动。如果基底就是意识，那么一个人在入眠的瞬间就会彻底消失。他的爱人就要开始痛哭，"宝贝，你怎么消失了啊？你去哪儿了？"这样的爱人虽然可爱，却神智迷糊。所以，当你醒来看到对方哭红的双眼时，一定要这样安慰：

别担心，我只是睡着了。我的意识虽然暂时消失了，但我还在。我不仅还在，而且依然是"我"。所以，不要在读了基底论以后就把基底当作意识。尽管我也不懂基底是什么，但它起码不是意识。

4.3.2　基底与个体：人有基底，桌子椅子也都有基底

从"条件与本人"的话题出发，我们初步介绍了基底论。不过，基底论的首要讨论对象并非"个人同一性"，而是一般的"个体"（particular）。性质与本身之间的差别不限于人，也涉及其他事物。

我们设想的宠物狗小白可以有不同的属性。小白可以长大，可以掉毛，可以结扎。但即使经历了这些，小白依旧是小白。如果柏拉图真心喜欢小白，就会一直让小白陪伴着自己——哪怕它常常咬破沙发、弄脏工作台。对此，基底论能提出完美的解释：在长大和掉毛的过程中，小白的基底不变，只是替换了属性。

性质与本身的差别也适于无生命的事物。

一张桌子、一片叶子，都可以变化，并在变化中保持同一。一张桌子脏了、破了、缺了角、被鲁迅刻了"早"字，还是那张桌子。一片叶子可以生长、枯黄、坠落，却依然是这片叶子。叶子在短暂的生命历程中呈现了许多形态，这些却都是同一片

叶子所经历的变化。正如我们说："是埼玉老师本身变秃了、变强了，不是别人。"我们也会说："是这片叶子长大了、变黄掉落了，不是别的叶子。"

除了性质变化外，我们之前还以主谓结构解释性质与本身的差别。而无论是柏拉图的小白还是桌椅树木，都适用于各种谓词。当我们说"这张桌子贵，却非常好看"时，就把"贵"和"好看"赋予了这张桌子。在基底论者看来，承载这些属性的正是这张桌子的基底。

哲学家们关心个体，是因为个体是世界最基本的组成部分。

如果有人问：世界上究竟存在着什么？那么最简单的回答就是：存在很多个体。这里，"个体"的尺度可以很大。我们可以把太阳系、银河系看作个体。宇宙本身甚至也可以算作一个个体。个体的尺度也可以缩得很小：一个原子、一个电子，也都可以看作个体。当然，最典型的个体还是日常生活中那些看得见摸得着的物体，比如一个人、一张桌子、一扇门，等等。（见图4-2）

图4-2　"个体"范畴包括什么？

基底论，就是关于个体的一种哲学理论。根据基底论，个体的性质/本身的差别不光适用于人和桌椅这些宏观物体。任何个体都存在着性质与本身之间的结构差异。从最宏观的尺度看，宇宙可以经历不同的变化而保持自身同一。所以，在宇宙的各种属性之外，一定还存在着"宇宙本身"这一基底。而从微观角度，一个电子可以改变位置、速度与运动方向，却仍然是同一个电子。于是在电子的各种性质之外，一定也存在着"电子本身"这一基底。可见，我们从相亲市场中提炼出的"性质"与"本身"之间的区分，适用于任何大大小小的个体。

值得注意的是，尽管人与树木等事物的个体性毫无争议，"个体"的边界却并不清晰。

比如，一首歌、一句诗、一段旋律，它们是个体吗？在某种意义上，它们确实和典型的个体有些相似。我们会说《Viva la Vida》和《北京欢迎你》"不是一首歌"。它们的旋律、节奏、创作者与原唱都不一样。我们甚至可以像比较两个人一样比较这两首歌，看看谁高谁矮，谁动听谁难听。

但在其他方面，一首歌又和典型的个体完全不同。人、狗、桌椅等典型个体都在时空中有着明确的寿命。当寿命完结，一个人的个体性存在也就消失了。就算后人克隆出了一模一样的，也仅仅是这个人的复制，而不是他本人。歌曲却不同。歌曲可以无限循环。只要播放媒介依然存在，我们就能永远重复播放这"同一首"歌。从这个角度看，歌曲又不像个体，反而更接近普遍的概念。

虽然"个体"边界不清，却仍是非常恰当的哲学概念。在人、狗、桌椅树木、地球、银河系与宇宙之间，我们观察到了许多相似性，并以"个体"对这些相似性进行概括。与此同时，"个体"的概念也就为我们理解这些现象确立了一个框架。一个好的个体理论，就应当能准确地对人、狗、桌椅树木进行说明。

4.3.3 然而，谁都没见过基底

基底论到底是不是一个合理的个体理论？

很遗憾，基底论虽然严丝合缝地解释了个体条件与本身之间的差别，却有着许多的困境。其中最严重的问题，是基底"不可认知"。

不妨想一想：如果基底本身无任何属性，我们又是如何认识它的？在第二章中，我们介绍过经验主义原则。经验主义认为：人类所有的知识，乃至语言的意义，最终都来自于经验。我们知道什么是苹果，什么是香蕉，因为我们见过苹果和香蕉。很多事物就算从未亲见，比如企鹅，也有其他人见过。那些亲眼见过企鹅的人指着它们说："这是'企鹅'"，才让"企鹅"这个词有了意义。至于那些人类未及的遥远星辰，或尚未发现的微观世界，它们同样"有可能"在经验中显现。

经验主义者警告我们：对于那些跟经验彻底绝缘、永不显现的事物，我们没有多少理由认为它们存在。

生活中的经验事物多多少少都有自己的属性。苹果是红的，葡萄是绿的，企鹅与大熊猫是黑白的，走起路来都能把人萌翻。这些都是苹果、葡萄、企鹅与大熊猫的属性。也只有通过这些属性，我们才认得出哪个是苹果，哪个是大熊猫，"苹果"和"大熊猫"等词语也就有了意义。连猪八戒这样的虚构形象也有很多属性，比如：有猪头、用九齿钉耙、背过媳妇。通过这些属性，人们才可以指着电视屏幕说："看，那是猪八戒。"大人也才可能对孩子说："这世界上根本没有猪八戒"——电视屏幕之外，并不存在会用九齿钉耙又背过媳妇的猪。

基底呢？基底没有任何属性。也就是说，我们根本没有认识基底的途径。根据基底/性质的二分，任何"属性"都得划在与基底相对的一方。基底能做的，只有承载属性而已。比如，把"帅""爱辩论""有雅典户口"汇聚成一个叫柏拉图的个体。反之，基底本身不能作为属性的所有者出现。我们看到的，是柏拉图这个完整个体的种种性质。我们看不到基底本身。经验主义者因此提醒我们：基底不存在，个体根本没有性质之外的基底。费了这么多笔墨，我们讲的竟是一个完全不存在的事物！

对于基底在属性上的"空白"，恋人们或许和哲学家一样敏感。

设想，一个恋人问："你喜欢的究竟是我本人还是我的条件？"对方心里一紧，立即回答："当然是你本人！你聪明美丽又可爱，但这些都不重要，我爱的是你本人。"恋人被夸得开心，继续问："我性格变了也不要紧吗？""不要紧，就算性格变了，你还是你呀。""记忆没了呢？""记忆没了我照顾你呀！"此时，提问的恋人已开始，"那你到底喜欢我什么呢？"对方料到会这么问，早就研究了基底论应对，于是说：

我喜欢的不是你的"什么"，而就是你本人。你本人和你的条件完全不同。就算变老变丑，你还是你。就算失去记忆，你也还是你。只要你还是你，我就会爱你。你不必担心我离开，因为无论你怎么变，我都不变。

基底论的深情告白让人暖心又有安全感。可是既然提问的恋人已开始疑惑，这种回答也就正中下怀："胡说！什么叫'无论怎么变都是我'？什么叫'我本人'？连我自己都没见过这个神秘的'我本人'，你居然说你喜欢？你果然在糊弄我！根本不想认真回答我的问题。算了,我们还是分开一段时间,先各自冷静一下吧。"

可怜的恋人又背了一次哲学的锅。

总之,你既不能直白承认"喜欢的就是你的条件",也不能回答"我喜欢的其实是所有条件之外的你本人"。怎么说都是错。而想要回答这个问题,你就必须首先为条件与本人的差别找到完美的答案。可惜,哲学家们对于"个体"的"本质"直到今天依然争论不休。

4.4 束论:个体只是一束性质的集合

基底论并不是唯一的个体理论。"基底"矛盾重重,所以很多哲学家放弃了这个概念。与基底论针锋相对的,是个体的"束论"(bundle theory)。

束论的想法非常质朴:个体就是其全部属性的集合。根据束论,当我们把一个人的全部属性都考虑进来,得到的结果就是"对方本人"。顾名思义,束论把个体看作"一束"性质。就像一束花。当你送别人一束花时,你送的是什么?就是那一枝一枝花组成的集合而已。当然,你会用纸把它们包住,或者插进花瓶。但这些仅仅是一束花的配件,不是它的本质。没有了包装纸或花瓶,你依然可以直接手捧这束花送给对方。

束论认为,每个个体都像这束花一样——不是因为好看或者香,而是因为个体其实仅仅由一堆性质构成。至于基底呢?没见过,不知道,大概不存在。不在经验中出现的事物,我们也不应该假定它存在。

可以想见,支持束论的大多是经验主义者。休谟和贝克莱都是束论者的典型代表。通常，接纳束论的主要理由也是经验主义的认知原则：我们的全部知识，乃至语言的意义，最终都来自我的感觉经验。而如果仔细检验我们关于个体的经验，就会发现我们看到的最终都是性质。我们是怎么认识一个苹果的？无非是看到它的"颜色"，闻到它的"味道"，知道它"可以吃"。此外，我们还知道苹果"长在哪儿""什么时候成熟""属于哪个物种"，等等。这些都是苹果的性质，也是我们关于苹果所认识到的一切。所谓"这个苹果本身"，无非是这些性质拼凑出来的。不然，除了这些还有什么呢？

可惜，束论虽然抛弃了过于神秘的基底，我们也不能毫无保留地拥抱束论。束论自身的理论困境很多。其中最明显的两个困境是"不可分者同一"（the identity of the indiscernibles）与"个体不可变化"。

4.4.1 困境：不可分者同一

束论把个体看作"一束"性质。一束花仅仅是"一束"花。花瓶、包装纸，都不是这束花的一部分。

为说明这点，束论者常常采用集合论的语言，把个体解释为性质的"集合"。在数学上，一个集合"完全"由其元素构成。比如，"自然数"是一个集合，它的元素是1、2、3、4，等等。而自然数"仅仅"是这些元素，别无其他。集合一般用大括号"{}"标注，自然数的集合也就是{1，2，3，4，⋯}。不过，这个大括号仅仅是标志。它并不真的"存在"，更不是集合本身的一部分。根据这个解释，一个苹果，也无非是这样一个大括号标示出的集合，{红色，圆形，好吃，⋯⋯}。

那么，是否所有苹果的集合都一样呢？当然不会。有些苹果是绿色的,另一些则不好吃。况且,"红色""圆形"的说法也十分简化。如果采用更严格的表述,就需要指明一只苹果上每个点的色阶。至于形状,也几乎不会有两个苹果完全相同。所以只要不偷懒,把每个苹果的具体性质写出,就会看到不同苹果之间丰富而细微的差别。

可是万一真有两只苹果完全一样呢?如果两只苹果是原子级别的复制,它们所有的属性都完全重合呢?

很不幸,根据束论,这两个完全一样的苹果就是同一个苹果!毕竟,如果两个苹果的属性完全相同,那它们作为集合,其元素也将完全相同。而我们又知道,集合"完全"由其元素组成。所以,元素完全相同的两个集合就是同一个集合。既然只有一个集合,那也就只剩一个苹果了。(见图4-3)

图4-3 束论的不可分者同一困境

设想,如果一个人给女朋友送花,说"买了两束花送给你"。说着拿出一束,里面有九支玫瑰。女朋友问,"另一束呢?"这人却说,"另一束也在这儿,同样是这九支玫瑰,只不过它们构成另一束哦。"他的女朋友一定会非常生气,感觉受到了情感和智力的双重侮辱。"同一组花可以算两束,那算一百束也可以啊，你为什么才送两束？分明就是同一束！"

束论的这个困境被称为不可分者同一。如果两个事物的性质完全相同，就被识别为同一个事物。这是非常反常识的结论。两只苹果就算完全一样，也是两只苹果。吃完一只，还剩一只。买苹果的时候也不能只付一份的钱。类似地，两只同款 iPhone 手机在印上编号之前完全相同，都具有"美观、易碎、信号差"等特点。可难道在印上编号之前，它俩就是同一部手机？显然不是。它们只是"同款"而已，并不在个体的层面上彼此同一。

4.4.2　不可分者能分开？对属性的两种解释

束论者对于不可分者同一的问题非常头疼。但他们并非毫无还手之力。

实际上，当我们说两只苹果的属性"完全相同"时，已经对"什么是属性"做出了特定的解释。我们默认只要两只苹果在某个位置上的颜色具有相同的色阶与饱和度，它们在此就具有"同一个颜色"。这个解释认为，属性是"普遍"的。同一个属性可以在不同个体身上显现。

这种理解属性的方式被称为"柏拉图主义"（Platonism），或"属性实在论"（property realism）。

根据属性实在论，属性是普遍的事物，不在具体的事物之中。当你吃掉一只红苹果时，你并没有吃掉"红色"本身。红色还在，而且完好无缺。红色这个属性不会因为世上少了一只红苹果而受到丝毫损害。所以，红色并不存在于具体的红色苹果里。

那么"红色"本身又在哪儿呢？如果不在某一只具体的苹果里，也就不能在其他的苹果里。以此类推，任何红色的具体事物中都不包含"红色"这个属性本身。柏拉图认为，"红色"

这个属性并不在具体的世界之中。在具体的世界之外还有一个所谓"理念"（idea）的世界。理念的世界里居住着"红色""蓝色""绿色"这些颜色属性，还居住着"三角形""正方形"这些形状，甚至居住着"数字二"这类数字以及"二加二等于四"等数学真理。

总之，所有那些普遍的、抽象的事物，都是理念，都居住在理念世界之中。当然，"居住"只是个比喻。理念们不需要"生活"。它们不用上班，不用逛超市，也不会看电视和玩手机。理念是永恒不变的。少了一只红苹果，"红色"依然存在。哪怕所有红色的物体都从宇宙中消失了，"红色"也依然不变。

很多人觉得理念世界的说法荒诞不经。如果问起什么是"红色"的本质，我们大多会给出物理解释：红色首先是特定波长和频率电磁波，投射到视网膜之后会激起某些神经反应，这种神经反应带来的主观体验就是"红色"的经验内容。所以，要解释红色的普遍性根本不难——每当特定频率的电磁波激发了特定的神经反应，我们就看到红色。何必提谁都没去过的理念世界呢？

然而，诉诸物理科学只是转移了柏拉图主义的问题，却没有瓦解理念世界本身。

提出属性实在论，无非是想说明为什么不同个体能够有相同的属性。刚刚的物理说明虽然消解了"红色"，却没回答"物理性质"为什么是普遍的。两个苹果都是红色，因为它们反射的电磁波频率相同？然而这两段电磁波的"频率"为什么相同？频率这种属性存在于具体的电磁波之内吗？可这样一来，当一段特定频率的电磁波消失后，它的频率本身也会受损。而这完全违背了我们的物理常识。无论具体的电磁波是否存在，特定的频率本身都不受影响。

所以，波长、频率和颜色一样，都是"普遍"的事物。它们本身不存在于任何具体的电磁波里，而是居住在柏拉图的理念世界中。总之，就算我们不认可存在"红色"的理念，也很难扫平整个柏拉图的理念世界。

有了属性实在论，可以让我们对束论提出更加具体的说明。

一个红苹果是它全部属性的集合，即{红色，圆形，好吃，……}。根据属性实在论，此处的"红色"并不是苹果上的某个具体区域，而是柏拉图理念世界中的那个"红色"本身。毕竟，如果"红色"的属性存在，居住于柏拉图的理念世界，那么苹果所展现的红色属性也只能是这个普遍的理念本身。否则，它还能是什么呢？当然，红色可以千变万化。有夕阳红、橘红、大红、玫瑰红，等等。每一种又都有不同的饱和度。但无论这些红色多么"精确"，依然是普遍事物，能够在不同的个体中展现。它们也就都是理念世界中的成员。

现在，回到不可分者的同一。当两只苹果具有"完全一样"的属性时，为什么会被当作同一只苹果？问题的根源恰恰在于属性实在论。

在柏拉图主义者看来，两只苹果要是长得完全一样，它们所体现的属性也就"完全相同"。相同，是指两只苹果都体现了"同一个"红色的普遍理念，以及"同一个"圆的普遍理念，等等。如果我们伸出手指数一数这两只苹果的某个对应的具体位置上有"几个"红色，我们只能数出"一个"。是同一个红色的普遍理念被两只具体的苹果所分有。因此，当我们把这苹果的性质集合写为{红色，圆形，好吃，……}与{红色，圆形，好吃，……}时，两个集合里的元素就完全重合。既然集合的同一性完全取决于元素，两个集合也就是同一个集合。束论者也就不得不把这两只苹果识别成同一只苹果。

束论者避免不可分者同一的方法有很多。最直接的方法是拒绝柏拉图主义。不过，除属性实在论之外，还有哪些理解属性的方法呢？

与实在论相对的经典哲学立场，是"唯名论"（nominalism）。

唯名论认为抽象的理念根本不存在。在唯名论者看来，"红色"之所以普遍，并不是因为世界上存在着抽象的红色理念。普遍的不是性质，而只是"红色"这个名字而已。相应地，两只苹果都是"红色"的，只是因为"红色"这个谓词都适于两者。

唯名论看似复杂，其实却非常质朴。唯名论者认为，人们其实根本搞不懂什么是"普遍的事物"。真实的事物最终都是具体的。世界上有很多只苹果，很多支玫瑰，很多被夕阳渲染的云彩。它们之所以都是"红色"的，并不是具体的世界之外还有一个独立的红色理念本身。相反，普遍的其实只是人类的思想和词语。我们发现了苹果和玫瑰之间的某种相似，便在它们身上贴了"红"的标签。

事物的普遍性不好理解，标签和词语的普遍性却显而易见。绝大多数词语都天然地适于许多个体。比如，当你创建了"我最喜欢的歌单"这个标签后，就可以顺顺利利地把不同的曲子放进去。在唯名论者看来，"红色"这个词就像是一个歌单——人们把很多物体放进去，并说它们都是"红的"。

当然，唯名论也有一些不足。"红色"的歌单里为什么只有苹果和西红柿，却没有香蕉和足球？歌单难道不是可以随意创建和修改的吗？为什么我们可以编辑"我最喜欢的歌单"，却不能凭自己喜好改写"红色"呢？对此，有些唯名论者提出过解释，另一些则拒绝解释。毕竟，解释总有尽头。就像阿格里帕告诉我们的，总问"为什么"早晚会把自己逼疯。所以，很多唯名论者拒绝解释为什么红色的物体之间存在某种相似，他们认为这种相似性是世界的"基本现象",没法解释,也不用解释。

这里,我们先不为难唯名论者。但仍有必要问:根据唯名论,苹果的红色到底是"什么"?唯名论会不会无非是把"理念"换成了"标签"?这样一来,束论者就得相应地把一只苹果分解成"红色""圆形""好吃"这些名字组成的集合。可如果两只苹果分享的"歌单"相同,它们的集合就依然会相同——不可分者同一的窘境就会再次出现!

好在,唯名论不会允许这种情况发生。唯名论虽然否认属性的"普遍性",却并不拒绝属性本身的存在。

唯名论者关于属性的一个经典理论,是"特普论"(trope theory)。特普论者以"标签"的普遍解释性质的普遍;但与此同时,每个事物还有很多"具体"的属性。在特普论者眼中,我们可以在一只苹果中发现很多个具体的红、具体的圆形、具体的好吃。这些"红色"和"圆形"仿佛颗粒分明的个体,独立存在互不影响。特普论者甚至为这些具体的属性取了名字——"特普"(trope)。由此,一只红苹果的体内有很多个特普:比如红色的特普、圆形的特普、好吃的特普。

"特普"这个名字听起来奇怪,但特普论者无非是想避免跟普遍的"属性"混淆。"属性"的说法有一些哲学上的歧义——可以是普遍的,也可以是具体的。"特普"则一定是具体的。

回到不可分者同一的问题。如果苹果的"属性"其实仅仅是特普,不可分者同一的困境也就迎刃而解。就算两个苹果"完全一样",是分子级别的复制,它们的"性质"也完全不同。其中一只苹果的性质集合是 {红色特普$_1$,圆形特普$_1$,好吃特普$_1$,……},另一只苹果的集合则是 {红色特普$_2$,圆形特普$_2$,好吃特普$_2$,……}。而既然"红色特普$_1$"与"红色特普$_2$"在数量上不是"同一个",两只苹果对应的性质集合也就不再同一。束论者也就可以放心大胆地说"个体就是性质集合",而不必陷入不可分者同一的窘境了。(见图4-4)

图 4-4 特普束论对不可分者同一困境的应对

特普唯名论的说辞比较拗口,但它背后的想法同样非常简单。

在你面前摆两只一模一样的红苹果,问:"你看到几个红色?"你左看看,右看看,说:"至少两个红色,左边一块,右边一块。"要是仔细看,你又能在同一个苹果里看到很多不同的红色。或者,去博物馆看莫奈的画,每一个区域都能发现很多色块。此时,我们不仅可以问画中出现了"多少种"颜色,也可以问某一种颜色在不同地方出现了"多少次"。每一次出现,就是画中的一个特普。

4.4.3 束论的另一个困境:个体的属性不能变!

我们介绍了束论的两个版本:柏拉图主义的束论和特普唯名论。特普唯名论漂亮地解决了不可分者同一的困境。柏拉图主义的束论也有自己的方案，我们不再介绍。无论怎样，束论还有更难的一个问题——个体不能变化。为什么《一拳超人》中的埼玉变强后还是同一个人呢？基底论的解释是"埼玉"由属性和基底构成。只要基底不变，埼玉就是埼玉。

如果没有了基底，束论又怎么解释个体的变化呢？

可惜，束论几乎束手无策。束论把个体理解为属性的集合。因为集合仅仅由元素构成，元素的变化就会导致集合的变化。无论变化的元素多小，都会直接产生一个新的集合。继续以苹果为例。想象一只苹果。这只苹果有红色、好吃、圆形等属性。根据束论，这只苹果就是 { 红色，好吃，圆形，……} 的集合。现在，苹果被你啃掉了一块，不圆了，变得跟苹果公司的商标一样了。它也就变成了 { 红色，好吃，苹果公司商标的形状，……} 这个集合。前后两个集合明显不同。尽管大部分元素重合，但它们的"形状"不一样。集合对同一性的要求非常高，差一个元素都不行。所以，这两个集合无论多么相像，也不相同。

总之，束论对吃苹果的过程是这样描述的：你拿在手里的苹果刚被啃了一口就变成了另一只苹果，再啃一口，又变成第三只苹果！所以，任何人和事物都不能经历变化。一变，就会完全成为另一个个体。

不管束论用柏拉图主义还是特普来解释性质，都无法避免这个窘境。在理念世界中，"圆形"和"苹果公司商标的形状"不是一个属性；而作为特普，某一个具体的圆形也必定和某一个具体的苹果公司商标不同。

我们现在回到"喜欢条件还是本人"的问题。显然，束论者回答不了这个问题。当恋人刚刚问"喜欢条件还是本人"时，对方就会恸哭，"亲爱的你去哪儿了？你怎么消失不见了？快回来呀！"消失不见，是因为提出任何问题都会让对方增加"提过此问题"的属性。属性改变，集合改变，对方就再也不是从前的那个人了。

这样看来，束论能够为恐怖电影提供一个新的题材。恐怖片里让人消失，大多是让人被杀掉，被怪物吃掉，或者被鬼魂隐藏。这些实在俗套。通常，让人消失的这个机制越隐匿，动作越小，也就越防不胜防，越恐怖。束论让人消失的机制简直不能再小。无论多么微不足道的物理变化，束论都能在概念上直接把一个人抹杀。所以，束论者不需要召唤哥斯拉，不需要伽椰子，更不必使龟派气功。对方只要自己忍不住动一下手指，就立刻消亡于无形之间。

4.5 小结

从"你喜欢的是我本人还是我的条件"这个问题开始，我们介绍了基底论与束论。基底论认为个体由性质与基底构成，束论则认为个体只包含性质。我们发现，无论哪种理论，都有很多自身的困境。想回答到底"喜欢的是对方本人还是对方的条件"，也就必须首先帮恋人们解决这两个哲学理论的内部困境。可怜的恋人，再一次陷入了哲学的坑。

基底论和束论是对"个体"本质的解释。而个体属于哲学中"形而上学"（metaphysics）领域。

通过前三章，我们介绍了哲学中认识论领域的几个话题。认识论研究我们和世界之间的认知关系。如何确定地知道一件事？如何证明一件事？我们怎样认识外部世界？这些都是认识论领域的核心议题。

形而上学不同。形而上学研究世界的本质。比如，有什么事物存在？物理基本概念是否存在？什么是因果性？这些问题是关于"世界本身"的，而非我们对世界的"认识"。"个体"是最经典的形而上学话题之一。什么是个体？个体的结构是什么？有没有所谓性质之外的基底？为什么事物能在性质变化时却保持自我同一？基底论和束论都是回答这些问题的尝试。和认识论一样，形而上学没有绝对客观的答案。基底论和束论，几乎已经是我们人类理性对于"什么是个体"所能想到的最好答案了。当代哲学家们依然在不断地修补并改进这两个理论，以期待对个体的本质提出更好的解答。

对于形而上学，可能会有人疑惑：为什么问这类问题呢？随着科学的飞速发展，物理学对世界提出了越来越精密的解释，科学的世界图景也越来越完整。何必还纠结于古老的形而上学问题呢？

通过对柏拉图主义的分析，我们发现物理虽然愈发精密，却并没有回答哲学问题。物理不问哲学问题，不等于哲学问题就已经得到了解决。比如，我们发现，就算把人类意识当中的"红色"经验解释为电磁波的频率或脑神经的活动，也不能消解属性的"普遍性"。普遍的"红"在哪里？不在具体的红色事物中。因为具体红色事物的消失完全不影响"红色"这个属性本身的存在。同样，我们可以问，普遍的"频率f"在哪里？如果把红色对应电磁波的频率计为"f"，什么又是"频率f"呢？是具体的频率为f的电磁波吗？答案并不确定。因为就算具体的频率为f的电磁波消失，也丝毫不影响我们概念中"频率f"的完整性。总之，就算把观测的刻度从宏观物体调整到微观物理世界，形而上学问题依然存在。

属性如此，个体也是如此。即便不再谈论人、桌椅和数目，只观察原子分子,"个体"的困境也仍然会存在。

前文讲到,一个人是个体,一个原子也是个体。是个体,就有属性。一个原子的属性,除了原子序数外,还有位置、速度等。显然,当一个原子改变了位置和速度,依然可以是这个原子本身。原子不会因为换了位置,就完全变成了另一个原子。否则,物理学将不再有任何逻辑可遵循。可是如果原子可以改变性质又保持同一,什么是这个"原子本身"呢?原子有没有基底呢?如果有,基底却完全不可认知,违背经验主义的认知原则。如果没有,原子就会和宏观物体一样,在束论题材的恐怖电影中不能动,一动就消失。

总之,就算物理学描绘的宇宙越来越精确,越来越完整,哲学家也不能松懈。不然,我们就根本搞不清自己究竟该如何理解这个美丽的宇宙图景。

第 5 章

如果我破产毁容了，你会离开我吗？

章节要点：
- 现实与模态
- 现实与条件式
- 可能世界语义学
- 可能主义
- 跨世同一性

5.1　请先告诉我，究竟什么是"如果"？

与"怎么证明喜欢"等问题同样震慑灵魂的，是"如果发生意外，你会离开我吗？"这里的"意外"通常指破产、毁容等不幸的伤害。恋爱越投入，越容易患得患失，担心世事无常。于是，就常常忍不住问"如果""万一""要是"之类的问题。

此时，只要不是过于死心眼的，一定会回答，"当然还在一起呀！毁容算什么？刚刚我还说喜欢的是你本人，不是性质。毁容无非是改变你的性质，不改变你是谁啊。"

听到这么信誓旦旦的表白，恋人一定觉得安心。可是不安分的大脑很快就开始胡思乱想，"真的吗？你怎么知道？""我还是不放心，你拿什么证明给我？"面对这些追问，又如何回答呢？总不能说："要不你先毁个容，看看我是不是还陪着你？"这种钢铁直男的态度肯定会把人气跑。

况且，就算不幸毁容后对方还陪着，就完美证实了"如果毁容，也不离开"吗？万一对方其实纠结了很久，非常想离开，最后却通过数花瓣的方法才碰巧决定留下呢？

这类困境的背后，是"如果"这一类概念的含混。

"如果毁容，也不离开"究竟指什么？又取决于哪些标准？我们的确知道什么是"毁容"，也懂得怎样算"陪伴"。可一旦问起什么是"如果"，就手足无措了。"如果"的这种困境可以被之前讨论过的"究竟怎么知道"和"怎么证明"问出。要是"如果"概念模糊，我们自然也不可能确定地知道"如果毁容，也不离开"，更没法证明这点。但"如果"不只是认识论问题。就算我们忘掉笛卡尔魔鬼，忘掉阿格里帕的折磨，也依然未必理解什么是"如果"。

另外，"如果"的麻烦也不同于"条件"和"本人"之间的差别。

或许有人以为，财富和美貌无非是一个人的条件——只要爱对方本人，那条件怎么改变都不会离开。可这个假设太理想化了。就算对"本人"的爱不随条件而改变，"爱本人"也不等于非得"陪伴对方""不离开对方"。如果一个人对审美有强烈要求，看到扭曲的面孔就没法吃饭睡觉，把自己活生生熬死，那他就完全可以选择在生活上"离开"，却依然爱着对方本人。财富也是如此。如果双方的收入不高，又没法在同一个城市发展，那么当面临破产时，或许"彼此离开"就是生活上是最好的选择。这同样不必影响彼此的真爱。毕竟，题目中恋人问的是"能否依然陪伴"，而不是"能否依然相爱"。

为了展示"如果"的麻烦，先来设想三个情形。看看能不能为"如果……则……"提供标准。

第一个场景平淡无奇。一对恋人相依为命，平安度过了幸福的一生。没人毁容，也没人破产，没有任何对情感的巨大考验。这个情形是否足以支持"如果毁容，也不离开"？不否定，却也不支持。"如果怎样"是假设的情形，再丰富的现实也没法完全判断假设情形的真假。如果事实上的陪伴就能得出"如果毁容，也不离开"，那陪伴似乎来得太容易了些。也许，这对恋人的感情其实很浅，也不够执着，大难临头时一定各自飞走。这样的一对恋人自然不满足"如果毁容，也不离开"。所以，平稳现实生活中的陪伴，既不否定也不支撑"如果毁容，也不离开"。两者在概念上无关。

第二个场景不幸却甜美。一位恋人毁容了，对方没有离开，而是悉心照顾加日夜陪伴。此时，对方似乎真的满足了"如果毁容，也不离开"。人家真没离开，能做的都做了，还强求什么呢？这种时候，毁容的可怜恋人最需要安慰。连她自己都不再问"会不会陪伴"，我们又怎么能泼冷水呢？

不过没关系。假设毕竟是假设，不妨替古灵精怪的恋人问一声：真陪伴了，就意味着"如果毁容，也不离开"吗？不一定。我们刚刚提示，如果对方摇摆不定，准备离开，行李都悄悄收好了，最后却因为"数花瓣"才决定留下，这似乎算不上"如果毁容，也不离开"呢。"如果毁容，也不离开"，要求的其实是一种稳固性。陪伴不能是个意外，不能来自感情之外的其他理由。而数花瓣和爱情无关，也没有任何稳定性。这次数到"留下"，下次就可能数到"离开"。这绝不是恋人渴望的陪伴。

第三个场景很渣：恋人毁容了，对方也离开了。人人都指着离开的一方大骂，"你怎么能这样，太渣了！"

在恋人毁容的时候离开的确狠心。但我们别急着把对方钉死。如果和方才设想的一样，离开的真实原因是一看到毁容的面孔就会不吃不喝把自己熬死呢？另外，如果对方离开前坚持了很久，最终却是因为"数花瓣"这种蹊跷的意外才走掉呢？还有，如果对方是军人，恋人毁容时碰巧开战了，让他不得不远赴前线呢？还能怨他渣吗？还能哀叹"如果毁容，也不离开"终究是假吗？好像不能。所以，即使双方在现实中经历了毁容与离去，也不足以彻底推翻"如果毁容，也不离开"。

上述三个场景虽然不够全面，但已经充分展示了"如果"让人头疼的原因——毕竟，我们实际能够经历的，永远只有现实而已啊！如果又是什么呢？如果永远在现实之外。

5.2 莱布尼茨：可能性就是"可能世界"

根据刚才的分析，"如果"的含混来自现实的贫瘠——我们很难从现实世界中直接读出假设的情形是否成立。

哲学家通常把与现实相对的"可能"与"必然"等统称为"模态概念"（modal concepts）。"如果……则……"不是典型的模态概念，不能直接被"可能"或"必然"简单概括，却同样依赖于我们对模态概念的解释。无论怎样，如果我们难以理解什么是"可能性"和"必然性"，那么"如果……则……"也将同样难以理解。

现实之所以比模态概念更容易理解，是因为现实就摆在眼前。我们所见到、听到的一切，都属于现实的范畴。

你在读书，这是事实。当你伸出手指准备翻页时，这也是事实。相反，"本书印的其实是外星人的心电图"的假设虽然离谱，也并非绝无可能。只不过，这种"可能性"没法直接从任何现实中读出。多么离奇的现实才会包含"本书印的其实是外星人的心电图"这个可能呢？这样的现实似乎根本不存在。我们有关于心电图的现实，关于书的现实，以及关于所谓外星人的蛛丝马迹。这些就是我们所拥有的全部事实。从这些事实中，我们没法直接"分析"出这本书印着外星人心电图的可能性。可能性要求我们从现实跳向现实之外。而理解可能性，也就是理解现实之外的可能性。

必然性也是如此。讲归纳怀疑的时候，我们提到人类经验的有限性。就算看过再多的苹果下落，也不能直接推出"苹果必然下落"的结论。归纳怀疑同样反映了现实与模态之间的差异。哪怕穷尽现实，也未必通达必然性。

当然，我们还有很多抽象的必然知识，比如"二加二等于四"和"欧几里德平面内三角形的内角和等于一百八十度"。可这些并不蕴含在现实之中。的确,小孩子学算数时常常数铅笔:两支铅笔和两支铅笔放在一起是四支铅笔。可是这只是学习数学的手段。数字本身不是铅笔。就算用完了这两支铅笔,数字二也不会消失。上一章讲到了柏拉图的理念世界。除了"红色""圆形"之外,这里还居住着"二加二等于四"等数学真理。无论理念世界最终是否存在,至少展示了数学真理与铅笔这些具体物品的不等同。综上,我们仅有的必然知识也不直接来自于经验世界。

对于模态概念,哲学家们一直没找到特别理想的说明。在日常生活中,我们的确都懂什么是"可能"、什么是"必然"。可一旦要精确描述这些概念的本质,或给出判定标准,就转而毫无头绪了。好在,逻辑学家们从 18 世纪的哲学家莱布尼茨(Gottfried Leibniz)的"可能世界"(possible worlds)这一概念中逐渐找到了应对方法。

莱布尼茨提出可能世界的初衷是调和上帝的完美与世间的恶。

在介绍笛卡尔上帝存在证明时我们讲道:近代主流的神学观点认为上帝全知全能至善,无限完美,而这却和世间的邪恶与痛苦彼此冲突。上帝为什么允许世间存在生老病死和自然灾害呢?是他不知道吗?还是没能力消除痛苦?或是他根本不想消除痛苦?总之,如果想坚持上帝完美的主流神学观点,就必须解释为什么上帝能与世间的邪恶共存。

莱布尼茨的"可能世界"就是一种解决方案。

根据这个方案,除了我们的现实世界之外还有无数的可能世界。这些都是世界原本可能的形态,只是未曾实现出来。莱布尼茨认为,现实世界已经是所有可能世界中"最理想"的一个。

（见图 5-1）不可能有更完美的世界了。上帝实现了我们这个现实世界，恰好体现了他的全知全能与至善。

图 5-1 莱布尼茨的可能世界观

莱布尼茨对上帝完美的论证很难让现代人信服。不过，哲学家们却继承了"可能世界"的术语，用以解释模态概念。

可能世界，不妨理解为"完整的可能性"。所谓"可能"，是指"未必被实现出来的"。按照莱布尼茨的图景，可能与现实世界的唯一差别在于前者只存在于上帝的"世界库存"里，从未被拿出来实现过。所谓"完整"，是指可能世界在细节上毫无遗漏。可能世界不同于梦境。梦境只有一个个局部，每个场景都只搭建了一半。如果你梦见自己躺在沙滩上晒太阳，却被问"天上有几片云"时，你可能完全给不出答案。给不出答案，不只是因为你还不知道，更是因为这个梦境中根本不包含云的信息。你必须努力向上看，想象云的样子，等到梦把这个细节补齐了，才可以回答。可能世界完全不同。此刻的你在苦闷地看这本哲学书，但某一个可能世界里的你正躺在沙滩上享受日光浴。你心有不甘，于是问："喂，你头上有几片云彩？"那个可能的你之前没注意，于是抬头看了一眼，说："一片也没有，阳光真好！"现实中的你虽然气不过，但另一个你也没撒谎——即便在提问之前，那个世界中你头顶的云彩数量也早已固定。如果不固定，就不能称之为一个"世界"了。

当然，除了云彩数量之外，可能世界的其他细节也必须早已确定。通常而言，在任何一个可能世界里，任何一个非模态的命题，比如"X-Box 很好玩"，都必定有一个真值。它要么已经为真，要么已经为假。

另外需要注意：虽然可能世界都存于"世界"的库存中，它们与现实的关系有所差异。有些可能世界离现实世界很"近"，另一些离现实很"远"。

离现实世界"近"，是指可能世界与现实世界在内容上相像。反之亦然。比如我们知道，特朗普在现实世界中赢得了 2016 年美国总统选举。在另外一个可能世界里，赢得大选的是希拉里——毕竟，希拉里"本可能"赢得大选。虽然总统选举结果对国际形势有很多影响，我们依然可以认为，希拉里赢得大选的可能世界离现实很近。作为对比，在某个"更远"的可能世界里，特朗普和希拉里都没有参选，最后角逐的两个选举人是易烊千玺和欧阳靖。这个场景离现实很远，但并非不可能。

远近未必是线性的。对任意两个可能世界，我们很可能无法测量哪个离现实更近。

为说明这点，我们再设想 A 和 B 两个可能世界。在可能世界 A 中，美洲大陆直到 20 世纪初才被发现。没有殖民，没有西进运动，也没有《独立宣言》。北美洲的主要居住者始终是印第安部落。2016 年总统选举自然也未曾发生。另一个可能世界 B 与现实十分相似，唯一的差别是赢得 2016 年美国总统大选的是一只黑猩猩。A 与 B 所描绘的场景显然比易烊千玺赢得大选的可能性还要小，它们离现实更远。可是，我们却难以确定A与B谁离现实更远。A保留了世界运行的一些常识，没选出大猩猩，却在重要的历史进程中与现实存在偏差。B的历史进程与现实重叠，却在某个节点严重违背常识。此时，A、B与现实的距离测量就存在一定的任意性。随着度量方式的不同，也许A和B一样远，也许A更近，也许B更近。（见图5-2）总之，哪一个结果都可能是合理的。

图 5-2　可能世界的远与近

对于可能世界，哲学家们最深的困惑大概就是：究竟什么是可能世界？可能世界是平行世界吗？我们可以像电视剧里演的那样跳井穿越过去吗？这些问题涉及可能世界的"本质"，哲学家们对此有很多争论。在回答这些难题之前，我们先来看一看可能世界究竟能为模态概念提出哪些澄清。

5.2.1　"可能世界"的离奇说法却能定义"可能性"

哲学家们之所以喜欢可能世界的工具，是因为它们能精确地描述模态概念。

我们先以命题为例。什么是可能与必然呢？什么是一个命题可能为真、必然为真？哲学家通常采用如下解释：

- 命题 P 可能为真，当且仅当 P 在某个可能世界中为真。
- 命题 P 必然为真，当且仅当 P 在所有可能世界中都为真。

如果可能世界的说法成立，上述定义也就比较准确地捕捉了人们对"可能"与"必然"的朴素理解。

首先要说明：一个命题为真或为假，始终是关于特定的可能世界的。"特朗普赢了 2016 年大选"是真的吗？如果脱离了"世界"，这个问题将是空洞的。我们可以说，特朗普在现实世界中赢得了大选，在某些相近的可能世界中赢得了大选，而在更远的可能世界中败给了希拉里。总之，如果接受了可能世界的框架，我们也就不能脱离于可能世界来理解"特朗普赢了 2016 年大选"这个命题的真假。日常生活中的人不熟悉可能世界理论，但当他们问"特朗普赢了 2016 年大选了吗"这类问题时，总已经把现实世界作为参照。

理解了世界对于命题真值的意义，也理解了可能世界对"可能性"的定义。比如，"特朗普赢了 2016 年大选"为真，无非是指这个命题在现实世界中为真。相应地，"希拉里赢得 2016 年大选"可能为真，也就是指这个命题在某个可能世界中为真。至于易烊千玺赢得选举的希望虽然渺茫，却并非完全不可能。这种可能性也就可以翻译为：存在某个极其遥远的可能世界，易烊千玺在其中赢得了 2016 年美国总统大选。当然，如果非要认为易烊千玺绝不可能赢得大选，只需坚持，"在任何可能世界中，'易烊千玺赢得 2016 年美国总统选举'都为假"。

上述对必然性的定义同样符合常识对"必然"的理解。在任何一个可能世界里,"二加二等于五"都是错的。就算在大猩猩当选美国总统的世界中,二加二都不可能等于五。当然,一个颠倒是非的社会能够逼所有人大喊,"二加二等于五!"可即便在这样的世界中,"二加二等于五"也依然是错的。面对这样一个可能世界,我们只会感到悲哀,却绝不会在理智上怀疑"二加二居然可以等于五吗?怎么算的?"

可能世界的框架,究竟为模态概念带来了哪些改变呢?

我们看到,"可能""必然"这些大家都搞不太清楚的模态概念,从定义项中消失了。定义项里只保留了"命题在某世界中为真"的说法。这个说法无论对可能世界还是现实世界都适用。所以经过上述定义,我们再也不必纠结于什么是"可能"与"必然"了。反之,我们只需要问一个命题在现实或可能世界中成不成立。

我们刚刚定义了"从言"(de dicto)模态。从言模态以命题和言语为对象。比如,"易烊千玺赢得2016年美国总统大选",这件事情是可能的?不可能的?还是必然的?无论可不可能,我们的模态判断都是以"易烊千玺赢得2016年美国总统大选"这个语句本身为对象的。

除了从言模态,我们还可以定义"从物"(de re)模态。

从物模态不讨论命题,而是讨论个体。个体有很多性质,但性质并非都是必然的。我们常常说,"这只企鹅可以长得更胖""这款苹果手机可以卖得更便宜""我可能会长得更高",等等。尽管这些也是命题,但它们模态概念所覆盖的内容却从命题变成了个体。借用可能世界的工具,从物模态可以这样定义:

- 某人 S 可能有属性 P,当且仅当在部分 S 存在的可能世界中，S 有属性 P。
- 某人 S 必然有属性 P，当且仅当在所有 S 存在的可能世界中，S 有属性 P。

与从言模态相同，可能世界工具比较准确地把握了人们对从物模态的朴素理解。比如，人人都渴望有好身材，多数却疏于锻炼。每当照镜子，望着自己鼓鼓的肚子，往往会感叹"我本可能有更好的身材"。这可不是异想天开。如果好好锻炼的确就会获得好身材。而根据可能世界的语言，这无非是指存在某个可能世界，此人在该世界中热爱跑步，坚持举铁，终于练出了轮廓分明的八块腹肌。

什么是个体的"必然属性"呢？

我们之前对必然属性讲得不多。"喜欢条件还是本人"一章也默认了个体的条件可以随意改变，却保持自身不变。但我们同样提到，很多性质是个体存在的前提。唯物主义把人理解为物质的集合，"有身体"就是人作为个体的必然属性。《一拳超人》里的埼玉无论能力如何飞升，都必须有身体，否则他将不再存在。类似，我们可以把"大脑没有实质性损坏""有心跳""没有死"作为个体存在的必然属性。根据可能世界的语言，我们也就可以说，"在任何可能世界中，只要某人存在，他就还活着，有心跳，大脑没有实质性损害"。当然，这些必然属性绝不能用来区分"喜欢条件"和"真爱本人"。喜欢一个人本人，不能是因为对方活着。不然，别人也都活着，你怎么不喜欢别人呢？

当然，个体并非都有生命。一张桌子平静地站在客厅时早已超越了生死。桌子没有"生死"。但它依然受"存在"与"消失"的困扰。如果桌子变得"没有桌面，也没有桌腿"或者"被人砸烂"，也就不可能存在。所以,"有桌面和桌腿,并且没被人砸烂"就是桌子的必然属性。可能世界的语言也很好地捕捉了这点——在任何一个可能世界中,只要某张桌子存在,它就没被砸烂。

可以看到,个体的必然属性与命题的必然性之间有一些差别。

必然命题必须在所有的可能世界中都为真。个体的必然属性却只涉及那些此个体存在的可能世界。其余那些此个体根本不存在的可能世界,也就完全无关。比如,柏拉图是人,他必然"有身体"。在另一些可能世界里,柏拉图从未出生,"柏拉图有身体"在这里找不到任何踪迹。可难道因此,"有身体"就不再是柏拉图的必然属性了吗?完全不会。柏拉图只要存在就必定有身体。

可能世界仅仅解释了什么是个体的必然属性,却没有规定个体有哪些必然属性。

柏拉图一定是人吗?他可不可能是一座山?一座喷泉?一朵花?庄子在妻子去世时鼓盆而歌,"生死本有命,气形变化中。"庄子的妻子一定要保持人的形态吗?与天地化归后,庄子的妻子就完全不再是他的妻子了吗?孙悟空七十二变,变成的蝴蝶是孙悟空本人吗?佛教中的轮回又该怎么理解?

这些问题十分复杂,它们涉及一个人"本人"究竟是谁。对此,我们还无法回答。可能世界理论本身也不必提供说明。可能世界仅仅揭示:当人们对某个事物的必然性或可能性进行判断之后,这个判断究竟是什么意思。

5.2.2　可能世界怎么定义"如果……则……"?

回到最初的问题:"如果我毁容、破产了,你会离开我吗?"

毁容和破产是假设的情形。尽管"如果……则……"在句式上不同于"可能"和"必然",它同样被哲学家归为模态概念。在第三章讲述现象主义的时候我们看到,"如果……则……"通常被称为"条件式"(conditional)。条件式分很多种类,恋人问的是与现实不同的假设情形,所以称为"反事实条件式"(counterfactual conditional)。

对于反事实条件式,我们此前的主要困惑在于其本质与判定标准的模糊。

怎样才算"如果毁容,也不离开"呢?借助可能世界的理论工具,哲学家们对此提出了很多回答。其中最经典的方案来自刘易斯(David Lewis)与斯坦内科(Robert Stalnaker):对A与B两个事件,"如果A,则B"的反事实条件式成立,当且仅当"在所有A为真的可能世界中,在与现实最接近的那些里,B同样为真"。也就是说,判断"如果A,则B"需要我们做三件事情:

- 首先,列出所有A在其中为真的可能世界。
- 接着,找出上述可能世界中与现实最近的一组。
- 最后,检查这些世界里B是否成立。

如果B在这些世界中也均为真,"如果A,则B"就成立,否则不成立。

第一个步骤很好理解。考察"如果A,则B",当然要假设A成立的情形。否则,即使B成立,也可能与A无关。比如之前提示的:就算一对恋人平安幸福相伴始终,也不等于"如果毁容破产,两人依然相伴"。

第三个步骤也不难。"如果A,则B"讲的正是当事人是否在 A 的情形下做 B。

第二个步骤需要特别说明。为什么要专注于和现实最近的一组可能世界？原因在于，和现实最近才能避免其他因素的干扰。比如，想知道枸杞养不养生，就应该找一些健康状况相近的人。一组每天泡枸杞，另一组喝普通热水。如果一段时间后第一组成员的健康状况更佳，就说明枸杞的确养生。当然，这个实验有很多额外要求。比如，两组成员除枸杞之外必须保持相近的饮食与生活习惯。如果第一组成员不仅泡枸杞，还早睡早起天天锻炼，而第二组成员热衷于熬夜玩手机，那么后者的身体无论变得多差也不能证明枸杞的功效。类似，如果第一组成员只喝枸杞水，却不吃不睡，那就算他们在实验中壮烈牺牲，也证明不了枸杞的危害。

这个要求对"如果毁容，也不离开"同样适用。

我们曾经设想过一个情形：恋人毁容时正好发生战争，对方作为军人不得不远赴前线。此时，恋人怨不得，因为对方的离开与自己无关。至少，其中的关系根本无法证实。所以，我们需要考察那些离现实最近的可能世界。毁容很不幸，概率也极小，却依然可能发生。而毁容发生的世界可能与现实无异，也可能物是人非。在某些不幸发生毁容的遥远的可能世界中，一只大猩猩赢了 2016 年美国总统大选，而特朗普其实是外星人。在这里，毁了容的恋人甚至可能一直单身——那个在现实中被逼问"是否依然陪伴"的人或许从未出生，或许早已去世，根本不会经受留下还是离开的考验。然而，这些可能世界的存在显然并不影响"如果毁容，也不离开"的真假。如果恋人抱怨，"在这些遥远的世界里，根本没有陪伴，所以你肯定会离开我"，对方肯定会觉得特别委屈。这么遥远的可能世界，和现实有什么关系呢！

所以，想回答"如果毁容，也不离开"，就应该考察发生了毁容的那些不幸可能世界中与现实最接近的一组。

至此，我们总算对"如果毁容，也不离开"给出了比较恰当的解释。当然，哪怕信心满满地回答"依然陪伴"时，我们也依然无法在认识论上应对"你怎么知道"以及"怎么证明"这类会引发怀疑论挑战的问题。

不过我们也要意识到刘易斯与斯坦内科对条件式的分析并不完美。

设想，在恋人毁容时，对方的境遇如果跟现实完全相同，就会离开；反之，如果其社会地位与收入跟现实有稍许不同——无论更好或更坏——就会留下。也就是说，万一恋人毁容了，对方会在与现实最近的世界中离开，却在与现实不尽相同的绝大多数可能世界里选择留下。这样的反应模式看似荒诞，但并非不可能。有可能这位恋人的心理十分特殊，收入与社会地位的微小差异都会影响其决定去留的神经机制。

现在我们来问：这位恋人满足"如果毁容，也不离开"吗？

刘易斯与斯坦内科的分析会判定该条件式为假。可这样的恋人难道真的完全违背了对忠贞与长久陪伴的期待吗？多数较远的可能世界和少数较近的可能世界，究竟哪些才是我们判断"如果……依然……"的标准？答案并不清楚。哲学家们也在不断用新的工具捕捉条件式的本质。无论怎样，想要完美回答"如果我毁容了，你会离开吗"，就需要首先给出反事实条件式的完美标准。

可惜，面对这么难的问题，你又不能反问，"你先告诉我，什么是'如果'？"否则，对方一定会愣住，然后生气地离开，"不想回答就算了！装什么傻？"

5.3 可能世界究竟是什么？

虽然我们还没找到判断反事实条件式的完美标准，"可能世界"依然是 20 世纪以来最有希望解决这一问题的工具。

所以，不妨继续探索：究竟什么是可能世界？哲学家们并不满足于把可能世界仅仅当作工具。他们还要澄清可能世界的本质。只有这样，才算完整解释了模态概念。实际上，大家或许已经感到了疑惑：可能世界解释模态，什么又能解释可能世界呢？如果我们对可能世界的理解反而来自朴素的可能性概念，整个策略就会陷入循环。怎样避免这种循环呢？

为此，我们会着重介绍刘易斯的"可能主义"（possibilism）。

5.3.1 可能主义：可能世界真实存在

刘易斯解释"可能世界"的方式非常直接：可能世界与现实世界都是世界。现实世界无非是"实现了的"可能世界。这很像莱布尼茨最初的想法——上帝有一个"世界"的库房，现实世界只是从中被上帝选了出来而已。本质上，现实与可能世界完全相同。

既然两者本质相同，我们只需要睁大双眼看看现实，就足以理解什么是可能世界！

毕竟，看懂了现实世界，也就理解了什么是"世界"。而可能世界与现实世界的种类相同，只是存在细节差异而已。这就像小孩子在看到一个手机，父母又说"手机"时，就学到了什么是"手机"一样。见过几个手机足以理解什么是手机，并能够想象其他的手机。同样，见过一个世界，也就足以理解"世界"，并设想其他世界的可能性。

刘易斯的"看一看"貌似简单，却巧妙地化解了"解释循环"的问题。

原因在于，"现实世界"的范围可以很小。就算把眼睛睁得再大，我们在这个世界中也只看得见现实。反之，我们无法直接看到可能、必然性，更看不到"如果……则……"等条件式的真理。理解"现实世界"，无须已经掌握"可能性"这些模态概念。在彻底的经验论者看来，人类的"实际经历"已经涵盖了我们所有的知识。我们观察到太阳东升西落，看见苹果一次次落地，于是归纳推断明天的太阳还会升起，下一只苹果同样会坠落。这些推断虽然超越了过往经验的边界，却依然指向现实。无论怎样，哪怕明天的太阳没有升起，下一只苹果飘向空中，也不影响我们对什么是"世界"的理解。我们无非揉揉眼睛，或者修正一下具体的科学理论，感叹"这世界怎么了？"相反，我们却不会问"什么是世界？"

所以根据刘易斯的设想，我们对模态概念的解释路径是这样的。

- 首先，理解现实世界。
- 接着，通过现实世界理解可能世界。
- 最后，通过可能世界解释模态。

人类从小学习模态概念的心理过程未必符合这个顺序。然而模态概念的"解释"必须遵循这个顺序。否则，模态概念的可能世界理论终将陷入循环：用可能世界定义模态，将无非是用我们早已熟知的模态概念生造一堆术语，再把术语重新套回这些概念而已。

刘易斯的"看一看"虽然躲过了循环解释的陷阱，却会导致一个意外的后果。

实际上,"看一看"预设了现实与可能世界的本质相同。但我们仔细想一想,现实世界有哪些本质特征?显然,现实是"实在"的,由很多物理对象构成。每一个物理对象都有自己的时空位置,并不断相互施加物理因果关系。这就是"看一看"告诉我们的一切。

所以,如果可能世界与现实一样,也就不能仅仅是我们的"想象"。相反,可能世界必须同样由物理对象构成。可能世界中的事物都将有自己的时间与空间,这些可能的物理对象之间还必须实施着因果关系。就算你碰巧生在某个与现实不同的可能世界,也不必担心。你完全可以很好地活下去:这里有空气、食物和水,有因果关系让世界稳定运行。你甚至还可能遇到熟悉的亲人和朋友,他们的境遇跟现实或许有所差异,但都是实实在在的人类。总之,可能世界绝不"仅仅"是一种"可能性"。毕竟,你在现实中通过"看一看"所发现的"世界"就是实在的啊。可能世界无非在内容上有所不同而已。

可见,根据刘易斯的策略,可能世界与现实世界一样真实。刘易斯的可能世界理论也因此被称为"可能主义"。可能主义不承认可能与现实世界之间的任何本体论差异。而这显然已和我们最初的设想背道而驰。从常识来看,可能世界必然没有现实世界真实。可能世界仅仅是"可能"世界而已,又怎么会有物理实在性呢?

不过,刘易斯的可能主义,与我们纠结于模态概念的初衷十分吻合。

之所以面对"如果毁容,是否离开"的问题手足无措,恰恰是因为我们难以在现实之中直接观察到可能性本身。就算睁大眼睛,我们也只能看到此刻的现实与既定的过往。可能性永远不对肉眼敞开。讨论可能性，也就需要跳脱现实，借用理性和想象力。这种情况下，我们对"世界"的理解必然附着于它的物理属性。可能世界也就获得了与现实世界相同的物理实在性。

何况，就算我们多少能从现实中辨认出可能与必然性，也难以找到这些概念的判定标准。当你准备穿越车流滚滚的马路时，也许真能依稀看到"闯红灯会被撞飞"的可能性。当你醒来发现错过闹钟时，会立刻感知"今天迟到"的可能性。鼓起勇气准备向女神表白时，又会因为"被拒绝"的可能性而担心。路过彩票店时，还看得见"万一中奖了，我也会做个上进的人，继续勤奋工作"的可能性。正是因为看得见这些可能性，你才会采取相应的行动——不闯红灯；立即起床洗漱；表白时提前做好心理建设；摇摇头说"中奖概率太低"然后走开。可惜，我们通过前面的讨论发现这些可能性"是什么"难以判断，标准也飘忽不定。造出"可能世界"这么拗口的概念，正是因为日常生活中模态概念的模糊。我们想弄清"可能"与"必然"，并为"如果……则……"提供判定标准，才搬出可能世界帮忙。反之，如果我们真能在现实世界中直接观察到模态性质，可能世界理论也将失去意义。不仅可能主义会变成一个大笑话，就连可能世界语义学也要被锁回概念的工具箱。

总之，可能主义似乎是刘易斯解释可能世界的最佳方案。

现在我们回到那个在脑中萦绕许久的问题：可能世界是"平行世界"吗？

平行世界是科幻电影最爱用的脑洞之一。平行世界和刘易斯的可能世界很像，都有物理属性，都能住人，里面的人也都有实实在在的身体，能够快乐地生活。刚刚对刘易斯可能世界的解释也的确讲道：就算穿越到可能世界，你也不会消失。

不过严格来说，可能主义不允许穿越。不是因为穿越难，也不是因为担心你见到另一个自己后分不清谁是谁。穿越的困境来自"世界"的本质。世界的一个本质特征是"因果封闭性"。一个世界中的"原因"，其所有"结果"也都将发生在这个世界中。现实中的天空下雨，会淋湿现实的地面。现实中的火会带来现实的温暖。现实的因果链条不会驶入可能世界。就算延伸得再远，这条因果链都将停留在现实之中。反之，如果因果链条能穿行于不同的可能世界，则现实的雨水落入地面后可能没有任何痕迹，而某个遥远可能世界中晴朗干燥的街道上会凭空浮现出一潭水。这对于两个世界来说都将是不可理喻的。

因此，在刘易斯的可能世界之间穿越，将直接违背我们对因果性最根本的认识。

当然，刘易斯不会认为平行世界穿越的科幻设想存在逻辑漏洞。可能主义其实允许科幻电影式的穿越。可能主义仅仅要求：如果人能在两个世界中穿越，这两个世界其实都将属于"同一个"可能世界。

5.3.2 可能主义又该怎么解释现实与可能世界的差别？

可能主义的世界观非常繁复，让人看得头昏眼花。

常识认为只有一个世界，一个宇宙。可能主义不仅设定了无数个世界，还让这些世界同等真实。人们不禁会问：既然同等真实，那可能与现实之间又有什么差别呢？难道现实性没有比可能性更加真实吗？

可能主义最为人诟病的地方就是等同了可能与现实世界。

谁都没见过刘易斯式的可能世界。"看一看"所观察到的范围仅限于现实。可能世界也就根本"不可能"出现在我们的经验之中。这似乎违背了刘易斯的经验主义原则。经验主义认为，我们的一切知识与语言的意义都来自于感知经验。那些从不在经验中出现的概念和假设都是多余的，必须用奥卡姆剃刀剃掉。现在，刘易斯不仅放下了剃刀，还在天空中挂满了无数的可能世界。无论是否采纳经验主义的原则，这样的哲学图景都让人难以接受。

尽管如此，刘易斯依然为可能与现实的差异提供了一个解释：就算现实与可能世界的存在与本质完全相同，我们所处的"位置"依然不同。刘易斯认为，"现实"与"可能"的差别就像"这里"与"那里"的差别。比如爬山。上山之前，"这里"是山脚。上山之后，"这里"又变成了山顶。无论是否爬山，山脚和山顶都没有改变。山脚不会因为你离开而消失，山顶也不会因为你到来而存在。但在你看来，"这里"和"那里"的确不同。

"现实"与"可能"的差别在刘易斯看来无非如此。现实显得特殊，无非因为"现实"是一个独特的指示代词。正如"这里"指代说话人所处的地点一样，"现实"指代说话人所处的世界。

一个类似的例子是指示代词"我"。"我"是每个人都无法脱离的视角。"我"永远跟"你"和"他"不同。诚然，你我他都是人。但就算我再普通，再平凡，对我本人来说也是最特殊的。而"现实"，就仿佛众多可能世界中的那个"我"。每一个可能世界里的个体都认为自己的世界是"现实"，正如每个人都认为自己是"我"一样。

总之，就算可能与现实世界同等实在，也存在视角上的差异。

刘易斯的方案部分地解释了现实的特殊性。但无论怎样，这并没有缓解刘易斯哲学图景的拥挤。把人群分为你、我、他，既不改变人口结构，也不减少人口数量。同样，"现实"作为指示代词的独特性完全不减少可能世界的实在。

5.3.3　可能主义的跨世同一困境：每一个"你"都有血有肉

除了本体论的拥挤，可能主义的另一个严重问题是无法保证个体在模态概念中的同一性。

柏拉图英俊、爱辩论、是希腊人。但他也可能不英俊、讨厌辩论、生在印度。柏拉图本可能不英俊、讨厌辩论、生在印度，却仍是柏拉图本人。当我们说"柏拉图本可能生在印度"时，谈论的是同一个人——柏拉图本人——所能具有的不同境遇。"柏拉图本可能生在印度"的主语依然是柏拉图，并不是另外某个我们所不认识的印度人。根据之前对从物模态的解释，一个人可能具有某属性，当且仅当在部分"此人"存在的可能世界中，他具有相应的属性。

然而，刘易斯的可能主义似乎与此冲突。

由于刘易斯的可能世界之间因果封闭，每一个可能世界里的居民都有血有肉。这些居民也就是完全不同的个体。在这个现实世界中，柏拉图是希腊人。而在某个可能世界中，有过一位叫"柏拉图"的印度人，他英俊、爱辩论、长得和现实世界中的柏拉图一模一样。但无论他和柏拉图多像，这个印度人都不是柏拉图本人。希腊人柏拉图和印度人柏拉图是完全不同的个体。他们过着各自的生活，有各自的老婆孩子。总之，两人之间没有任何重叠。

既然如此，印度人柏拉图又怎么能够解释希腊人柏拉图的可能性呢？两个完全不相干的个体究竟如何解释对方的可能性？

这里，我们不能说：印度人柏拉图的人生轨迹"揭示"了希腊人柏拉图原本可能的样子。诚然，印度柏拉图的存在提示了某种与现实不同的可能性——看到印度柏拉图，我们就理解了"柏拉图原本可能出生在印度"的可能性。但在这个过程中，印度柏拉图仅仅告诉了我们"柏拉图，这位希腊人，本可能生在印度"，却不应直接构成这种可能性本身。这就好像一对双胞胎兄弟，弟弟经商哥哥从政。哥哥能从政，说明弟弟也本可以选择仕途。可是哥哥的从政本身并不直接构成弟弟的这种可能性。

哲学家一般用"跨世个体"（transworld individual）或"跨世同一性"(transworld identity)总结从物模态中的这种现象。"跨世"指跨越不同可能世界。一个"跨世个体"因而处于不同的可能世界中。跨世同一性，即不同可能世界中的某些个体之间具有数量上的同一性——他们是同一个个体。显而易见，从物模态的可能世界定义，高度依赖个体的跨世同一性。没有跨世个体，也就很难谈论同一个体的不同可能性。比如，只有当希腊柏拉图和印度柏拉图是"同一个人"时，后者才会直接构成"柏拉图是印度人"的可能性。

刘易斯怎么解决这个问题呢？

刘易斯反其道而行之。在他看来，跨世同一性本身十分荒唐。跨世同一性违背了一个更加根本的原则——同一者不可分（the indiscernibility of identicals）。这个原则提出：对任意"两个"个体 A 与 B，如果 A 与 B 其实同一，那么它们所有的性质必将完全相同。比如，"超人"和"克拉克"是同一个人。超人就是克拉克。虽然超人在天上飞来飞去拯救世界，克拉克在报社上班，但他们都是同一个人的不同身份。所以，对于超人的任何属性，克拉克都必须共享，反之亦然。超人有钢铁之躯，克拉克实际上也有钢铁之躯。克拉克在杂志社上班时,超人其实也在杂志社上班。总之,"两人"的性质必须完全相同。如果超人没有克拉克的某个性质,他们终究不能是同一个人。

同一者不可分是关于个体同一性非常根本的原则。同一个人,怎么可能有相反的性质呢?如果小明身高一米七〇,就不可能同时身高一米六五。如果小李嘴里塞满了薯片,就不可能同时吃提拉米苏。反之,如果我看到小李的嘴里塞满了薯片,而你又告诉我有人正在吃提拉米苏,那我一定不会认为这个人就是小李。

刘易斯却由此指出,既然不同的可能个体所具有的性质不同,他们也就不能是同一个人。印度柏拉图和希腊柏拉图不能是同一个人,正如身高一米六和一米七的一定是两个人。总之,从物模态诉诸的所谓"跨世个体",与同一不可分原则水火不容。

对于同一者不可分原则,可能会有人反驳:个体的性质可以变化啊!小明去年身高一米六,今年身高一米七,这完全不影响小王之为小王的基本事实呢!我们在讨论"条件"与"本人"的差别时曾着重关注了个体变化的现象。一个人可以变高变胖,变强变秃。这是否违背了同一不可分原则呢?既然《一拳超人》中的埼玉可以变秃变强,埼玉本人是否就同时有"头发浓密"和"秃"的矛盾属性呢?并非如此。个体变化总要在时间中完成。埼玉老师的"头发浓密",是在"几年前还未变强时"。而他的"秃"则发生在"成为超级英雄之后"。这十分符合我们的直觉。毕竟,埼玉浓密的头发是过去时。我们不会认为埼玉"依然"有很多头发。

性质和时间之间的这种关系,有两种解释方法。

第一种方式把时间看作性质的角标。比如,"头发浓密"的完整写法应为"头发浓密$_T$"。其中"T"指代某一个"头发浓密"成立的区间。关于头发,埼玉老师也就有如下两个性质:"头发浓密(从儿时到三年前)"以及"秃(从三年前到现在)"。这两个性质都是埼玉本人的,而且永远属于埼玉本人——也就不违背同一不可分原则。

第二种方式认为,时间不是性质的角标,而是性质描述的一部分。如此,"头发浓密"的完整写法就变成了"某时某刻头发浓密"。埼玉关于头发的两个性质也将相应地成为"从儿时到三年前头发浓密"以及"从三年前到现在秃"。同样,这两个性质并不冲突,都永远属于埼玉本人,也就不违背同一不可分原则。

可惜,无论怎样理解时间和性质的关系,都不能挽救跨世同一性的概念。不同世界中可能个体之间的性质差别,和时间无关。柏拉图如果生在希腊,就不可能再生于印度。"生于希腊"和"生于印度"的差别跟个体变化无关。埼玉可以曾经头发浓密,如今彻底秃顶。柏拉图却不可能曾经生于希腊,如今又生于印度。所以,根据同一者不可分原则,就算我们考虑到个体在时间之中的种种变化,现实与可能世界中生于希腊和印度的柏拉图终究不能是同一个人。(见图5-3)

图5-3 可能主义的尴尬:跨世同一性不可能

当然，刘易斯不会轻易放弃从物模态。毕竟，从物模态是日常生活中模态现象的重要组成部分。刘易斯认为：虽然生于希腊和印度的两个柏拉图不是一个人，他们却满足相互之间的"对应"（correspondence）关系。基于这种对应关系，我们才会在印度柏拉图身上寻找希腊柏拉图的可能性。

对应关系的本质，我们不着过多笔墨。但无论怎样改进，对应关系都不能缓和可能主义在解释从物模态时的生硬感。印度柏拉图是印度柏拉图，希腊柏拉图是希腊柏拉图。前者的确提示了后者的可能性，却毕竟不会构成这种可能性本身。

可以想见，如果恋人在被问到"如果毁容，是否离开"时，搬出了刘易斯的可能主义作为回答，对方一定会非常恼怒："你说在这些可能世界里有很多和你对应的人，他们在恋人毁容的时候都没有离开。好，他们没离开，可这跟你有什么关系？！他们是他们，你是你，你什么都没做，凭什么直接领功啊？另外，我看可能世界里也有很多长得和你一模一样的渣男，你为什么不和他们对应呢？"

5.4 小结

从"如果我破产或毁容了，你会离开我吗"这个问题出发，我们讨论了哲学家对模态概念的解释。恋人们关于"如果"的问题之所以不好回答，是因为这些问题涉及现实之外的可能性，而我们能够真真切切看到的，又只有现实性而已。

为说明"可能"和"必然"这些模态概念，哲学家们最喜爱的工具是"可能世界"。可能世界的概念最初由莱布尼茨提出，如今早已脱离了莱布尼茨所赋予的神学色彩。借用可能世界，哲学家们定义了命题的可能和必然性，以及个体属性的必然和偶然性。这些对从言及从物模态的定义看似复杂，却比较准确地捕捉到了日常生活中人们对模态概念的朴素看法。

可惜，我们替恋人回答"如果毁容，也不离开"的尝试还是遇到了两个障碍。

一方面，刘易斯与斯坦内科对反事实条件式的刻画并不完美。我们设想了一个场景：恋人毁容时，如果其他的一切都与现实相同，对方离开；否则，如果其他方面有稍许变化，对方留下。根据刘易斯与斯坦内科的理论，这样的情形不符合"如果毁容，也不离开"。可是，既然对方在绝大多数可能情形中都会留下，恋人很可能认为对方的感情稳固而持久，也就不再追究。

另一方面，当我们尝试探索可能世界的本质，却遇到可能主义的硬骨头。刘易斯告诉我们，如果想避免可能世界与可能性之间解释的循环，就必须采用可能主义。而根据可能主义，可能世界和现实世界一样实在。这又会给从物模态的解释带来很多麻烦。

总之，想要完美回答"如果我破产或毁容了，你会离开我吗"，真的要避免很多哲学的坑。

哲学家们自然没有满足于可能主义。普兰丁格（Alvin Plantinga）认为，只有现实存在，其他未被实现的可能世界并不存在。至少，未被实现的可能世界没有物理性质。它们即便存在，也只是一些"抽象"的思想对象。据此，现实世界比可能世界更加实在，普兰丁格的理论也因此被称为"实际主义"（actualism）。

实际主义究竟怎样理解模态概念呢？对模态属性的解释难道不会陷入循环吗？可能主义的一个主要动机是避免循环——

我们不能直接说可能世界是一些"可能"的存在，因为提出可能世界恰恰是为了解释什么是"可能性"。实际主义怎么避免这个问题呢？

在普兰丁格看来，解释的循环难以避免，也无须避免。

为说明普兰丁格的立场，不妨回忆一下第二章提到的"融贯主义"。融贯主义不接受证明的循环，却把阿格里帕产生循环的原因归咎于"为什么"的线性提问方式。知识的结构本身既非无穷延伸也不能中途停止，而是像网络一样彼此交织。在知识的网络中，每一个观念都是很多个理由链条的枢纽。

普兰丁格认为，对"概念理解"也应该采用类似的立场。什么是可能性和必然性？我们其实早有自己的理解。只不过，我们的判断标准不够精确，所以要借用可能世界的语言。至于可能世界的本质，完全可以基于我们对模态概念的日常直觉去理解。如前文介绍，一个可能世界无非就是一个完整的可能情形。既然我们早已理解什么是"完整"与"可能情形"，自然也早已理解了什么是"可能世界"。

与普兰丁格相比，刘易斯的方案可以看作"概念的基础主义"。知识的基础主义认为，知识的理由链条存在端点，始于"我思""我疼""我仿佛看到红色"等内容。人们的一切认知理由最终都来自于此。刘易斯认为，我们对概念的学习也经历类似的过程——从现实世界的观察开始一步步定义出可能、必然性等模态概念，正是遵循了这样的想法。

可是，我们真能从无到有学习全部的概念吗？小孩子学语言的确从无到有，但语言掌握的过程更像整体能力的瞬间获得，而不是线性的定义与总结。试想，面对一个被狼养大的孩子回归人类社会，你如何跟他解释什么是牛排什么是腌肉？如果他不理解你的任何手势、任何声音，你又怎么可能像经验主义者那样帮他由下至上地定义基本概念呢?解释一件事情,总需要对方已经理解的某些前提。对模态概念也是如此:解释模态概念时,我们不必强行回避对模态概念已有的理解。

通过实际主义,我们有希望更好地处理从物模态。

既然印度的柏拉图只是我们的想象,而不再是一个有血有肉的人,他也就不必跟真实的柏拉图"不同"。"柏拉图生在印度"的可能世界作为抽象概念,完全可以直接指向现实的柏拉图本人。也正因此,印度柏拉图作为可能个体也就毫无疑义地构成了柏拉图本人的某种可能性。有了实际主义的帮忙,恋人终于可以在面对"如果毁容,是否离开"的问题时说:"不会!在那些你毁容的可能世界里,我都没有离开。注意,不是别人哦!是我本人没有离开。"

第 6 章

等我们老了，你还爱我吗？

章节要点：
- 时间的本质
- 时间存在的困境
- 麦克泰格的论证
- 时间的 B 理论
- 时间的 A 理论

6.1 时间存在吗？

"永远在一起"是恋人们最喜爱的承诺。当然，永远太久，而生命有限，我们不知道有没有死后的世界。所以，"永远"投射到现实中的长度往往是"一生一世"。"白头偕老"和"直到死亡将我们分离"都是一生一世的诺言。在做出美好承诺时，人们一般不会问什么是"未来"本身。承诺仅仅表达了朴素的期待，没人会在给予承诺时大煞风景地问"你确定？！"

不过恋人一旦开始追问，情况就大不相同了。"等我老了，你还爱我吗？""会啊，当然会！"提问者却皱起眉头："真的吗？你凭什么对未来就那么确定？"发现气氛不对，对方也不得不改口，更严谨地表达："说还会爱，是我的希望啦，未来都还没发生，谁知道呢？"可惜，这么理智的回答一定会把人激怒："好啊，刚刚说老了也不离开，现在居然又改主意了？"

"等我老了，你还爱我吗"的不确定性在于未来"还未发生"。一件事情未发生，就不存在。我们又怎么能知道其真假呢？前文讲过的许多问题——"怎么知道喜欢对方""怎么证明喜欢对方"——都涉及未来的不定性。根据外部世界怀疑论，我不知道此刻的世界是否真实，自然也对未来无知。而归纳怀疑则直接消解我们对"还有明天"的知识。类似地，如果没法证明自己当下喜欢对方，也就更没法证明未来也喜欢对方。

不过，就算击退了笛卡尔魔鬼，化解了阿格里帕三难困境，"未来"的不确定性也会带来新的困境。

在过去、现在、未来三者之间，未来有着最多的不确定性。

比较下面三个问题："你过去开心吗？""你现在开心吗？""你今后会开心吗？"中间的问题似乎最容易回答。现在开不开心，只要稍加反思就基本能确定。过去也不难回忆：如果记忆可靠，不受笛卡尔魔鬼或疯狂科学家的迷惑，我们也大致能想起过去是否开心。而未来最不确定。究竟如何回答"今后会开心吗"？根据今天的情况推测未来？但这仅仅是推测。未来毕竟还未发生，所有的猜测都可能被现实推翻。而除了推测，我们竟没有任何其他的观测手段。想到这儿，"今后会开心吗"忽然变成了一个让人泪目的残忍问题。和"等我老了，你还爱我吗"一样，这个问题让人们陷入深深的自我怀疑。

未来承诺背后的哲学问题，是时间的本质。

什么是时间？时间存在吗？过去和未来是否存在？转瞬即逝的当下又该怎么理解？时间原本是生活中非常熟悉的现象。我们常说"快回家了""该睡觉了""外卖就要送到了""不能再刷手机了"。这些说法都包含了时间概念。就算没有日历，没戴手表，我们也会根据主观意识进行判断。要是翻出了日历，我们还能做出更细致的时间规划，比如"今天是几月几号""明天该上班了""马上要交稿了"。总之，"时间"是我们生活中必不可少的概念。只要不去质疑，这个概念也没有任何明显的矛盾。

只不过，和"知道""证明""条件与本人的差别"等话题一样，一旦开始反思，时间就变得难以捉摸。古希腊的亚里士多德就曾经讲：过去已消逝，未来尚未到来，而既然时间主要由过去和未来组成，时间本身似乎就不存在。显然，亚里士多德的忧虑远远超出了未来的不确定性。如果时间根本不存在，也就更谈不上未来的"确定"或"不确定"。

亚里士多德并未采用虚无主义的立场，没有直接拒绝承认时间的存在。可他提出的问题却始终困扰着哲学家们。当代关于时间最有名的哲学讨论来自麦克泰格（McTaggart）。麦克泰格对时间的阐释比亚里士多德更复杂，也更直接地得出"时间虚幻"这个结论。本章我们将会介绍麦克泰格对时间的攻击，并介绍一些主流的时间哲学理论。

在开始之前，我们先要澄清时间与模态之间的关系。

未来的不确定性是否源于"可能性"的模糊？能否说，我们不知道今后会不会开心，只是因为"今后开心"与"今后不开心"同样"可能"，而我只是无法知晓哪个会成为现实？并非完全如此。通过刚刚对亚里士多德的介绍，可以发现模态与未来的不确定性是两个相互交叉又彼此独立的问题。

一方面，可能性不限于未来。"柏拉图生于印度"就是一种关于过去的可能性。哪怕不问时间的本质，默认过去真实存在，"柏拉图生于印度"也依然可能。历史的实在性不必抹杀历史的丰富可能性。即使我们能在古书和遗迹中触摸真实的历史，历史也可能是另一个样子——安史之乱有可能未曾发生，"二战"本可以避免，而某些伟大朝代的存在也只是偶然因素的聚合。不仅历史，就连最为"实在"的当下也兼容很多的可能性。比如，此刻你正在读这本哲学书。但你本可能做着其他的事情。热恋中的人也会问"如果我现在毁容了，你会离开吗"这种让人头疼的问题。所以，我们此前所讲的模态的模糊性并不依赖于时间本身的虚幻。

另一方面，时间不是模态概念。哪怕我们理解了可能世界的本质，定义了什么是可能与必然，时间也可以是虚幻的。毕竟，在任何一个可能世界中，我们都可以再次引入过去、现在、未来之间的差别。刘易斯有血有肉的可能世界们尤其如此。当那个叫柏拉图的印度人降生在某个可能世界之中，他出生之前的过去已经消逝，他的未来尚未到来。根据亚里士多德的表述，他的时间也就并不存在。而如果未来根本是虚幻的，那么"等老了以后，我依然爱你"这可能性也就没有任何所指。这样看来，时间的困境也不取决于模态概念的模糊。

6.2　麦克泰格：放弃吧，时间真的不存在！

我们刚刚提到了亚里士多德指出时间不存在的一个理由：过去和未来都不存在，于是时间不存在。这个理由已经很有说服力了。既然绝大部分时间都由过去和现在构成，而这两部分却又不存在，那时间也一定不存在。不过，这个理由其实并不充分。也许时间其实完全由"现在"构成呢？也许"现在"其实存在呢？由此，如果仅仅由过去和未来的虚幻推出时间本身的虚幻，未免过于草率了。

那么，麦克泰格又凭什么说时间不存在呢？他的理论武器比亚里士多德的还厉害吗？这个问题并不好回答。但至少，麦克泰格对时间概念的批评很有影响力。他的批评不仅比亚里士多德的观察更加深入，也催生了当代两种主流的时间理论。

麦克泰格的论证比较复杂，我们首先把它简化如下：

- 前提一：时间的 B 序列依赖时间的 A 序列。
- 前提二：时间的 A 序列矛盾，因此不存在。
- 结论：因此，时间的两个序列都不存在。

这个论证有两个非常重要的概念，分别是时间的 A 序列与 B 序列。什么是时间的 A、B 序列？我们对此其实非常熟悉：A、

B序列是我们描述时间的两种最常用的方式。

先看A序列。A序列默认我们作为观察者处于时间的河流之中。在这个河流中有我们最熟悉的过去、现在和未来。我们身处现在,过去不断远逝,未来正在走来。这是一种"动态"的描述方法。当恋人问"老了以后,还会不会爱我"的时候,就是处在时间的A序列中。在这个序列中,关于未来的疑问此刻被提出,而被问及的场景则尚未发生。

再看B序列。刚刚对A序列的说明似乎并没有提供多少实质的信息。时间不就是如此吗?难道除了过去、现在、未来的河流,还有其他理解方式吗?实际上,A序列尽管平凡,却不是我们理解时间的唯一角度。与A序列相对的B序列我们也非常熟悉。B序列描述的时间不是一条流动的河,而是一条静止的轴。物理老师们常常在黑板上画出的"T"轴,就是时间的B序列表达。B序列"静止"。因为这里没有过去、现在、未来,只有"之前"和"之后"。

我们以中学物理老师最喜欢的"追及问题"为例说明B序列。甲在前面走,乙从后面追,给定两人的初始距离和速度,乙用多久能追上甲?显然,追逐涉及时间——乙需要用一段时间才能追上甲。但这个场景却无所谓"过去"和"未来"。无论发生在过去、现在还是未来,对这场追逐的本质完全没有影响。也许甲"正在"奔跑,也许乙"早就"超过了甲。这并不重要。作为观察者,我们可以把自己置于这条时间轴中的任何位置。无论我们把哪个点标为"现在",都丝毫不会改变物理老师对这个场景进行的计算。

不严格地讲,我们可以把A序列理解为"主观"时间,B序列理解为"客观"时间。主观序列需要我们作为观察者的参与。客观序列中的观察者则可有可无。

为说明 A、B 序列的差别，我们以"2008 年北京奥运会"为例。从 A 序列的角度看，当你读这本书时，北京奥运会已成为过去。随着时间的流逝，这段过去也越来越远。如果把时间退回到 2007 年，则北京奥运会"还未发生"，并会随着时间的流逝而逐步逼近。反之，B 序列会把作为观察者的"我们"从时间轴移除。在 B 序列中，"2008 年北京奥运会"被永远固定在 2008 年的 8 月。不会变远，更无法逼近。作为时间中的事件，北京奥运会"晚于"之前的 2004 年雅典奥运会，并"早于"之后的 2012 年伦敦奥运会。而无论我们处在时间轴中的哪个点，这三个事件之间的先后关系永远不受影响。哪怕到了 2035 年，甚至更远的未来，也不改变"2008 年北京奥运会早于 2012 年伦敦奥运会四年"这个事实。

介绍了时间的 A、B 序列之后，我们再来看麦克泰格的论证。

麦克泰格的论证可以概述为：序列 B 不是真正的时间序列，它作为"时间"的序列依赖于序列 A 的存在。如果没有 A 序列，B 序列就不是真正的时间序列。然而，序列 A 却充满矛盾，并不真实。于是，并没有所谓真正的"时间"序列。时间不存在。

现在，我们分别解释这个论证中的两个前提：为什么序列 B 不是独立的时间序列？为什么序列 A 又充满矛盾？

6.2.1　前提一：为什么物理老师说的时间不是时间？

麦克泰格的第一个前提是：B 序列不是时间序列，它得依托于 A 序列才能表达时间。也就是说，如果永远脱离于观察者的视角，物理老师在黑板上画的时间轴只不过是个抽象符号，与时间根本无关。

这个说法当然会让物理老师气得跳脚，但麦克泰格的理由也很充分。

麦克泰格认为，时间必须能说明事物的"变化"。世界永远处在变化之中，而变化又通过时间完成。一个恰当的"时间"理论也就必须能说明变化究竟如何产生。所以，我们不能把时间理解成永恒不变的结构。否则，一切都被冰封在这结构之中，变化也就无从产生了。

在麦克泰格眼中，B序列就是这样一种不变的结构。任何事件、任何物体，在B序列中都无法变化。

比如，2008年北京奥运会是一个事件。它又怎么在B序列中变化呢？好像完全没有办法。奥运会的每分每秒、每个细节，都被永恒地刻在了B序列中。无论开幕式的烟火，还是埃蒙斯不幸射出4.4环的难忘瞬间，都像标本一样被固定在了B序列相应的位置上。任何发生过或即将发生的事件，都不能在B序列中移动一分一毫。

对此，我们能不能反驳说，B序列中的事件会"出现"和"消失"？在2008年的夏天到来之前"2008年北京奥运会"并未举行。北京奥运会作为事件仅在2008年夏天"到来之时"才真正出现。反之，当夏天"过去之后"，奥运会作为事件也就消失了。从常识来看，这个说法当然不错。一个事件到来时发生，经过后消失，没有比这更清楚明白的了！

可问题是，对奥运会的这种描述已经渗入了A序列的视角。毕竟，2008年的夏天就是2008年的夏天——B序列中的序列并不会自己移动。所以，这个夏天又怎么可能有所谓"到来之时"和"经过之后"呢？唯一的方法就是把我们观察者重新置入当时的时间点，仿佛在北京奥运会"尚未发生""正从未来走近"，而这已经是时间的A序列表述了。

我们只要仔细回忆一下物理老师在黑板上画的时间轴，就更能明白为什么 B 序列不允许事件的变化了。我们不能说 B 序列中的北京奥运会在 2008 年到来之前"尚未发生",因为只有在 A 序列中才谈得上一个事件是否尚未发生。实际上,物理老师在画时间轴的时候完全不在乎轴上的时间延伸多远。我们可以在 2008 年的课堂上谈论 2088 年的事情:设甲、乙在 2088 年的长安街上坐悬浮车追逐,给定甲、乙的初始距离和速度,问几分钟能追上。尽管上述段情形在 2008 年"尚未发生",但这完全无损于它在 B 序列中的合法性。我们不能说,"老师,这个题没法解,因为现在才 2008 年,你画的时间轴根本不存在啊!"听到这种提问,老师一定会觉得你在找借口,你只是算不出答案而已。所以,就算未来那些"尚未发生"的事情,也早已被固定在永恒的 B 序列中。(见图 6-1)

图 6-1　B 序列中的一切都是永恒的,包括遥远的未来

有人或许会问:世界的确在变化之中,可发生变化的真是"事件"吗?任何事件都有具体的时间地点,它们似乎原本就无须改变。所以,更准确的说法是"物体"在变。

比如,你没睡好,第二天长了黑眼圈,喝了杯黑咖啡去水肿之后勉强恢复了一点儿。在这些过程中发生变化的是你本人。至于喝咖啡去水肿这类"事件"本身,严格来说并不发生变化。

它们只是你发生变化的某种体现。同样，北京奥运会作为事件本身也无须经历变化。它原本就预定于 2008 年夏季举行。在奥运会中经历变化的，是运动员，是志愿者，是北京这座城市。运动员的光荣与遗憾、志愿者的汗水，才是伴随奥运会而发生的变化。事件的确会发生，会结束，但它们似乎并不是变化的主体。

一旦聚焦于物体，我们似乎就能以 B 序列表述变化了。

想象花蕾开放的过程。花蕾在第一天纹丝不动，第二天开始绽放。第三天已变成美丽的花朵。这个过程中的每一个时间点都对应着花蕾开放的某个状态。不妨把"开放到某种程度"看作花蕾参与的一个事件。作为事件，它们在事件的 B 序列中或许是静止的。但所有这些事件难道不是恰好展示了"花蕾"作为物体的变化过程？同样，在北京奥运会期间，每一个运动员，每一位志愿者，以及北京这座城市，也都作为个体经历了类似的变化。

对此，麦克泰格怎样回复呢？如果 B 序列能够表达变化——物体的变化——麦克泰格的前提一也就不成立了。

为了解释麦克泰格的回复，我们先回到花蕾开放的例子。第一天花蕾纹丝不动，第三天开出美丽的花朵。纹丝不动和开放出花朵都是这株花蕾在不同时刻的状态。麦克泰格却认为，这两种状态之间的差异并不构成变化。作为比较，设想一个导热性能极佳的餐盘。盘子的一端盛满冰激凌，另一端放着刚出锅的炸鸡。冰激凌配炸鸡口感奇怪，但我们忽视这个细节。重点是：由于所盛食物不同，这个餐盘一端冷，一端热。显然，冷热之间的这种差别远远算不上"变化"。餐盘在同一时刻一端冷一端热，这怎么算得上变化呢？在麦克泰格看来，花蕾的"第一天纹丝不动第三天开放"和餐盘的"一端冷一端热"本质相同。一个是永恒时间轴中的标本，另一个是静止物理空间中的差别。如果后者不能表达变化，前者同样不行。两者同样"静止"，凭什么只因为前者以"时间"为名，就足以解释变化了呢？（见图 6-2）

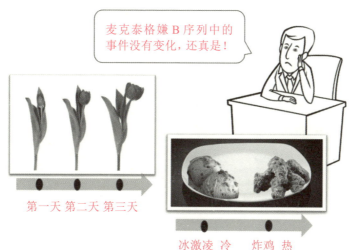

图 6-2　麦克泰格不承认 B 序列中事物的变化

所以，哪怕"物体"的变化，也只能在时间的 A 序列中理解。只有引入了过去和未来，并置身于"现在"，才能看到花朵开放时的变化。我们很难轻易反驳麦克泰格的前提一。

6.2.2　前提二：过去、现在、未来之间矛盾！

无论 B 序列最终能否表达变化，我们都暂且默认麦克泰格的前提一成立。麦克泰格论证中更有趣的地方，是前提二：过去、现在、未来之间矛盾，所以时间 A 序列虚幻，根本不存在。

过去、现在和未来之间究竟能有什么冲突？我们每天都使用过去时、现在时和未来时，生活从未因此宕机，为什么它们竟互不兼容？对此，麦克泰格的理由看上去十分简单粗暴：因为过去、现在和未来就是不能"同时"发生啊！实际上，如果一个时间属于A序列，它必将经历未来、现在和过去三个维度。这是非常基本的常识。任何事情都不可能永远停留在未来或现在。过去的一切也都曾经是未来。所以，A序列中的任何状态都将"同"属于过去、现在和未来。而既然三个状态之间互不兼容，A序列就会导致自我矛盾。

麦克泰格的说法让人乍一看摸不着头脑。为什么A序列中的事物要"同时"属于过去、现在、未来呢？难道不应该在这个表述中加入时态吗？比如：曾经是未来，正是现在，即将进入过去？A序列的三个维度，恰恰无法同时发生啊！

这个指责误解了麦克泰格的观点。麦克泰格只是说一个事物"同"属于过去、现在和未来，却不能说"同时"。更重要的是，"曾经是未来"和"正是现在"等说法只是用时态概念重复A序列的说法而已。麦克泰格认为，这根本无法为A序列开脱。理由是：A序列是用来解释时间的，我们不能反过来用时间解释A序列。这和我们在"可能世界"那里遇到的问题很像。刘易斯强调，可能世界是用来解释可能性的，我们不能反过来用可能性解释可能世界。如果你问我什么是可能世界，刘易斯一定不会说那就是"可能"的完整状态。相反，他会邀请你"看一看"现实，理解什么是"世界"，再推知可能世界。同样，麦克泰格会坚持认为，A序列是用来解释时间的。A序列中的"过去""现在"和"未来"已经是我们理解时间的最基本的概念了。其他所有的时态都以这三个维度为基础。所以，"曾经是未来""已经是过去"等说法虽然常见，却不足以澄清"未来"和"过去"的含义。就算有人反驳麦克泰格："某段时间曾经是未来，此刻是现在，即将进入过去，三个维度互不重叠"，麦克泰格也可以反问："什么是曾经？什么又是即将？无非就是过去、现在和未来的另一个说法，你并没有解决任何问题啊！"

至此，我们介绍了麦克泰格"时间不存在"的两个前提。根据第一个前提，B 序列作为"时间"序列依赖 A 序列。而根据第二个前提，A 序列本身却不存在。所以，时间的 A、B 序列双双阵亡。时间本身是虚幻的。

麦克泰格对时间概念的批评比亚里士多德的破坏力更强。亚里士多德只强调过去和未来的虚幻，麦克泰格则提出时间本身的一个悖论。时间要么静止，要么运动。静止不行，因为静止了就不再是时间。运动也不行，因为运动会导致时间的矛盾。总之，时间概念的所有出路都被麦克泰格堵死了。"等我们老了，你还爱我吗"这个问题也就根本没有答案。

6.3　拯救时间：B 序列与 B 理论

时间不存在这个结论过于惊世骇俗，绝大多数哲学家都不愿意接受这个后果。时间毕竟是日常生活与科学研究中不可缺少的部分。如果时间不存在，你就可以尽情地半夜刷手机。"反正时间都不存在，'时间太晚了'这个说法根本是无稽之谈。没有早晚，没有先后，放心地熬夜吧！"就算你比别人更谨慎，坚持每天天黑就睡觉，"早睡早起"依然没有严格的所指。

那么，哲学家们怎么回答麦克泰格的论证呢？实际上，麦克泰格论证的意义不仅在于对时间提出了有趣的批评，也在于提示了两种理解时间本质的方法。

时间有 A、B 两个序列，两个都有困境？好，那不妨从两个序列中选择一个，并反驳麦克泰格的批评！只要成功了，就可以用所选的序列解释时间的本质了。随着选取序列的不同，当代的主流时间理论分为 A、B 两个理论。时间的"A 理论"（A-theory）认为，A 序列穷尽了时间的本质；时间的"B 理论"（B-theory）则认为，B 序列穷尽了时间的本质。当然，A 理论与 B 理论者都不认可麦克泰格的相应批评。A 理论者不承认 A 序列矛盾。B 理论者认为 B 序列允许变化。

6.3.1 B 理论：物理老师画的 T 轴就是时间！

本节，我们先从时间的 B 理论讲起。

首先，我们看一看 B 理论者眼中时间的本质。在 B 理论者看来，空间有长、宽、高三个维度，时间则是第四个维度。作为第四个维度，时间与空间之间并无本质的割裂。它们都可以用一个坐标轴完美展示。

当然，时间和空间仍有许多差异。比如时间总会以某种方式"流动"。流动还有固定的方向。因为方向固定，时间不可逆。在空间上，我们可以从北京飞到上海，再从上海飞回北京。在时间上，我们可以从 2008 年过渡到 2020 年，却没法从 2020 年回到 2008 年。只不过，时间与空间的这种差别对 B 序列"时间轴"的表述影响不大。为表明时间的方向性，我们只需要在时间轴上加一个箭头。空间的三维坐标没有箭头，时间轴则有箭头。这足以表达"时间不可逆""空间可逆"的差别。

B 理论又怎么解释"现在"的特殊性呢？B 序列与当代物理学的时间观高度契合。但科学时间观也仅仅是对现实时间的抽象。在现实的时间经验中，"现在"十分特殊。我们永远处在"现在"之中，"现在"也比过去和未来更实在。B 理论如何解释这种差别呢？"过去""现在"和"未来"的差别的确是 A 序列的语言。可 A、B 序列都是对我们生活中时间经验的描述。如果 B 理论足够恰当，就多少应该能说明 A 序列中出现的差别。反之，如果物理老师在画完时间轴之后说"过去、现在、未来的差别完全是虚假的，没有任何道理"，你大概会担心"老师是不是疯了"。总之，B 理论者在用静止的 B 序列解释时间时，也不该违背 A 序列所揭示的时间常识。

面对这个问题，B 理论者最爱用的策略是诉诸指示代词。

就算时间本身是一个静止的 B 序列时间轴，"现在"依然体现了"当事人"在轴上的具体位置。每一个时间轴上的人都有自己的"当下"，正如每个三维空间中的人都有自己的"这里"一样。"这里"的具体位置可以变化，"当下"也能沿着时间轴滑动。本质上，"当下"并不特殊，正如"这里"并不特殊一样。两者所谓的特殊性仅仅来自于观察者的位置。

在介绍刘易斯的可能主义时，我们见过类似的方案。刘易斯认为所有的可能世界都一样实在，可能个体都是有血有肉的真实人类。"现实"的特殊性又来自于哪儿呢？常识以为现实与可能明显不同，两者的差别又是什么？刘易斯回答："现实"不过是个指示代词，就像"这里"一样，"现实"只是说明了当事人在可能世界中的位置。对每一个可能的个体而言，他自己的可能世界就是"现实"。正如每一个人脚下的土地都是"这里"一样。

尽管刘易斯的可能主义让人大跌眼镜，B 理论对"现在"的指示代词说明却没那么放飞自我。

实际上，"现在"原本就是一个指示代词。如果你打开电视看一场球赛，解说员大喊："现在中国队开始进攻了！"你在激动之余自然会想"哪个现在？这是重播还是直播？当时是什么时候？"此时，你早就默认了"现在"可以像你、我、他一样指代不同的时间。你只需要弄清比赛的时间就明白了解说"现在"的所指。

而刘易斯的可能主义之所以生硬,是因为"现实"本来就不是指示代词。设想你打开电视看新闻,听到的第一句话是,"我们要面对现实,现实很残酷"。你一定不会问:"解说生活在哪个可能世界?"毕竟,任何人都只能生活在现实世界。并不是因为现实世界残酷,而是因为常识只认可现实这么一个世界存在。所以,虽然B理论对"现在"的指示代词解释和刘易斯的策略很像,却比可能主义看上去顺眼得多。

至此,时间B理论最经典的版本已经呼之欲出——"永恒主义"(eternalism)。既然现在和过去的差别仅在于观察者的位置,它们所对应的时间也就同等实在。过去已逝、未来不明?没有这回事!我们回不到过去,不等于过去已经消失。2008年北京奥运会永远发生在2008年。无论我们的"现在"进入了多远的未来,"2008年北京举办了奥运会"都永远为真。孔子、爱因斯坦、科比都已去世,并且永远地活在过去。"过去"保留了一个个鲜活的生命,也封存了很多伟大的朝代。过去的一切只能"结束",却不会"消失"。

过去实在,未来也同等实在。

设想甲乙在未来的长安街追逐的场景。根据永恒主义,如果乙会在2088年的长安街上开着悬浮车追逐甲,"甲乙二人于2088年在长安街追逐"就永远为真。B序列是"静止"的。B序列中的每一个事件都不会产生或消失。否则,麦克泰格也就提不出"B序列中没有变化"的指责了。至于"往事不可追",那只是我们身处"此刻"的无奈而已。人类目前登不上海王星,到不了银河的边际,但海王星与银河的边际都完好无损。基于同样的理由,"回不到过去"也不等于"过去不存在"。

6.3.2 B 理论该怎么解释变化？

我们回到麦克泰格对 B 序列最初的指责：时间孕育变化，而 B 序列不允许变化的产生。

B 理论者怎么回答这个问题呢？前文提到花蕾开放的例子。花蕾第一天纹丝不动，第二天展开，第三天变为美丽的花朵。这期间的每个时刻都对应着花蕾开放的某一个阶段。为什么不能认为这些时刻的差别本身就构成变化呢？麦克泰格的回答是：这些差别跟"一端冷一端热"的盘子无异。一端冷一端热的盘子本身不包含变化。冷热差别所对应的只是盘子在不同空间位置的属性。类似于花蕾的含苞待放和完全绽开对应了不同时间的属性。如果盘子的冷热差异不体现"变化"，凭什么花蕾在 B 序列中的开放就能体现变化呢？麦克泰格认为，我们应该在"变化"的问题上对时间和空间一视同仁，不能双重标准。

在 B 理论者眼中，麦克泰格过于吹毛求疵了。

就算时间和空间都能用坐标轴表达，两者的本质也不必相同。时间是时间，空间是空间。时间自有一些空间没有的特点。所以，为什么就不能把一个物体在不同时刻的差异"定义"为变化呢？"变化"难道不就是如此吗？如果一个人在恋爱的第一个月每天送花，第二个月隔一天送一次，第三个月起再也不送了，我们一定会觉得"他变了"。就算两人已经分手了好几年，过去已成过去，两人回顾当初的时候也会觉得"从天天送到懒得送"是非常恼人的变化。对方绝不可以反驳"我没变，我只是在不同的时刻呈现了不同的样子，不信你问麦克泰格"。否则一定会招来白眼，"幸亏分手了，不然每天听狡辩太生气。"

可见，B 序列并非不能解释事物的变化。无论是花是人，都能在时间的 B 序列中变化。

除"变化"外，B 理论还可以解释事物的"出现"与"消亡"。我们之前把 B 序列理解成巨大的时间标本库。所有发生过的事情都永远定格于发生的时刻。在永恒主义的图景中，孔子和爱因斯坦依然"存在"，"二战"也并未彻底消失。可是，把过去保存在时间中的想象虽然美好，却违反常理。孔子和爱因斯坦已经离世，"二战"也早已结束。凭什么说它们依然存在呢？

对此，B 理论者可以回答：正如我们可以定义一个事物在 B 序列中的"变化"，我们也可以定义它的"出现"和"消失"。B 序列尽管不采用"过去""现在""未来"的说辞，却允许谈论"之前"和"之后"。因此，我们可以把"消失"定义成"在某个时刻之后不再出现"，而"出现"也就变为"在某个时刻之前未曾出现"。花蕾在第三天开放，五天之后枯萎。既然这朵花在第五天之后再未出现，它也就从此刻消失。

总之，B 理论不必赐予你永恒的生命。该消失的总会消失。

6.3.3 B 理论的困境："过去现在和未来"该怎么解释？

可惜，就算解释了变化，B 理论者也不能高枕无忧。B 理论面临的困境还有很多。

一个最显著的困境是：B 序列依然没有完美说明"过去""现在"和"未来"是怎么回事。在日常生活中很多关于时间的对话都采用 A 序列的语言。比如，"很快就要完工放假了""正开车呢，不方便在电话里唱生日歌"。如果 B 理论果真解释了时间的本质，我们就应该能用 B 序列的术语完美翻译这些 A 序列的时态语句。反之，如果有某些 A 序列语句不能翻译成 B 序列语句，我们就不能认为 B 序列穷尽了时间的本质。

对于 A 序列语句的翻译，B 理论者大致提供了两种方案。

第一种方案是把所有的"过去""现在""未来"都翻译成具体的某月某日。当学生在期末考试前高呼"很快就要完工放假了"时，他的真实意思无非"7 月 10 号就要完工放假啦，而我们现在离 7 月 10 号很近"。翻译之后的确啰唆，彻底失去了"很快就要完工"那种急促的喜悦。不过没关系，翻译的主要功能是传达"语言的意思"。至于情绪和美感，我们不妨先放 B 理论者一马。

第二种方案不诉诸日历，而是把"说这句话的时候"用作 B 序列中的刻度。在这个刻度之前的即为"过去"，之后的是"未来"，同时的即为"当下"。于是，"很快就要完工放假"的翻译就是"在说这句话之后不久就是完工放假的时间"。这个翻译同样比较啰唆。日常生活中没人这么讲话，但这并不妨碍 B 理论者把它视为"现在"的真实含义。

无论哪种翻译，都换掉了"过去""现在""未来"这些 A 序列中的语言。

第一种方案最简洁。日历是非常标准的 B 序列表达。日历从不告诉你哪天是昨天，哪天是明天。买回家的日历就算放再久都可以翻出来用。只要还没过完这一年，你就可以在上面的某个日期周围画红圈圈表示"今天"。

第二种方案同样摒除了 A 序列语言。"说这句话的时候"虽然含有指示代词"这句话"，但它本身并不残留"现在"这个说法。"说这句话"仅仅在 B 序列中选取了一个特定的事件——某句话的表达——而这个点的选取并不以"现在是何时"为前提。

很可惜，两种翻译策略都存在漏洞。日常生活中关于"未来""过去""马上"等说法不能被任何一种策略完美翻译。

先看第一种翻译。假设睡美人睡了很久，被吻醒时根本不知过了几年。她对王子说，"流氓！滚！我现在就让侍卫过来把你抓起来！"睡美人的意思是"我在××××年××月××日让侍卫来抓你"吗？显然不是，睡美人根本不知道当时几月几号。既然不知道，她说的"现在"肯定也不等同于那天。我们不能把一个人完全不知道的事情塞进她的语句里。所以，方案一失败。

方案二又有哪些问题呢？睡美人的控诉兴许可以用方案二翻译："我说这句话之后立刻就让侍卫来抓你！"虽然翻译后的威慑力骤减，但基本保留了原意。王子如果听懂了，就会知趣地离开，或者脑子发热拔剑誓与侍卫一战。不过，方案二也会产生一些奇怪的后果。我们假设，睡美人不爱学习，尤其不爱语法。她懂得什么是"流氓"，什么是"滚"，也懂得什么是"现在让侍卫过来抓你"，可唯独不懂什么是"语句"。"说一句话"这几个字根本就不在她的词库里。既然睡美人不知道什么是"这句话"，我们就不能强行把它翻译进她的语言里。

实际上，诉诸"这句话"要求当事人不仅学过语法，还要进行"元语言"（meta-linguistic）思考。元语言思考，就是对所使用的语言本身的思考。当睡美人说"滚"的时候，是在直接使用语言。如果她随后开始反省"'滚'这个字用的不够优雅，不符合我的公主形象"，就是在对刚刚使用的"滚"进行元语言思考。虽然元语言思考在生活中十分常见，却依然和我们对语言本身的使用不同。在这个意义上，"我现在就让侍卫抓你"和"我说这句话时就让侍卫抓你"对应的语言行为和具体内容并不相同。后者也就不能翻译前者。

B序列无法完美翻译A序列语言，其后果是：A序列所展示的时态特征终究不能以B序列解释。因此，无论物理老师和科学家们有多喜欢B序列，他们也不能把时间的本质等同于黑板上的 T 轴。如果 B 理论者此时强行反驳："时态根本就是虚幻的,你们都被骗了,时间无非就是 B 序列而已",我们一定不会心悦诚服。当一个哲学理论明显违背常识,错的多半是哲学理论,而不是常识。

6.3.4　B 理论的另一个困境：未来还值得期待吗？

除了翻译的困难外,B 理论的另一个问题是不能解释人类关于时间的种种态度。

我们都生活在时间之中。我们沉迷于现在,对未来的缥缈感到不安,又对过去的不幸如释重负。当我们说"马上就要完工放假"的时候内心充满了喜悦,而被告知"领导十分器重你,又布置了全新的任务"后又无比沮丧。无论喜悦还是沮丧,都是对未来的恰当反应。之所以"恰当",是因为这些反应符合相关事件的时态。设想,如果一个人在得知"被领导器重,压了很多任务"时如释重负,却在顺利完工后开始对这些任务感到焦虑,他的时间观念也就跟我们完全相反。在正常人看来,这个人的行为并不恰当,与他相处会非常辛苦。

显然,如果一个时间理论足够完善,就应该能承载这个人和我们之间的差别。恰当的时间理论应当能合理地解释我们关于时间的种种态度。

B 理论再次不幸中招。

根据 B 理论,所有的个体与事件都是四维空间中的延展。设想你眼前放着一只红苹果。这只苹果是什么?无论怎么解释苹果的本质,我们都可以说:"这只苹果是占据了眼前一部分三维空间的物体"。当我们加入了时间的第四维度,又会如何呢?典型的 B 理论者通常把事件和个体看作"四维空间中的延展物"。

也就是说，当加入了时间的维度，我们就不仅占据了一部分三维空间，也占据了四维空间。所占据的长度正好位于我们的"出现"和"消失"之间。

以刚刚的苹果为例。苹果占据了一定三维空间。加入时间维度后，苹果就变为四维空间中的延展。这个延展有特定的边界。在时间维度上，这个延展处在苹果"长成"与"被吃掉"之间。而时间维度上的每一个刻度，都对应了这只苹果当时所占据的三维空间。"2008年北京举办奥运会"这样的事件也是如此。作为四维时空延展物，北京奥运会在时间上占据着2008年8月的一段时间。这期间的每一个时刻，都对应了北京奥运场馆附近的一块具体而庞杂的三维空间。

可对于这种四维时空延展物，人们又会是什么态度呢？

即将到来的假期还值得期待吗？久病痊愈还值得感恩吗？不值得。对未来的期待，对过去的感恩，只有当我们身处时间之流时才有意义。期待假期，是因为假期"即将到来"。庆幸痊愈，是因为痛苦"终于结束"。对于时间中这些事件的态度，只有通过A序列的描述才有意义。否则，任何事件的开始和结束，都会像苹果有三维空间的边缘一样了无生趣。我们绝不会庆祝"病痛"这个四维空间延展物的边界止于某处，正如我们没有理由庆祝苹果的三维物理边缘止于某处。苹果存在就是苹果存在。这个事实本身无可庆祝。而四维空间的延展物同样是客观事实，就像一只只水母一样漂浮在四维时空之中。对于这种四维时空延展物，我们可以观察研究，可以陈述事实，甚至能够想象自己活在其中。可我们没法期待，也做不到如释重负。

所以，当恋人问"等我们老了，你还爱我吗"，最好别用B理论回答"从我们老去的××××年，直到我们死去的××××年，我都爱着你"。这个答案虽然充满了理工男的呆萌，会让对方惊讶之余略有感动，可总感觉哪里不对。之所以问"等我们老了，你还爱我吗"，正是源于对未来的不安和期待。而面对一个跟"未来"无关的四维空间事实，期待也就失去了意义。

6.4 拯救时间：A 序列与 A 理论

如果 B 序列最终没能解释时间，A 序列会不会成功呢？A 理论者能不能回答麦克泰格的批评，用 A 序列恰当地解释时间呢？

6.4.1 时间之流，你根本固定不住

A 序列把我们置于时间之流中。这里有过去、现在、未来。过去的已经结束，现在正在发生，未来尚未到来——这似乎是人类对时间最朴素的看法。物理老师喜欢用时间轴"抽象"出一个不会流动的时间，可时间的本质不就是流动的吗？

麦克泰格对 A 序列的主要批评是：过去、现在、未来之间矛盾。

毕竟，A 序列中的元素必须"同"属这三者，三者却无法共存。我们又不能用时态把这三者分开。说"过去已经是过去，现在正在发生，未来尚未到来"的确合乎语法。但这不足以解释过去、现在和未来的区别，因为"已经""正在"和"尚未"恰好预设了过去、现在和未来之间的差异。就像刘易斯禁止我们用可能性解释可能世界一样，麦克泰格也禁止我们用时态解释 A 序列。

A 理论者认为，这样的要求很不公平。他们认为，时间在

根本上就具有时态性，时态性无须解释。也就是说，过去本就"已经"过去，未来本就"尚未"到来。我们不应强行剥夺过去、现在和未来的时态性。麦克泰格的批评，等于要求过去、现在和未来先乖乖地站在时间之流的岸上，再用更根本的时间概念工具把它们踢回河里。

既然麦克泰格无权要求我们用比 A 序列更原始的概念解释时态，A 理论者就可以大大方方地拥抱时间的时态特征。过去的就是过去，未来的就是未来。我们不必继续对"过去的为什么已经过去"打问号。

实际上，A 理论非常符合我们对时间的朴素经验。只要接纳了 A 序列的时间语言，让 B 理论卡壳的几个障碍就都能迎刃而解。比如，睡美人醒来后不知道年月日，却能毫不犹豫地喊，"我'现在'就让侍卫过来"。同样，"未来"和"过去"的时态特征解释了我们为什么能够期待、感恩或悔恨。恋人之间也可以大声承诺，"当我们老了，我还依然爱你"。无论承诺最终能否兑现，起码回应了对未来的向往。

6.4.2　时间非得是"流"吗？A 理论与时间的运动模型

我们一直使用"时间之流"的比喻。这个比喻虽然生动形象，却可能带来对时间"运动"方式的偏见。根据河流的比喻，时间从未来"途经"现在，随之"流向"过去。时间的运动方向从未来指向过去。

除了"时间之流"的比喻，我们还能怎样理解时间的运动？当然，过去、现在和未来都是非常基本的概念，而解释时间运动的更根本的概念或许并不存在。不过，我们还是可以提出更多的理论模型来帮助我们更好地理解时间的运动方式。

当代最主流的时间运动模型来自布劳德（C. D. Broad）。我们把这个模型本土化为一个阅兵仪式。请想象一个阅兵仪式。仪式包含了一个无限长的列队，一辆检阅车从远处开来，所经过的列队会喊"首长好"。在这个模型中，喊过了"首长好"的部队代表过去，正在喊的代表现在，还没有喊的则代表未来。（见图6-3）

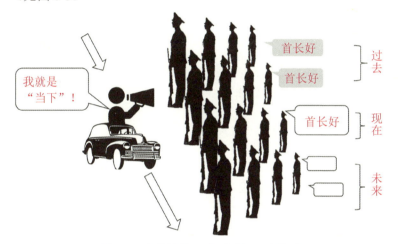

图6-3　布劳德的A序列时间运动模型

阅兵的场景这么具体，又如何刻画抽象的时间概念？阅兵和时间之流的比喻之间具体有什么不同？河流比喻的一个特点，是时间所有的部分都在运动。过去流动，现在流动，未来也流动，时间的这三个片段都朝着同一个方向奔涌。相反，在阅兵的模型中，列队所代表的时间本身是不动的。运动的只有"当下"，它像检阅车一样不断从过去驶向未来。

与时间之流相比，阅兵的场景能让我们能更精确地区分过去、现在和未来。流动的河中没有"首长好"这么明确的标识，能告诉你哪里是现在，哪里是过去。时间之流中，过去、现在和未来纠缠在一起。而阅兵仪式上的列队则非常有组织性、纪律性。哪些部队喊过"首长好",哪些没喊过,哪些正在喊,都一目了然。

布劳德认为,时间是一个不断增长的模块。在他眼中,过去是真实的——一件事情一旦发生过,就从此迈进了"存在"的大门,永不离开。至于未来,则还没发生,是彻底的虚无。而现在位于过去和未来的边界,向前推进。时间之所以不断增长,是因为过去不断增长,让时间中的存在"不断增多"。时间仿佛是一条"贪吃蛇"。蛇身代表着过去,随着吃得越来越多,蛇身也越来越长。总之,时间之流并不是解释时间运动的唯一方法。阅兵的模型或许粗糙,却允许人们提出非常具体的时间运动理论。

除了布劳德的增长理论,还有人认为时间在不断"缩减"。缩减理论认为,只有未来才是真实存在的,过去已经消失。就像我们小时候觉得时间很多,有大把的青春可以挥霍。而随着"现在"的检阅车不断推进,我们的时间越来越少,不知道时间"都去哪儿了",甚至会产生检阅车怎么越走越快的错觉。

当然,阅兵仅仅是比喻,宇宙中没有无限长的列队,也没有永远行进的检阅车。时间不是贪吃蛇,也不懂什么叫挥霍青春。所有这些说法,都只是为了帮助我们理解时间的运动。只不过,阅兵和流水与其说是关于"时间本身"的比喻,更像是对时间之中不同事物存在方式的解释。所谓"过去消失",并不是时间再也没有过去,而是发生过的事情无法追回。所谓"未来尚未发生",并不是"未来"本身的虚无,而是指尚未发生的事情并不存在。至于"时间本身"究竟是什么,哲学家们的确也有很多讨论。但这些讨论的深度已经超出了"等我们老了,你还爱我吗"所涵盖的范围了。

6.4.3　活在当下：A 理论的当下主义

心灵鸡汤最爱劝我们"活在当下"。

所谓"活在当下"，通常是说不要沉迷过去，不要执着于未来，而要专注于眼前我们能够把握的一切。心灵鸡汤的教诲并非无稽之谈。过去与未来的牵绊的确是维系人类社会的重要环节，却也会过度消耗每一个人的精力。专注眼前，往往是最有效率的做法。除了"不要沉迷过去"的教诲之外，"活在当下"与宗教神秘主义之间也有很多渊源。基督教、道教、佛教，都有一些让人专注当下的修行方法。佛教的"去执"，在某种程度上也可以看作对绝对当下的回归。

时间的哲学理论本身不太关心生命的幸福与解脱。哲学家们最关心的现象，是当下的实在性。在亚里士多德指出过去与未来的虚幻时，似乎恰恰预设了当下才是所有时间维度中最真实的。

B 理论难以解释当下的这种特殊实在性。B 理论者仅仅把"当下"看作类似于"这里"的指示代词。所有的时刻都同等实在，只是每个人都把自己当前的时间称为"当下"而已。亚里士多德大概不会赞同这样的观点。当我们认为过去与未来虚幻，现在真实，最恰当的理论是时间的 A 理论。运动中的时间，才会带来"实在"与"虚幻"之间的变化。

阅兵模型能否解释当下的特殊性呢？布劳德的"增长"观显然不合适。布劳德并不认为过去虚幻。相反，过去不仅存在，还会随着"现在"的运动不断增加。时间的贪吃蛇越吃越长——它不仅有头，还拖着一条长长的身体。

与"活在当下"最契合的,是时间的"当下主义"(presentism)。

当下主义是 A 理论中最主流的版本。根据当下主义,只有当下实在,过去与未来都是虚假的。对于阅兵模型,当下主义者认为只有正在喊"首长好"的部队存在。已经喊过的、尚未喊过的,都不存在。所有的存在都是当下存在。可见,当下主义者的"活在当下",不是"你应该活在当下",也不是"活在当下最幸福",而是"你只能活在当下,因为过去和未来根本不存在"。哲学理论,比心灵鸡汤要硬核得多。

当然,人们依然可以缅怀过去,也能够展望未来。只不过,所缅怀的并不是真正的过去,而是残留的回忆与想象之间的某种混合。对未来的期许也并不真正指向未来。我们期许的仅仅是大脑在当下呈现的某种形象。这种形象或许会实现,或许不会。

如果从关于时间的哲学思考中跳出来,回到常识,就会发现当下主义的巨大吸引力。如果我们问世间哪些事物存在,最好的回答就是"当下的一切"。过去的事物"存在过",未来"即将存在",但它们并不真的存在。

尽管当下主义非常直观,对"变化"的解释却不够理想。

如果时间只有"当下",又怎么会发生变化呢?变化往往需要参照。给出先后两个不同的时间点,我们才有可能进行比较。甲乙在长安街追逐,一分钟前两人相距一百五十米,一分钟后两人相距五十米。这样我们才会说"甲乙之间的距离发生了变化,乙很快会追上甲"。哪怕一分钟后两人的距离变成了三百米——乙跑不动了,我们也只会嫌弃"物理老师出错题了",而不会觉得甲乙在追逐的过程中没有任何变化产生。相反,当下主义只认可当下存在。时间永远只是一个孤零零的时刻。我们也就难以在不同时间状态之间进行恰当的比较。"甲乙目前相距五十米,所以变近了?"没有。既然之前的一切都不存在了,两人相距一百五十米的过去也就不存在了,我们又拿什么比较呢?又凭什么说"两人距离变近了"?

所以,在当下主义的世界里,只有一个个的"现在"。我们很难恰当地谈论变化。跟恋人见面时,不能说"今天皮肤状态比之前还要更好呢";去亲戚家串门时也不可以说"王阿姨越来越年轻了";王阿姨的孩子跑出来时你更不可以阴阳怪气地讲"上次你去我家摔坏的玩具模型终于修好了呢"。总之,过去的事情不能提。都是过去的事了,过去根本不存在。

6.4.4 虚幻的未来?

从"无法解释变化"的困境出发,能够引出当下主义的另一条罪状。那就是:当下主义完全拒绝过去和未来的存在。亚里士多德的确讲到过未来与过去的虚幻。这也基本符合人们对时间现象的观察——过去和未来不如当下实在。可是,当下主义者把这个命题推至极致时,我们又难免犹豫不决。

如果过去不存在,熊孩子刚刚摔坏了玩具模型就立即变得清白。人们被暗恋的对象拒绝后也完全没有理由伤心——既然当下转瞬即逝,所有发生的事情都会瞬间归于虚无。在这样的世界中,任何人都不必对自己的行为负责。我们无法惩治凶手或感念恩人。诚然,人们依然可以说"谢谢你当年帮助了我"。但这句话的意思将不再是"因为你当年帮助了我,我对此感激",而是"我有'当年你帮助了我'的记忆,这个记忆其实是虚假的——任何记忆都是虚假的——但我的生物本能和社会属性决定了我会因为这种记忆而对你心怀感激"。这种解释不仅与常识相悖,也会剥夺感恩或惩罚他人的"理由"。

未来的虚无同样带来困扰。

常识虽然承认未来不如当下实在，却并没把未来贬低为彻底的虚无。实际上，人们常常会做出关于未来的判断。"明天下雨，我看了天气预报""明天周末，不用上班"。这些判断可以是正确的。我们甚至会"知道"未来的天气，"知道"第二天用不用上班。根据第二章讲到的JTB框架，知识包含真理——我们如果"知道"一件事情，这件事情就必须是真的。而既然你知道"明天是周末"，那么"明天是周末"就是真的。

可是在当下主义者眼中，未来是彻底的虚无。根据当下主义，"明天是周末"这句话既不是真的，也不是假的。没有任何事实能与这句话对应。当然，你可以等到明天，看看是不是真的到了周末。如果你周五晚上睡了一觉醒来，发现果然是周六，就可以放心地说："我昨天'明天是周末'的判断是正确的"。但你原本其实不必这么大费周折——难道，你在周五的晚上就不知道"明天是周末"吗？当下主义者却会斩钉截铁地说："不，你当时不知道！当时还根本不存在'明天是周末'这个事实！"

可见，当下主义根本不允许恋人回答"等我们老了，你还爱我吗"。如果我们连"明天"都不能谈论，就更不能谈论几十年后的将来。因此，恋人只好坦白，"我相信老了以后还会爱你，但我不知道，也保证不了，毕竟未来是虚假的，没法讲"。这种回答显然不会让对方满意。对方一定会觉得你心虚，并追问："那你十分钟之后还会喜欢我吗？要是你没概念，那你知不知道我三秒钟之后就会和你分手？"

对话的结局比较惨烈，但这不是当下主义自己的错。布劳德的"增长"理论遇到过同样的困境。布劳德认为过去真实存在。时间就是一条不断前进的贪吃蛇。随着"当下"的移动，"过去"也持续地增加。这个理论中同样没有"未来"的位置。布劳德把未来的产生看作绝对的"从无至有"。哪怕已经到了周五晚上十一点五十九分,"明天是周末"也还没有真假对错。而午夜刚过,就瞬间进入了幸福的周末。增长理论中未来的这种不期而至,同样让人无法回答"等我们老了,你还爱我吗"。

这里,我们不要混淆未来的虚幻和未来的"不确定"。

可能会有人觉得"明天会下雨"虚幻,是因为天气预报总有出错的可能。同样,以我们现有的能力很难预测下一次股灾。或许,无论我们掌握多少信息,都不能准确预测未来:未来本身可能就是开放的,不被过去的状态所约束。就连"明天是周二"也无法百分之百确保是真的——万一地球在午夜停止了旋转,明天的太阳再也没升起来呢?

未来的开放性留到下一章细讲。但无论怎样,未来的虚幻并不取决于它的不确定。就算一切皆"注定",就算自然规律决定了未来所有的细节,我们也没法从当下主义者手中拯救未来。在当下主义看来,就算历史只有唯一的一条可能线索,被注定的未来也尚未发生。

6.5 小结

"等我们老了,你还爱我吗"这个问题不仅难在人类预测能力的有限性。未来不可知,主要是因为我们其实并不理解时间的本质。什么是未来?未来存在吗?在解决这些哲学问题之前,恋人无法给出关于未来的完美回答。

为了解释时间现象,我们先后介绍了时间的 B 理论与 A 理论。B 序列与 A 序列表达了人们对时间的理解,却也揭示了时间概念的内部冲突。一方面,物理老师钟爱的 B 序列时间轴似乎并无不妥。另一方面,时间是流动的,不该被固定在几何线条之中。A序列表达了时间的流动性:我们处在时间之中,并在时间之中变化。B序列则体现了时间的实在性:尽管当下最为实在,过去与未来却不是彻底的虚无。可惜我们看到,在时间的流动与实在性之间找到平衡确实困难重重。结合A、B理论的优点,摒除两者的缺点,远不像组合积木那么简单。

前文指出,我们讨论的其实是"时间之中的事物",而不是时间本身。所谓过去与未来的虚无,是指发生过的和没发生的事情不在我们的眼前。人们怀念过去,往往是怀念过去的经历,而不是"过去"这段时间本身。对未来的憧憬也是如此。至于什么是时间"本身",哲学家们确实有过许多探索。康德把时间理解为我们感知世界的先天形式;柏格森(Henri Bergson)和胡塞尔(Edmund Husserl)发现了时间在意识之流中的复杂结构;海德格尔(Martin Heidegger)则以时间现象理解人类生存的本质。随着时间本质的深入挖掘,哲学理论越来越陌生,也越来越远离我们所熟悉的常识。好在,因为远离生活,恋人们也不会被这些理论问题直接困扰。

第 7 章

你说,我们是不是注定在一起?

章节要点:
- 物理因果决定论
- 因果封闭性
- 行为自由与意志自由
- 不相容论与相容论
- 能力的条件式分析
- 命定论

7.1 "注定"在一起是什么意思?

每当看到美好的爱情桥段,我们都期盼里面的恋人注定在一起。"注定"宏大而美好,用一种不可抗拒的力量把两人命运相连——无论经历多少考验,缘分最终天注定。所以,恋爱中的人也常常渴望"注定",并问对方,"你说,我们是不是注定在一起?"

"是否注定在一起"的提问看似非常安全,简直是送分题。你只要回答"是",对方就开开心心地相信你们果然是注定的。无须提出新的选项,也不用对"是"和"否"做任何哲学解释。然而,万一对方忽然起了好奇,问:"那你说说,我们是怎么注定在一起的?"你大概就傻眼了。注定就是注定,什么叫"怎么注定在一起"?于是你摊手,不解地摇摇头。对方脸上的笑容也就慢慢消失了。

你或许觉得扫兴。可是,"怎么注定在一起"是个合情合理的问题。

对于任何事情,我们都可以问"怎么发生的"。比如,考试挂科了,妈妈可以问"怎么考砸的"。跟人打架把脸打花了,妈妈还是可以问"脸怎么破了"。求职不顺,垂头丧气被发现了,妈妈依然可以问"怎么不高兴了"。除了表示关心,"怎么就"还来自于好奇。魔术师帽子里的兔子消失了,观众可以问"怎么就消失了"。第二次表演,失败了,兔子还在,观众就能继续问"怎么兔子还在"。哪怕魔术师不解释,告诉观众他们在"见证奇迹",观众也能坚持追问"怎么就是奇迹了"。可见,我们几乎可以对任何事情问"怎么"。无论出于关心还是好奇，"怎么"都伴随着一种探索精神。同样地，对于"注定在一起"，恋人当然可以追问。这么重要的事情，不问出来又怎么平复好奇心呢？

可惜，恋人的好奇又碰到了哲学的陷阱。"注定"含义模糊，每一个含义又都伴随着很多哲学困境。本章即将讨论两个与"注定"最为相关的哲学议题：因果决定论与命定论。我们会试着用这两个理论分别回答"你说说，我们怎么就注定在一起"。

为了初步展示"注定"的困境，我们不妨先问："'注定'就是'必然'吗？""注定在一起"是否等于"必然会在一起"？这个解释貌似很有希望。"注定"不可抗拒，不正好意味着结果必然吗？

但是，必然性本身是一个非常空洞的概念。必然覆盖了很多情形，它也就未必解释得了"注定"的含义。"二加二必然等于四""我和你必然在一起""苏格拉底是人，他必然会死"。这些都是必然，可它们都适于"注定"吗？以数学为例。"二加二等于四"必然为真。在任何一个可能世界中，二加二都等于四。可是，人们不会说二加二"注定"等于四。二加二就是四。无所谓注定不注定。数学不在乎你情我愿，更没有生老病死。诚然，很多数学真理都还未知。数学家们也的确会不断"探索"数学真理。但就算数学家们千辛万苦地证明了一个新的定理，也不会感叹"哦，这个定理注定成立"。相反，他们相信这个定理始终成立，只是碰巧在此刻被发现了而已。

所以，即便"注定"蕴含了某种不可抗拒的力量，它也不等于"必然"。注定是一种特殊的必然。也只有在恰当地理解了这种必然性的含义之后，恋人们才能正确解释"那我们怎么就注定在一起"。

7.2 物理决定论：科学家早就知道一切！

通过和数学的对比，我们得出了一个结论："注定"并不适于抽象的必然领域。

"二加二等于四"算不上"注定"，因为数学原本是永恒不变的。而当我们说两个人注定在一起时，往往默认了他们的相遇要经历重重阻碍。两人或许面对过父母的阻挠、情敌的陷害、社会与经济状况的悬殊差距，最终却仍走到了一起。这才是真正的"注定"。如果这些意外连想都不能想，正如我们不能设想"二加二等于五"一般，那么两人的相遇也就谈不上注定。因此，"注定"只能发生在充满了偶然的尘世之中。

可我们又该如何理解尘世中的必然？尘世之中的任何事情都是必然发生的吗？对于尘世之中必然性最好的哲学说明，大概是"因果决定论"（causal determinism），或简称"决定论"（determinism）。

决定论认为，物理规律决定了一切。任何事件的发生都有充分的物理原因。一块多米诺骨牌倒下了，就一定有它的原因。要么是被上一块骨牌推倒的，要么是被风吹倒的，要么是被你布置骨牌的时候不幸碰倒的。总之，这块骨牌不可能平白无故地倒下。就算它真的无缘无故地倒下，仿佛这世上"有鬼"。那么"有鬼"也是一个物理解释——肯定是鬼借用物理规律把骨牌放倒的。

决定论所谈的"原因"不是"必要"原因，而是"充分"原因。蜡烛燃烧必须有氧气，因为氧气是燃烧的必要条件。但是氧气存在并不充分导致蜡烛燃烧——燃烧还需要燃芯，需要点火，需要你没有急着许愿把蜡烛吹灭。所有这些方面综合在一起才构成蜡烛燃烧的充分条件。所谓"A 是 B 的充分条件"，是指"只要 A 发生，B 就一定发生"。

比如，只要考试没及格，妈妈就一定会打。无论妈妈原本的心情是好是坏，无论其他科目考得怎样，都会打。此时，"没及格"就是"被妈妈打"的充分条件。但如果其他科目超常发挥，总分年级第一，妈妈就没打，那么"没及格"其实就不是"被妈妈打"的充分条件。如果"没及格"是"被妈妈打"的充分条件，就需要妈妈更加坚持自己严格的教育原则——即使孩子考了年级第一，拿了奥赛金牌，或哪怕外星人已经入侵地球，只要挂科就一定打。

决定论认为，万物都有充分的物理原因。蜡烛燃烧了，周围就不能只有氧气。除了氧气，周围一定有人对准蜡烛划开了打火机。就算没有打火机，也肯定点燃了火柴，或者其他促成燃烧的条件。总之，没有充分物理原因的物理事件，在科学上根本没法理解。

决定论的观点不止于"万物都有充分的物理原因"——这些物理原因必须又复有自己的充分原因。在介绍阿格里帕三难困境时，我们讲过"理由的链条"。决定论关心的则是"因果的链条"。理由链条追溯的是我们相信一件事情的理由：比如，你相信明天是周末，是因为你看到手机上显示"星期五"，而你相信看到手机上显示星期五，是因为你相信自己视力良好、手机网络正常等。理由的链条盘旋在心灵之内，不超出我们已有的认知范围。因果链条则不同。因果链条询问事实本身的原因。沿着因果链条，我们会从蜡烛燃烧追溯至打火机上的火星，又从后者追溯至点火的动作，以此类推。

在决定论者看来，任何事物都能嵌入一条"充分原因"的因果链条。也就是说，任何物理事件都是必然的！无论多么小概率的巧合，只要发生了，就必然会发生。世界绝不可能是另外一个样子。决定论,顾名思义,就是认为世间的一切早已决定。而决定一切的主要机制,就是物理科学的完备。

我们做物理题的时候有一个非常基本的假设。那就是:充分给定某个系统的初始状态,就能算出它所有的后续状态。甲乙两人在长安街追逐。已知他们的距离和各自的速度,我们就能算出两人在任何一个后续时刻的距离。当然,其中一人可能会跑累了,决定坐着休息一会儿,或者去喝一杯热巧克力。这的确会影响我们的计算结果。但之所以如此,只是因为初始条件不够全面——要是我们知道两人何时会累、会渴、会想喝咖啡,就应该用更复杂的方法进行运算。我们可以问心理学家,问化学家。如果他们也不能提供确切的答案,我们甚至可以在原子层面用物理方法推算两人的行为。哪怕我们当前掌握的科学知识还不足以解释一切,也一定存在着有待我们发掘的充分原因。实际上,因果链条的这种完备性体现了许多人非常朴素的一个想法——科学最终能解释一切,没有任何现象是科学在理论上无法预测的。

决定论的历史十分悠久。古希腊的斯多葛学派(Stoicism)即认为万物皆有定数。很多近代哲学家也都持有机械论的世界观,并认为物理能够推算一切。拉普拉斯(Pierre-Simon Laplace)尤其表示:如果一位智者知晓了宇宙某个时刻的完整状态,并掌握了全部物理公式,他就能算出宇宙在这之后任何一个时刻的状态。后人称这位智者为"拉普拉斯之妖"。尽管拉普拉斯之妖仅仅是人们的想象,因果决定论却是科学的一个重要假定。只有在决定论的世界里,我们才能真正通过科学预测未来。否则,如果世界不是决定论的,则哪怕我们知道了长安街上甲乙两人的速度与初始距离,也不足以推断乙何时能追上甲。所有的物理考试题都将没有准确的答案。

看来，当被问及"我们究竟怎么注定在一起"时，恋人可以自信满满地向因果决定论求助，"万物皆有定数，我们的相遇看似偶然，但其实早就注定。我们的相遇有其原因，原因复有其原因。从宇宙诞生的那一刻开始，我们的相遇就已是必然。所有的星辰都见证了我们相遇的历史。"

虽然这段表白非常浪漫，很多人却会对决定论将信将疑。

世界这么复杂，科学真的能预测一切吗？我们考物理的时候都常常算错题，甚至有些题目根本无解。科学家们虽然业务能力很强，可真能算得出一切结果吗？现实世界中，根本不存在开了挂的拉普拉斯之妖啊。

但实际上，决定论对人的计算能力没有任何要求。很多真理极其复杂，人类有生之年不可能算出答案。决定论者也并不奢求人能预测一切。他们仅仅认为：在客观层面，自然规律事实上决定了一切。有些自然真理是我们已知的，另一些是我们未知的。但无论已知还是未知，世间的物理状态都早已被因果规律决定。总之，人类计算能力的局限对决定论并没有任何影响。

另外，决定论也不受当代量子力学不确定原理的影响。

根据量子力学的主流解释，微观世界只能以"概率"的方式描述。我们可以知道某个量子出现在某个区域的概率，却不能同时精确地测出其位置与速度。所以，就算给定了系统的初始状态，我们也无法推知具体的结果。好在，多数哲学家并不认为微观世界的不确定性会影响宏观世界的确定性。哪怕量子只能以概率的方式描述，我们依然确切地知道甲乙在长安街追逐时各自的速度。给定两人的初始距离，就能推算出追逐成功的瞬间。总之，哪怕微观世界不符合决定论，我们也可以认为决定论适于大部分宏观现象。

7.3 决定论的困境：因果性将判你终身监禁

决定论对科学而言十分美好，却会和人类的自由意志发生冲突。

如果一切都早已注定，那我们还能是自由的吗？很多哲学家对此表示怀疑。根据决定论，我们"只能"按照既定的因果路线行事。年轻人在工作和恋爱上不愿听父母的安排。仿佛听从安排就是不自由的。可现在，大自然早就把一切都安排好了。就连你起床后吃几粒麦片都安排得妥妥当当。听也得听，不听也得听。这样的你，还觉得自由吗？

为了进一步澄清决定论与自由之间的冲突，我们先来看看自由是什么。

7.3.1 自由意志：我们究竟能做什么？

"自由"有很多含义。人们常说的人身自由、言论自由，是指不受他人限制和阻止的自由。但除此之外，哲学家们还关心一种更根本的自由——做某事的自由。这种自由不涉及来自他人的限制，也不在乎任何行为后果。哲学家们只会简简单单地问一句："你在某个时刻，究竟'有没有可能'做一件事。"

比如，你在寒冷的冬日清晨醒来，准备上班。天非常冷，你不想起床。此时的你有没有"不起床"的自由呢？你的第一反应是"没有"。因为不工作就没收入，没收入就不能付房租还房贷。要是有家室了，还要为宝宝挣奶粉钱、挣学费。总之，你似乎没有不起床的自由。除非实现了"财务自由"，否则你就必须起床工作，没有商量的余地。

不过，哲学家认为你其实有一种更基本的自由。虽然极不情愿地起了床，你"本可以"不起床。你是人，不是机器。机器对自己干什么事没得选。如果一个机器被设计成必须早起，那么只要接通了电源，没有故障，就必然会起床。而人却不同。无论赖床不起的后果有多么严重，人其实都可以决定关掉闹钟继续睡回笼觉，直到自然醒。你最终毫不情愿地爬了起来，只是因为你不想承担赖床的后果。但无论如何，不起床对你而言始终是一个开放的选项。其实，你不仅可以今天不起，甚至能选择天天睡懒觉。只要房子还没被房东或银行收回，赖床的选项就始终对你敞开。总之，无论起床上班多么难受，最终都是你的"主动选择"。

哲学家讨论的这种自由更接近于"行为的可能性"。你在寒冷的清晨睁眼起床，却也"原本可能"（could have）闭眼睡去。正是这点让你与机器人有着根本的不同。而这种可能性之所以构成了"自由"，是因为它为你提供了不同的行为选项。哲学家通常将这种自由称为"自由意志"（free will）。

- 某人在做某事时具有自由意志，当且仅当他此时原本可能不做此事。

起床的例子完全符合这个标准。起床体现了自由意志，因为在寒冷的清晨，人们"原本可能继续睡回笼觉"。你在"老老实实起床上班"和"不管那么多了继续睡"之间纠结。如果最后偏向了后者，就会倒头大睡。哪怕事实上选择了起床，你也"原本可以"不起床。

自由意志听起来不如"言论自由"和"恋爱自由"那么高尚，也不比"财务自由"令人垂涎，却是人之为人的重要基础。人之所以和机器不同，最重要的一点就是人有选择的自由。哪怕日常生活循规蹈矩，几点一线非常枯燥，我们依然比机器有着更多选择的可能性。

然而，在决定论的世界里，我们还有这样的自由吗？很多哲学家认为没有。

为说明决定论和自由意志间的冲突，让我们再次回到冬日的清晨。你睁开眼睛，挣扎着是请假睡觉还是起床上班，最终还是鼓起勇气起床上班。在你决定上班的瞬间究竟发生了什么？你的大脑经历了复杂的化学变化，其中的某一组神经冲动触发了"算了还是起吧"的决定。当然，你自己感觉不到这么精微的神经活动。在你的意识中，你只是"做了起床的主观决定"而已。但实际上，我们的行为总是对应着特定的客观神经状态。决定起床和决定睡觉时的脑波必定不同；如果你关掉闹钟继续睡，那么在你大脑中最后被触动的一定是另一组神经。

也就是说，如果你具有自由意志，那么在你当初决定起床的那个瞬间，原本可能是另一组脑神经——让你决定继续睡觉的那组神经被触发。

然而，决定论却不允许这种情况发生。既然当时活跃的是让你起床的神经，这组神经的活跃就一定有自己的充分条件：比如，你的其他神经状况、你的综合身体指标、周围的环境，等等。只要这些条件还在，决定你"起床上班"的神经就一定被激活。至于这些条件呢，它们又有自己的充分条件。于是，你其实根本没机会请假睡觉。无论怎么纠结、怎么反抗，你的最终决定已经被久远的物理链条固定。班是注定要上的。

（见图 7-1）

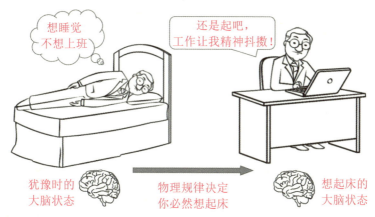

图 7-1　决定论：如果你起床上班了，你就注定起床上班

起床只是一个例子。决定论对自由意志的瓦解不限于某一个场景。根据决定论，我们"所有"的行为都早已被决定。并且，任何反抗都是徒劳的，因为就连反抗也会被决定。你反不反抗、怎么反抗、反抗多久，拉普拉斯之妖早就知道。人类自以为与机器不同，却也只是大自然造出的更加复杂的程序而已。

决定论对自由意志的这种影响让人措手不及，却不会去破坏其他的"自由"概念。除了"自由意志"之外，"自由"还有三个比较常见的含义。

首先，自由有"无人阻止"的意思。我们有聊天的自由、逛街的自由——因为没人阻止我们聊天逛街。反之，如果没有护照和签证，也就没有出国的自由。毕竟，海关的工作人员会直接把你拦下。

其次，自由可以指"无人惩罚"。"言论自由"通常属于这一范畴。人有没有散布谣言的自由？在"无人阻止"的意义上，的确有。只要言论监控的手段还不能瞬间把你禁言，你就始终"可以"发表任何言论。只不过，你会被事后追责。因言获罪，仅限于言论发表之后的惩罚。所以，对于散布谣言，人人其实都有"无人阻止"的自由,却没有"无人惩罚"的自由。

最后,自由可以指"无负面后果"。我们有没有立即辞职的自由?其实有:很少有人能直接禁止我们辞职,辞职不会带来法律上的惩罚。但在另一个层面上,多数人都没有辞职的自由。因为一旦辞职,就付不起房租或按揭,交不起孩子的学费。权衡之后,我们只得继续工作,并感叹道"等实现财富自由就好了"。

上述三个方面基本涵盖了日常生活中人们对"自由"的理解。这三个方面未必泾渭分明,我们也不会深究三者之间的具体关系。

只需注意:与"自由意志"不同,上述三者都不受决定论的影响。哪怕我们没有自由意志,也还有很多不被阻止、不被追责、不承担负面后果的自由。物理规律可能会决定某人必然在一个周五的傍晚逛街,此人却依然能自由地逛街而"不被阻止"。同样地,就算拉普拉斯之妖算出了你必定在某个寒冷的早晨起床上班——你没有不上班的"自由意志"——你也可能早就实现了财富自由,就算立即辞职也没生活负担。

这个结论或许会让很多人感到安心。就算决定论瓦解了自由意志,也不影响我们生活中最常见的自由概念。

可能有人会疑惑:既然如此,何必纠结于自由意志呢?没有了自由意志,大家依然可以享受逛街聊天的基本自由,并继续为实现财富自由而加班加点。仁人志士也可以继续为了理想而打碎一个又一个限制我们的枷锁。物理规律虽然决定了一切,却从不"限制"我们。既然如此,又何必妄想脱离自然规律的束缚呢?

然而,自由意志绝不是可有可无的。

人们毕竟常常自以为有许多不同的选项。除了"是否起床"这些生活点滴,还有很多更加重要的决定。去哪所学校、进哪家公司、读不读博士、结不结婚？这些都是生活中十分关键的问题。思考这些问题时，未来仿佛还有很多可能性。而我们自己也扮演了关键的角色——哪怕家人和社会对我们施加着影响，哪怕成长经历会让我们青睐某些选项，我们依然在抉择的过程中有着足够的话语权。

但如果决定论是真的，而自由意志并不存在，这一切都将是虚假的——我们永远没有任何选择。任何人都从未做过任何选择。

不仅我们的选择，就连世界本身的"可能性"也将被消磨殆尽。如果万物都有各自的充分原因，那么一切都将是"必然"的。很多人以为如果当初选择了不同的职业，人生的轨迹就有所不同。我们原本可能生活在另一个城市或国家。这些国家本可能是另外的样子。世界大战本可以避免，人类其实可以躲过很多灾难。这些都是我们关于可能性的常识。但如果世界是决定论，这些可能性都将是虚假的——游离于现实因果链条之外的情形从来不可能实现。

7.3.2 另外，你还是你行为的主人吗？

前文讲到，"自主"选择的能力是人与机器的根本差别之一。尽管人工智能的发展不断更新着我们对程序的理解，人与机器之间的鸿沟依然存在。我们的选择是"我们"做出的。不是别人，更不是外部环境。正因如此，一个人才可以真正对自己的行为负责。你扶老奶奶过马路，不怕碰瓷。这是"你"的选择，你也应该为此受到赞扬。另一个人对摔倒的老奶奶视而不见，这是"他"的选择，他也应该为此而受人责骂。

可到了决定论的世界，人类将不再是自己行为的主人。

让我们每天吃饭穿衣的不是我们自己，而是物理规律；让我们在疲倦中继续坚持工作的也不是意志力，同样是物理规律。所有这一切，都将与我们无关。

因此，当恋人套用决定论，把两人"注定在一起"的原因追溯至创世之初时，对方完全可以反驳："原来是大自然和物理规律让我们遇见，一切都是自然的功劳，那你究竟做了什么呢？你对我们的相遇完全没做任何贡献啊？有点儿担当好不好？把什么都推给大自然，你太让我没有安全感了！"

恋人的回答绝非无理取闹。哲学家甚至给这个想法取了名字，叫"源头论证"（The Origination Argument）。如果决定论成立，我们将不再是自己行为的真正作者。

源头论证

1. 某人 S 的行为 A 自由，仅当 A 由 S "产生"（originate）。（前提）
2. 如果决定论成立，则 A 最终由 S 无法控制的因素导致。（前提）
3. 若 A 由 S 无法控制的因素导致，则 A 不由 S 产生。（前提）
4. 于是，若决定论为真，则 A 不由 S 产生。（来自步骤 2 和 3）
5. 于是，若决定论为真，则 S 的行为 A 不自由。（来自步骤 1 和 4）

源头论证同样以自由意志为落脚点。

与前文对"可能选项"的讨论不同，源头论证不关心我们原本能否做出其他选择。相反，通过"前提 1"，源头论证对"自由"提了另一个要求：只有当某人自己产生一个行为时，他的行为才是自由的。

决定论又为什么会剥夺我们对自己行为的"控制"？前文刚刚提到，决定论不影响我们的日常自由——我们依然可以随心所欲地做很多事情而不被阻止，不被惩罚，不承担负面后果。所谓掌控一个行为，不也是类似的吗？我们可以支配自己的银行账户、选择自己喜欢的饮食方式、去自己想去的地方，等等。只要不做违背法律和道德的事，就没人会阻止我们。这难道不就是"掌控"自己行为的意思吗？决定论又怎么会破坏这种掌控呢？

为说明其中的原因，我们不妨把物理因果链条"向前"回溯。实际上，对于任何事情，我们都可以反复向前追溯其物理原因。这些因果链条常常可以追溯至我们出生之前。

回想清晨起床的情形。决定"起床"时，你的某组神经异常活跃。这组神经的活跃有其充分原因——包括当时周围的温度、你前一天晚上的饮食，以及你近期是否锻炼，等等。对此，你似乎可以说："我依然是自己的主人，能控制自己！"毕竟，如果你坚持锻炼，也没吃垃圾食品，就能在清晨保持更加强大的意志力。而在常识看来，你的确能控制自己锻不锻炼，吃不吃炸鸡汉堡。由此，"起床"的行为的确由你自己产生。

然而在决定论者眼中，常识错了。你并不能真的控制自己去不去健身房、吃不吃肯德基，因为这些行为有它们自己的充分原因，后者又复有后者的原因。反复向前追溯，我们可以回到你出生之前的某个夏天。在这个夏天中任取一个时间。这个时间点所对应的三维宇宙中必定蕴含了某个超级复杂的物理状态，这个状态充分地导致你会在之后的那个寒冷的清晨起床，起床后还不忘佩服一下自己的意志力。显然，就算你能控制近期去不去健身房，也控制不了自己出生之前的世界。

所以，源头论证的"前提2"成立。根据决定论，我们的任何行为都由无法掌控的因素产生。

源头论证的结论同样是我们在决定论世界中的"不自由"。自由的行为需要我们是行为的真正主人，并对行为有足够的控制力。决定论既然剥夺了我们对行为的控制，也就自然剥夺了我们的自由。

可能会有人问：自由真的需要我们主宰自己的行为吗？决定论强硬的观点虽然远远超出了常识对科学的期待，却也提醒我们尊重世界的物理基础。如果没有稳定的物理规律，宇宙根本不可能延续至今，我们也将无法行动。也许，健身房挥洒的汗水反倒会让你迅速增肥，而当你对肯德基说"不"的时候，一个汉堡可能会直接飞进你的嘴里。在物理不稳定的世界里，控制自己的行为更是天方夜谭。可见，物理规律和行为控制之间的关系比我们之前以为的复杂。我们或许不该把"行为控制"当作意志自由的条件。

我们不再追问自由和控制之间的关系。哪怕不再要求自由意志"产生"或"控制"行为，源头论证依然揭示了一个困境：决定论让我们无法有效地控制行为，这对人的自主性是一个毁灭性的打击。我们仿佛又能听到恋人的抱怨，"如果世界是决定论的，如果我们的相遇和所有相处细节早已被决定，你又做了什么呢？和我恋爱的是你，还是大自然啊？"

7.4 相容论与条件式：决定论和自由真的水火不容？

关于决定论与自由意志之间的争论已在学界延续了千百年。我们刚刚选取了"不相容论"（incompatibilism）的角度。不相容论认为：决定论和自由意志水火不容。只要决定论成立，任何人任何时刻都不自由；而只要某人在某时某刻自由，决定论就为假。

很多哲学家看不惯决定论和自由意志的惨烈战场，因而选择"相容论"（compatibilism）。相容论试图调和决定论与自由意志，认为决定论的世界中依然有自由意志的生存空间。

如何理解相容论的观点呢？根据最初对自由意志的定义，自由意志需要我们原本可能做出其他的行为。相应地，相容论者的观点即为：在决定论的世界里，即使某人在某刻做了A这个行为，他也本可能不做A。也就是说，就算宇宙只有唯一的因果链条，我们也能把"本可能做出不同行为"强行安插在这个链条之上。

相容论的愿望很好，实施起来难度却很大。因果链条早已被固定。既然所有的可能性都已被封闭，人又怎么原本可能做出不同的行为呢？对此，相容论者的经典武器是对"能力"概念的"条件式分析"。我们在第三章和第五章都介绍过条件式。条件式的基本形态是"如果……则……"，常常用于假象情形的推断。"如果我毁容了，你一定会找别人""如果你毁容了，我自戳双目也要和你在一起"，都是典型的条件式。对相容论者而言，条件式不但能够用于考验恋人的耐心，也能帮助我们分析"能做某事"这个概念。

- 某人在某个时刻"能做行为A"，当且仅当如果此人在此时想做A，就会做A。

把"A"替换成"喝水"这样的行为，能力的条件式分析就一目了然了。设想，小明晚上一直在苦读哲学。十一点整，小明渴了，而他的桌子上正好有一杯温水。我们可以显而易见地判断：小明在十一点时能喝水。这个判断是什么意思呢？无非是：在晚上十一点整时，如果小明想喝水，就会喝水。这里，"想"的意思是"决定去做"，和"想吃甜食""想玩手机"这类表达的用法十分相近。相反，条件式分析中的"想"不是"想念"或"思考"。这样看来，条件式分析十分符合常识对能力概念的理解。你能走路，能发呆，无非是指你想走路或发呆时，真的会走路或发呆。我们"能做"一件事情，不正是因为如果想做，就会完成这件事情吗？（见图7-2）

图7-2　能力的条件式分析看似很有道理

条件式分析究竟是否恰当，下文将会详述。我们亟须弄明白的是：为什么条件式有望调和自由意志与决定论？

再以"起床上班"的场景为例。我们回想，关于要不要起床，你抉择过程的最后一个步骤是什么？是起床上班的事实吗？应该不是。之所以起床上班，是因为你最终"决定"起床上班。在挣扎了许久之后，你终于"想起床上班"了。这里的"想"不一定是"愿意"——你也许非常不愿意起床上班。相反，"想"是你决定的结果。通过"最终想起床上班"了，你还是从温暖的被窝里爬了出来。

现在，相容论者会说：在你想起床的那一刻，神经信号已经被自然规律决定了。在那个瞬间，你注定会想要起床。但是不要紧！毕竟，你当时"如果"想继续睡，"就会"继续睡。就算物理规律把现实世界绑得严严实实，也不至于禁止我们讨论假设的情形。这就好像，一位热爱篮球的中学男生没能长高，于是感叹："如果我长高些、身体素质再好点儿，就有可能成为职业球员了。"这种感叹并不会让他真的长高，更没法把他送进球队，却依然可能正确——也许在所有那些"长高了"的可能世界里，这位男生都成了职业篮球运动员。对于"起床"也是如此。你当时注定会"想起床"，并起来上班，但这完全不影响我们说"要是当时不想起，就不会起"这个条件式语句。

而恰好，根据能力的条件式分析，"如果当时不想起床，就不会起床"这句话的意思正是"当时原本能不起床"！对假设情形的讨论，竟然直接影响了我们对现实之中"能力"的判断。

可见，相容论的条件式策略并不奢求改写我们被自然规律决定的事实。这个策略赋予我们"原本做不同选择"的能力，也不是通过在现实的因果链条中强行分叉出不同的可能情形。相反，条件式相容论者们保留现实的因果链条，并同时描绘出一些跟现实"平行"的、"互不相交"的可能性。而根据定义，这些跟现实互不相交的可能性，就直接构成了我们的种种能力。

条件式策略是否合适？它会不会赋予我们过多的能力和自由？

可能会有人担忧：无论条件式分析多么巧妙，也一定是错的，因为它居然能在决定论的世界里赋予我们不同的能力。肯定是哪里出了问题！也许是条件式的标准过于宽松了，赋予了一些我们根本没有的能力。

为了更好地理解条件式策略的标准，我们思考一个极端场景。设想，世界其实和我们以为的不同。虽然物理是真实的，我们也都有完整的身体，每个人的大脑却都早已被植入电极。我们看似自由，但所有的行为和思想都被一个超级计算机控制。那些我们"自主"做出的决定，都来自于计算机对脑神经的刺激。在一般人看来，这个世界中的人并没有自由意志。只要超级计算机还在运行，他们就绝不可能做出与现实不同的选择。不过，根据能力的条件式分析，这些可能性依旧是敞开的。比如，在某个时刻，超级计算机让某人决定起身喝水。起身喝水的行动由"想起身喝水"激活，而后者对应了计算机所触发的脑神经活动。可是根据条件式分析，此人仍然"原本能不起身喝水"。毕竟，"如果"他不想起身喝水——如果他脑神经的活跃方式不同，就不会起身喝水。而这正是条件式对"原本能不起身喝水"的解释。所以，在采用条件式策略的相容论者看来，哪怕我们每个人都是木偶，所有的行为都被牵制，我们也可以保留自由意志。

这个结论是否过于荒唐？如果条件式认为木偶也有自由意志，那我们应该把条件式关起来审问，而不是皆大欢喜地祝贺它挽救了自由意志。

很多哲学家的确有这个忧虑，我们也无意为相容论的条件式策略辩护。下面，我们会看到能力条件式分析的其他问题。不过，用木偶的比喻指责条件式策略并不公平。刚刚极端场景中的人类和木偶之间，依然有着一些细微的差异。木偶本身没有任何想法。傀儡师们直接控制的也不是木偶的想法，而是木偶的行动。哪怕木偶真的有想法，也没法按自己的意愿活动——明明想喝水，傀儡师却让自己躺下；明明想躺下，却又不得不跳舞。这是木偶"明显没有自由意志"的原因。而人却不同。

在刚刚的场景中，超级计算机仅仅激活我们的思想，却不强迫我们做任何行为。当我们想喝水时，就真的会喝水；想跳舞，就自然会跳舞。根据场景的设置，计算机不会在我们想喝水的时候逼我们跳舞，或者想吃饭的时候不得不跑步。让这样的我们具有自由意志，似乎并不那么荒唐。

于是，当恋人用决定论回答"我们怎么注定在一起"，却遭到"那你又做了什么"的指责时，可以诉诸能力的条件式分析："虽然大自然决定了一切，但我依然是自由的。在遇见你之前，我做的一切选择，最终都促成了我们的相遇。而做这些选择的时候，我完全是自由的——'如果'做出了不同的选择，我们就会错过。"

7.5 条件式能力分析的两个难题

以条件式分析能力概念是相容论者最经典的方案。我们刚刚看到，这个方案试图在决定论和自由意志之间的夹缝生存，并把两者黏合在一起。如果这个方案最终可行，我们就能同时保留决定论与自由意志。科学家们可以放心地做研究，宇宙不会忽然间崩塌；日常生活中的人们也不必因为科学的预测力而失去自由。

可惜，在夹缝中生存并不容易。能力的条件式分析有许多困境。其中最主要的两个困境分别是：一方面，能力不足以解释自由；另一方面，条件式也不足以解释能力。

现在，我们分别介绍条件式分析的这两个困境。

7.5.1 能做不同的事情,就算是自由?

条件式者认为"想做,就会做"是"能做"的定义。可是"能做"真的等同于"有做的自由"吗?自由仅仅存在于想和做之间吗?

至少,源头论证的支持者会否认这点。仅仅"能够做也能够不做",不等于行为的自由。真正的自由,需要自己产生行为。你清晨起床上班的原因可追溯至你出生之前的某个时刻。让我们假设:宇宙在这个时刻不满足决定论。相反,它有两种可能的走向:一种走向与现实相同,导致你在那个清晨起床上班;另一种走向与现实相反,你决定倒头睡回笼觉。从整体的过程来看,你的确满足"既可能起床也可能不起床"的条件。条件式分析甚至可以指出:你起不起床,取决于想不想起床,而你想不想起床,在物理因果链的历史上的确有两种可能性。可即便如此,你似乎依然不自由。在这个场景中,是否起床最终取决于宇宙在你出生前的那个遥远的时刻采用了哪条因果链。你对此却根本无法掌控。

木偶的比喻尽管不够准确,却足以澄清这个问题。

设想:一个木偶戏有两个版本。两者几乎相同,仅在木偶的某个动作上有所偏差。在第一个版本中,木偶会在某个时刻跑步。另一个版本中,木偶会在同一个时刻摔倒。至于演出版本的选择,完全由傀儡师决定——木偶没有任何发言权。那么,木偶在应当摔倒或跑步的时刻是否自由?无论演了哪一版,木偶的确都"原本能够做不同的行为"。我们甚至可以设想这部木偶剧有千百个版本。每个版本不仅在摔倒或跑步的时刻有所差别,后续的故事也都有自己完整的逻辑。在那个时刻,木偶也许会跑步,也许会摔倒,也许会坐下来喝茶,甚至望着天空说"我是木偶"。可是,木偶自由吗?并不自由。哪怕选项再多也不自由。因为无论有怎样的行为，它自己都不是行为的真正作者。

现在，我们从木偶的比喻回到现实。把傀儡师换成自然规律，把绳索从关节平移到大脑，再把木偶换成我们。自然界决定我们的大脑，正如傀儡师决定木偶的行为。木偶有很多"选项"，我们大概也有不少条件式分析所赋予的能力。但如果木偶不自由，凭什么我们是自由的？

7.5.2 究竟什么是"能做一件事"？条件式解释不清

条件式分析不仅挽不回我们的自由，甚至也不能解释"能做某事"的基本概念。

"能做"，就是"想做，就会做"吗？对于简单的任务来说的确如此。你能喝水，因为眼前有水杯的时候，你想喝水就会喝水。你能走路，因为你想走路就会走路。这些解释很有说服力：如果我们能做某事，那当我们决定做此事时就一定会做此事。反之，如果你能玩手机，却没玩手机，那一定是因为你并不想玩手机——你肯定有更重要的事情要做。

可是，当任务复杂时，条件式还能用于分析能力概念吗？

以打篮球为例。对业余爱好者来说，75%的投篮命中率已经比较高了。如果一个业余篮球爱好者投篮命中率达到75%，我们会说"他投篮能中""他会投篮"。如果用条件式分析他的投篮能力，会得出什么结果呢？条件式分析的支持者会说："如果他想投篮命中，就会投篮命中。"这个分析显然有些离谱。想投就投中？就连乔丹这样的顶级球星也做不到啊。"想投就投中"的境界已经不只是"人球合一"了，而是达到了"人球篮筐合一"的境界。只有百分之百的命中率，才符合"想投就投中"的标准。否则，只能算是"想投就很可能投中"。无论这个"很可能"的概率有多高，都已经违背了条件式的语法形式。

可见，我们平时对于"能力"的要求远远低于条件式给出的标准。

条件式要求百分之百的成功，能力却允许失败。乔丹不会因为某次投失了一个球就"不能投中"。我们对"能力"概念远比对条件式更加宽容。当然，有些运动员因为心理素质欠佳，在压力大的时候更容易失误。这样的心理状态或许会暂时剥夺当事人的能力。比如，当钢琴新手怯场，没法在台上演奏时，我们会认为他此时"不能演奏"。但显然，并非所有的失手都会剥夺相应的能力。乔丹的绝大多数投篮都展现了高超的技术和良好的心理素质。尽管如此，他的命中率也达不到百分之百。

对此，可能会有人疑惑：如果"能做某事"不要求我们百分百成功，我们又需要多高的成功率呢？回答这个问题，需要对"能力"概念进一步澄清。

"能力"概念是有歧义的。

当我们说一个人"能做某事"，标准可以非常低，低到对方只要"有可能"做某事就可以。你能从后场投篮投中吗？当然，如果你没力气把球扔那么远，就肯定不行。但只要你臂力足够大，的确有可能从后场投篮命中。要是不成功，就再试一回。投上几百次，总有一次能中。而当你侥幸投中了，就终于可以说："看吧看吧，我早就说过我能从后场投篮。"在这个意义上，"能力"只需要逻辑或形而上学的可能性。于是，我们不仅能从后场投篮命中，还能从十楼跃下不死。我们能中彩票、在股市里低进高出。励志型心灵鸡汤还会高喊"你也能成为首富"的口号。严格地讲，这类鸡汤也没错。在逻辑上，每个人都有可能成为首富。概率再小的"可能"，也依然可能。

当然，这类能力几乎毫无实践意义。我们绝不会期待篮球新手从后场投篮球进，也不认为随便什么人都能中彩或奋斗成首富。这些低概率事件不足以作为实际生活中值得考虑的因素。实践生活所考虑的，是"可靠"的能力。乔丹能投篮命中，是指他会可靠地投篮命中；熟练的钢琴家也能可靠地演奏曲目。所谓可靠，是指"在正常情况下，如果尝试就容易成功"。

- 某人能可靠地完成某行为，当且仅当在常规条件下，如果他尝试，就容易完成此行为。

乔丹在 NBA 常规赛季的平均投篮命中率在百分之四十九左右。这已经非常出色了。我们也就可以认为：在 NBA 赛场上的常规情况下，乔丹如果尝试投篮就容易投中。也就是说，乔丹"能投篮命中"。反之，把普通篮球运动员放到 NBA 赛场上，命中率一定极低。我们也就不会认为这位普通运动员"能投篮命中"。条件式所要求的百分之百，可以看作"可靠"能力的极端情形。我们之所以会通过"能喝水"和"能走路"等例子中挖掘出能力的条件式分析，无非是因为喝水和走路都太简单，多数情况下都不会出什么意外。如果一个人喝水总是呛着，走路总是绊倒，大概的确不会喝水走路呢。

不过，可靠的能力虽然不要求百分之百的成功率，却也不能太低。否则，就变成刚刚讨论的逻辑可能性了。那么，可靠能力要求有多高的成功率呢？"如果尝试，就容易完成此行为"。多"容易"才算是"容易"呢？很多哲学家发现，可靠性没有固定的标准。很多因素都会影响"可靠"的标准。

比如，"环境"或"条件"的选取就会影响我们对可靠性标准的判断。

在 NBA 的高强度对抗赛场上，百分之四十九的命中率已实属不易。乔丹的投篮能力因此被人们认可。可如果来到防守松散的业余球场，百分之四十九的命中率就远远不够了。在业余球场上，或许百分之七十五以上的命中率才满足"能投篮命中"的要求。低于这个标准，投中了也只是运气好，而不是能力强。可靠能力上述定义中引入的"常规条件"也正说明了这点。另外，就算能力再强，在非常规情形下失败多次也不足为奇。如果 NBA 比赛的现场狂风大作，场上的选手不仅没有放弃，还继续拼搏，乔丹也在其中。可惜，由于天气原因，乔丹屡投不中。整场比赛只得了 2 分，命中率不到百分之一。此时，我们是否应该嫌弃乔丹太弱，并相应降低他的平均命中率呢？答案是不应该。否则，这将对乔丹非常不公平。

除"环境"之外，我们看到"任务内容"的差异也和可靠性的标准相关。一般来说，"能投篮"只要求百分之六七十的命中率。"能走路"要求的成功率却接近百分之百。通常，任务越复杂，我们对"可靠能力"的要求也就越低。

综上，无论我们怎样解释"能力"，都与条件式分析不符。"可靠性"不满足"如果尝试就会成功"的标准，"可能性"能力更不满足。可见，条件式相容论者对自由意志的"能力"不仅无法应对"源头论证"，就连条件式本身的"能力"分析也存在缺陷。

7.6 或许，决定论根本和"注定"无关？

调和决定论与自由意志的方法不只有"如果想，就会做"这么简单粗暴的条件式分析。这里，我们不再深究决定论的话题。

介绍决定论的初衷,是为了解释恋人渴望的"注定"。恋人的"注定"不是简单的必然,而是充满了变数的尘世之中的必然。因果决定论似乎正是这种必然性的最佳注脚。

可惜,哪怕屏蔽了自由意志带来的困扰,决定论也不同于恋人所期盼的"注定"。

恋人们认定的"注定在一起",很少预设"万物皆有定数"。"注定相遇"的潜台词,是其他一切都是偶然,唯独相遇是必然。一般情况下,恋人从不要求现实的因果链条坚不可摧。如果一对恋人在某个公园的长椅上相识,他们"注定相识"并没有说:"那座公园必然存在,那把长椅必然空闲,你必在此时去,我亦必在此时去。"相反,恋人对"注定相识"的理解是——即使没有那把长椅,即使没有那座公园,即使我们各自的人生轨迹与现实不同,我们也必然相知相遇。

所以,恋人的注定与因果决定论的"必然性"机制完全不同。

决定论确保一个事件必然,是让其历史因果链坚不可摧。决定论只认可唯一的因果链,把所有可能的分支都修剪得干干净净。所有那些似乎对我们敞开的可能性,在决定论者看来都是幻觉。

而恋人的"注定"确保一个事件必然,是让所有可能的因果链条都汇聚于此。可能的因果链有很多很多,它们或者坚强或者脆弱。在恋人眼中,哪怕某一条因果链断了也不要紧,因为另一条因果链会导向相同的结果——即使两人从未经过公园的那只长椅,也必定会以别的方式相遇。

所以,决定论一开始就无法解释恋人渴望的注定。在哲学史上,与"注定"概念更加契合的理论,是"命定论"(fatalism)。

7.7　命定论：老天安排的，才算"注定"在一起

命定论认为，有些事情是注定的。无论我们多么努力地反抗都无济于事。

古希腊俄狄浦斯的悲剧是命定论最生动的注解。神话中，俄狄浦斯的父亲收到来自阿波罗的神谕，预言自己的孩子会杀掉自己，并迎娶自己的王后为妻。为避免悲剧的发生，国王将婴儿俄狄浦斯遗弃荒野。结果，俄狄浦斯长大成人，果然在毫不知情的情况下弑父娶母。国王想躲避被儿子杀害的命运，却恰恰因为尝试逃避而实现了阿波罗的预言。神谕一旦说出就不可改变。无论怎样努力，都挣不脱神谕的束缚。

俄狄浦斯的故事不仅是命定论的生动示例，也是这一概念的原型。许多东西方宗教神话都有命定论的影子，俄狄浦斯的故事则揭示了命定论的两个重要特点。

一方面，命定论不同于"万物皆有定数"。万物皆有定数，是指所有的状态早已注定。命定论则不然，每个神谕只提供一个预言。在俄狄浦斯的故事里，只有"弑父娶母"是注定的。至于俄狄浦斯什么时候，以什么方式杀害父亲，都不是固定的。阿波罗的神谕更没说俄狄浦斯身长几尺，有几个孩子，早饭爱吃什么，喜欢哪个颜色。

另一方面，在俄狄浦斯的故事里，人类再怎么努力也无法改变命运。所有的抗争都将失败。当然，神话对哲学概念的阐释或许不够详尽。如果在俄狄浦斯刚出生时就把他杀掉呢？如果俄狄浦斯的父亲先自杀呢？是不是"无论怎样"都无法避免神谕的应验？是不是杀掉婴儿俄狄浦斯的尝试也一定不会成功，自杀的选择也终将徒劳？俄狄浦斯的故事本身没有直接告诉我们这些。不过，对故事的主流解读认为的确如此——抗争命运

终将失败，无论怎样都不能改变结果。

从这个角度看，俄狄浦斯的命定论与东方的命运观不同。东方宗教中的命运通常指一个人生命的总体格局。它不仅在内容上相对模糊，也可以通过个人的修行而改变。我们将不会对东方式的"命运"做详细展开。既然能够改变，东方式的"命"也就不是必然的，也不太符合恋人对"注定"的期待。

7.7.1　命定论的机制：神谕凭什么成立呢？

俄狄浦斯的故事毕竟是神话，神话很少解释为什么。

为什么神谕不可避免？神谕的机制到底是什么？作为现代人，我们又凭什么相信神谕呢？对于神本身是否存在，我们不做讨论。唯物论者相信没有神，而有神论者观点相反。两者的争论在历史中延续了很长时间。这里，我们暂且假定命定论是正确的——假定有某些事情，无论我们怎么努力都无法避免。我们的问题是：这种必然性背后的机制是什么？命定论是否依赖神的存在？

因果决定论的机制非常清晰。万物皆有定数，是因为自然因果律。因果性是我们理解世界的根本原则。没有了因果性，我们就无法理解为什么气球会升天，苹果会落地。甚至当因果性本身不稳定时，世界也会随之扭曲而消失。

命定论的机制又是什么呢？俄狄浦斯的故事并没有详述。阿波罗说俄狄浦斯弑父娶母，俄狄浦斯果然弑父娶母。神谕为什么有这样的威力？哲学史上对于神谕机制最全面的解释来自于基督教。基督教认为上帝全知全能至善，世上所有的一切都由上帝创造。这样完美的形象虽然与希腊神话中的神灵不同，但至少为我们提示了两种实现神谕的可能途径：第一种解释诉诸神的全知，第二种诉诸神的全能。

所谓全知，就是什么都知道。任给一个命题，上帝都知道其真假。

全知为什么会对人的命运产生影响？这是因为，上帝如果全知，就必然知道未来的事情！如果一个人在 1900 年遇见了上帝，问："未来的一百年内，世界会爆发全球性的战争吗？"上帝一定会回答："会的"。上帝不能回答"不会"，更不能回答"不知道"。不然，他就不再是全知的了。在考察时间概念的时候，我们提到：对很多 A 理论而言，未来不存在。相应的，我们也就不可能具有关于未来的知识。这种限定并不适于上帝。按照基督教的主流解释，上帝是超越时间的存在者。上帝不与我们一同经历"过去""现在""未来"，也就不会受到"未来不存在"的限制。而既然未来对上帝而言存在，他的全知也就覆盖了未来的所有细节。

更重要的，根据第二章讲到的 JTB 框架，知识蕴含真理。如果一个人"知道"一件事情，这件事情就必须是真的。上帝的知识也要满足这个条件。所以，如果上帝在 1900 年知道十几年后会爆发世界大战，世界大战就的确会爆发。不然，上帝也就不再算是知道世界大战是否会爆发，并失去全知的特点了。

神的"全知"是很多宗教神话的主题。即使达不到事无巨细的全知，神的认知范围也远远超越了人类。神不仅知道过去，也知道未来。以"全知"进行解释，阿波罗的预言不能避免，是因为他早早地"知道"了俄狄浦斯将会弑父娶母。阿波罗早早地看到了历史发展的各种不同，得出"俄狄浦斯弑父娶母"的结论。因为这一想法构成神的知识，必然为真，也就无法避免。

可是，用知识解释事实，不是颠倒了因果吗？事实决定了我们知道什么，而不是我们的知识决定了什么是事实。就算全知的上帝也不应修改知识的这种本质。

但实际上，以全知解释神谕与其说是颠倒了因果，不如说没有为神谕的具体机制提供任何说明。以神的知识阐释神谕，无非是指：神看到了世间运行的各种可能，而当神发现某些事件无可避免地出现在所有的因果链条中时，就会做出预言。根据这个解释，阿波罗发现无论俄狄浦斯的父亲怎样挣扎，最终都逃不过被儿子杀害的命运。因此才做出了预言。在这一过程中，神本身并不参与人类的命运。神只是静静旁观，不推动，也不阻止。至于哪些事情是注定的，以及为什么注定，都不由神所决定。所以，"注定的必然"只是众多巧合的汇聚。俄狄浦斯的悲剧不仅在于"不可抗争"，更在于"无可抗争"。没有任何人诅咒俄狄浦斯，谁也没亲手陷害他的父亲。俄狄浦斯一家，只是非常的倒霉而已。

不过，对注定的这种解释并不令人满意。

如果一个事情注定发生，它就值得一个解释。我们的确知道，世界上有很多的巧合。加班太晚恰好错过末班车，生日野餐被冰雹砸中，初恋是自己失散多年的妹妹，而自己其实是父母领养的孩子所以又跟妹妹没有血缘关系。这类巧合的发生完全不难理解，我们只需接受现实。然而，"注定"可不仅仅是巧合！注定不是一个人碰巧遇见另一个，而是"必然"碰巧遇见另一个。这等于是说：在任何一个可能世界中，你都会错过班车，生日聚餐时都会下冰雹，你的初恋一定是自己的家庭成员，又肯定和这个成员没血缘关系。对此，"巧合"实在是说不过去了。最好的解释，是有人在针对你，想让你难堪，用尽一切手段整你。不然，你又"为什么"注定倒霉呢？当神静静地观察世间因果，发现所有的链条都汇聚到同一个结局，竟会说这背后没有任何隐藏的原因？

外力介入，以确保结果发生，这恰好是基督教神学对神谕的另一个解释。

上帝不止全知，而且全能。如果上帝有意完成一件事，这件事就一定会发生。人类的能力或许总是有限的。再伟大的篮球运动员也可能投篮失手。上帝则不然。上帝全能，是指无论任何事情，上帝只要想做就会百分之百成功。所以，如果上帝从后场投篮，球却没中，那一定是上帝当初根本就没想投中。如果想投中，上帝不用伸手都可以直接让球飞进篮筐。

的确，很多哲学和神学家们认为上帝会介入现实的物理世界。宗教典籍中记载着很多上帝与先知的交流，以及上帝向世人展示的奇迹。更多的时候，上帝则隐藏在日常的物理世界之后，用人类难以觉察的方式安排着世间之事。但无论怎样，既然上帝全能，他想完成的事情就"注定"会发生。这种注定，不需要经过自然规律的传导，而是直接通过上帝的能力实现——上帝这么强大，又怎么会被物理规律所限制呢？

这大概是我们到目前为止对"注定"最完整的解释了。因此，面对"你说说，我们怎么就注定在一起的"的问题，恋人可以回答："是上帝希望我们相遇的，他希望我们相遇，于是我们就相遇了。"

当然，这个解释会激怒无神论者。而如果提问的恋人恰好是无神论者，就一定会追问："上帝？你见过上帝吗？是上帝跟你说安排我们见面的？"就算因为对方不是基督徒，而改口说是"老天爷安排的"也不行。毕竟，如果没亲眼见过上帝，也一定没亲眼见过老天爷。用宗教和神话来回答"我们怎么注定在一起的"，明显是在敷衍对方。

虽然绝大多数人都是无神论者，但上述抱怨都可能有失公允。因为世界上没有神，所以不能用神的介入来解释"注定"

的含义吗？可也许，"注定"这个词本身就预设了有神论的世界观？尤其，当恋人们说自己"注定在一起"时，难道没有在各自的心灵之间隐隐地设想出一条命运的红线？

7.7.2 有神才有"注定"吗？上帝、老爸、月老

我们看到，"注定"的必然性不是数学的必然性，也不是物理规律的必然性。相反，"注定"来自于外力的介入。基督教的"上帝全能"，就是对"注定"非常恰当的一个解释。

现在，继续来问：无神论者究竟能不能谈论"注定"？"注定"需要怎样的外力介入？

为了说明这点，让我们想象：男生暗恋女生多年，可总是找不到恰当的时机，女生甚至连男生是谁都不知道。男生为此愁苦不堪。好在，男生的老爸神通广大，说，"儿子别担心！爸来安排。"老爸千方百计为儿子创造了很多机会。最后，男生和女生顺利走在一起。男生的老爸确实厉害，他有百分之九十九的把握让两人恰当地相遇相知。虽然比不了上帝，这样的老爸已经很能干了。

在这种情况下，男生和女生的相遇相知算不算"注定"？似乎不算。如果女生问起，"我们究竟怎么注定在一起"，男生一定不好意思回答。万一女生知道了真相，很可能感到恼怒。"好啊，原来你在用老爸算计我！"

女生的立场与对方是不是求助于自己的"老爸"无关。哪怕是一个路人得知男孩苦闷，决定帮他，男生和女生的相遇也不算"注定"。女生同样会觉得被算计，被安排。在男生说出真相之后，女生并不会开心。"哦，知道了。"这已经是她最礼貌的回答了。

为什么对方老爸或路人的安排不算"注定"？凭什么嫌弃对方的老爸或路人呢？是因为他们和上帝相比，能力不足吗？显然不是。我们已经假设：老爸神通广大，能以极高的把握让男生和女生恰当地相遇相知。而百分之九十九和百分之百之间的微小差别，似乎不足以区分一个事件的发生算不算注定。

所以，最可能的解释就是：老爸和路人的安排都不算注定，因为他俩都不是神。

为了证实这个猜想，我们再考虑另一个场景：月老是神，他的工作是给恋人牵线。如果两个人被月老看上，月老就会想方设法地让他们相遇相知。但是，月老业务能力一般，也非常糊涂。他牵的线常常因为各种因缘际会被扯断，有时还会缠在一起。最终，只有不到三分之一被月老看重的人会走到一起。那么，当男生和女生因为不靠谱的月老牵线而相遇相知，算不算"注定在一起"呢？答案似乎是肯定的。至少，恋人要是得知了关于月老的实情，大概不会懊恼，反而会给月老发一面"工作勤勉"的锦旗。（见图 7-3）

图 7-3 也许，"注定"只要是神仙保证的就行，无论靠不靠谱

上面的概念分析告诉我们："注定"的本质并非仅仅是"偶

然中的必然",也不需要全能的上帝确保万无一失。相反,"注定"只要求神性的介入,要求在缤纷混乱的世界之外有某种力量的牵引。"注定"披着神性的外衣,因为它的来源或许本就不在尘世之中。

可惜,多数无神论者未曾想到这点,却依然天真地问"我们是不是注定在一起"。对此,恋人既不能说"没有什么是注定的",也不能说"没错,是老天安排我们在一起的",更不能没头没脑地问"你相信上帝吗?"这样看来,如果对方是无神论者,任何答案都不会令人满意呢。

7.8 小结

通过帮恋人回答"我们怎样注定在一起"的问题,本章讨论了和"注定"十分相关的两个哲学话题:物理因果决定论与神谕。这两个话题分别涉及人类的自然理性与宗教信仰。物理因果性是很多基础科学研究的假设。虽然我们的计算能力有限,很多人却相信科学终究能够在原则上解释一切现象。至于神对世间的介入,同样是有着基督教传统的西方哲学绕不开的话题。

因果决定论的主要困境之一,是取消了人的自由意志。我们此前对自由意志的解释选取了两个方面:一是"原本能做不同的选择",二是"能控制相应的行为,是相应行为产生的来源"。根据第一个方向,某人在某时做某事"自由",当且仅当他在此时原本能够不做此事。而根据第二个方面,某人自由,当且仅当他的行为完全由他所控制和产生。这两个方面虽然对人提出了比较高的要求,却仍然反映了我们对"自由意志"的朴素理解。人与机器不同,难道不恰恰是源于自由的这两个方面吗?

可惜,"原本能做不同的选择"和"是相应行为产生的来源"很难在决定论的世界里成立。我们也就不得不在自由意志和决定论之间做出选择。相容论则认为两者可以兼得。为此,就需要重新解释"原本能做不同的选择"和"是相应行为产生的来源"的含义与标准。怎样实现相容论的愿景,哲学家们至今没有定论。

虽然物理决定论与上帝介入的哲学话题本身与"注定"并不完全重叠,两者却能帮助我们深入理解"注定"的内涵与条件。通过一系列概念分析,我们发现"注定"其实并不要求偶然世界中的"必然"。相反,"注定"仅仅要求"神性的介入"。如果我们的分析不错,"注定在一起"的美好来自于它的神话想象。而那些愿意相信彼此注定相遇的恋人们,其实是愿意相信自己生活在神话之中。

伦理学

第 8 章

你当初居然还有别的选择？！

章节要点：
- 道德责任
- 道德与自由意志的 PAP 原则
- 法兰克福思想实验
- 一阶自由与高阶自由

8.1 作为对方的唯一选择，或许是件可悲的事？

恋人都希望自己是对方唯一的选择。如果对方当初有很多恋爱的候选人，而你只是其中之一，那你一定会心有不甘。"我居然不是你当时唯一的选择？！"这句话能把对方问得哑口无言。如果对方坦白"没有啦，其实还有别人心仪，但最后选了你。"这样回答肯定是死路一条。恋人追问起来，甚至能要求对方跨越阿格里帕的三难困境证明"喜欢自己"，又怎么会容忍对方当初有二心呢？

所以，标准答案显然是："绝对没有，你就是我当初唯一的选择！"

这个答案听上去非常安全。要知道，对方肯定遇见过不止一位异性；自己却仍然是对方"唯一"的选择，这说明自己远远优于他人。可问题又来了：自己是当时唯一的选择，不是说明对方当初是"没的选"吗？因为没的选而和我在一起，这太可悲了！想到这里，恋人觉得悲哀，于是追问："所以，你当初和我在一起是因为没得选了？"

此时，对方还能怎么办呢？是坦白"你不是我当初唯一的选择"，还是承认"当初和你在一起是没的选"？这两个情形似乎穷尽了一个人在恋爱之初所有的可能性。然而，两个选项都是死路一条。

可见，恋人渴望成为"对方当初的唯一选项"，这本身就充满了矛盾。一方面，作为唯一选项的好处确实不少：它提供安全感、归属感，甚至意味着对方喜欢的一定是自己"本人"。

但另一方面，自己是对方的唯一选项，就意味着对方其实没得选。上一章提到，当一个人只有唯一的行为选项时，他也就并不自由。因此，就算对方和自己在一起了，也不是对方"本人的决定"。这个结果，大概比和众多恋爱的候选人竞争更要让人不堪。

为了澄清"唯一选项"的这种悲哀，我们需要做一些补充说明。

首先，我们假设：男大当婚女大当嫁，人在合适的年龄都要恋爱结婚。到了恋爱的年龄，如果遇到三位可能的对象，就从这三人中选择。而如果只出现了一位可能的对象，就选择这一个人。只有这样假设，才会得出"选择唯一选项是没的选"的结论。

很多人可能会质疑：不对，就算世界上只剩一位异性，你也可以选择单身啊。"若为自由故"，生命和爱情皆可抛。生命都可抛，"男大当婚女大当嫁"又算得了什么？不过，让我们稍微宽容一些。对很多人而言，恋爱和婚姻是人生的必备。"独身"的退路虽然始终开放，很多人却不想孤独终老。这些人也就不会把独身当作切实可行的选项。就算我们善意地鼓励，"怕什么，剩男剩女们多着呢"，也应该承认：任何人都可以拒不接受独身的退路。对他们而言，在恋爱的年纪如果只遇到一位适合的异性，对方就会是自己的"唯一选项"。况且，即使事先拒绝了单身的可能，成为对方"唯一选项"也应该是美好的。

另外需要注意，不自由未必等于不开心。

人们常常兴高采烈地接受自己唯一的选择。如果一个爱吃薯片的人饿了，眼前又出现一包原味薯片，他就会抑制不住地撕开包装吃起来。这一过程中没有任何的不情愿。当然，如果他还看到了烤肉味和黑椒味薯片，就会选择这些，并且吃得更开心。但这并不意味着他只有原味薯片时就不开心。同样，如果两个人互为对方的唯一选项,也可以非常开心地在一起。没有任何不情愿。

情不情愿、开不开心,涉及的是"没有人阻止"的行为自由。"行为自由"(free act)是指当一个人想做一件事情时就能做这件事。想出门就出门,想看美剧就看美剧,想吃薯片就吃薯片。这是一个人行为的自由。而开不开心,最关键的就是想做一件事情时没人阻止,能完成这件事。因此,当恋人走近自己的唯一选项时,完全能保留行为自由——如果想追求对方,就会追求对方。

而反之,面对唯一选项时,我们可以认为恋人并没有"自由意志"。上一章特别强调,自由意志部分要求我们"原本可能做出不同选择"。如果像刚刚那样事先封闭了独身的可能,那么恋人在面对自己的唯一选项时,就"只会想到跟对方在一起",完全没有其他的可能性。

自由意志在恋爱中非常重要。如果没有自由意志,一个人的行为就很难算作他"本人"的选择。"源头论证"特别指出:一个人行为如果是自由的,就必须由行为主体本人所"产生"。而如果一个人的行为最终取决于此人出生之前的某个物理状态,他也就无法产生或控制这个行为。同样,当面对自己唯一的爱情选项时,人会选择"在一起"。可"面对唯一选项"这个情形并不来自于自己,而是此前某个不可控的遥远物理状态。因此,就算和唯一的恋爱选项走在了一起,这个选项也不是一个人"本人"做出的。

下面这个场景比较夸张地描绘了"唯一选项"的悲哀:一个女生喜欢一个男生,男生对女生无感,女生很伤心。女生的一位闺密会用蛊虫。见女生伤心气不过,就对男生下了蛊。在蛊虫的作用下,男生对女生心生好感。女生很开心,两人快乐地走在一起。我们假设：蛊虫只改变男生的想法，而不控制他的行动。因此，男生保留了行动自由——他"想"做的事情，基本都能去做。尽管如此，他还是失去了"是否喜欢这个女生"的意志自由。喜欢，是他唯一可能的想法。（见图 8-1）

图 8-1　中了蛊，男生的选择就不是他"自己"的了

可万一女生得知了真相，会高兴吗？

跟喜欢的人在一起的确快乐，但女生难免心生凄凉。她会觉得，当初喜欢自己的，并不是那个男生本人。我们也可以反问：如果蛊虫后来失灵了，男生回过神来，不再喜欢女生了，我们可不可以骂是"渣男""负心汉"呢？我们或许可以怪他"伤了对方的心"，却不能说他"反复无常""出尔反尔"。毕竟，当初和女生在一起的想法也不是他本人的。他也就不必真正为这个选择负责。

现在，让我们把这个场景换回"唯一选择"的情形。没有闺密，也没有蛊虫。新场景只是把女生设定为男生的"唯一选择"。此时，男生虽然没有被任何人直接控制，却已被自己所处的环境间接控制。没有其他合适的恋爱对象，男生也就只可能喜欢上这个女生。

从自由意志的角度看，两个场景的本质相同。无论外力介入，还是唯一选择，都封闭了男生所有其他的可能性。所以，如果蛊虫让男生的选择和他本人无关，唯一选择同样可以免除男生的责任。

8.2　自由意志与道德责任

关于唯一选择的担忧并非杞人忧天。很多哲学家都曾担心自由意志的缺失会瓦解道德责任。如果一个人完全没有自由意志，也就不必为自己的行为后果负责。很多科学家都持有决定论的立场。世界是决定论的，否则自然科学的解释力会大打折扣。然而，决定论与自由意志互不相容。这样带来的后果是：如果道德责任预设了自由意志，决定论就会消解我们的道德责任。任何人对任何事情都不必负责。因为，行为的来源不再是自己，而是物理规律和外部条件。这也是"唯一选择"给恋人带来的困扰。

8.2.1　PAP 原则：不自由，就没责任！

道德责任是很多人类社会现象的基础。如果没有了责任，人类世界将会非常混乱。

无机的物理世界的确不需要责任。陨石撞击月球，把月球表面撞得坑坑洼洼，月球也没法怪罪。就算我们觉得月球变丑了，也不会责罚陨石。无机世界的事情，只是"发生"和"不发生"而已。这里根本没有责任概念的位置。

　　人类社会之外的有机世界也基本谈不上责任。你养的猫吃掉了邻居家的鸟，邻居过来抱怨。你能做什么呢？打它，不给它吃东西吗？这样或许会帮邻居解气，但并不是猫"应得"的。猫毕竟什么都不知道，只是遵从本能吃了只鸟而已。既然猫完全不懂什么是"邻居"，什么叫"宠物鸟"，自然也无须为吃鸟负责。在猫的眼中，"铲屎官"被陌生邻居臭骂一顿实在是莫名其妙。同样地，如果猫吃完邻居的鸟之后又若无其事地走进卫生间，把你的卷纸都撕烂了，你也不能怪罪。如果你实在气不过，可以惩罚它，让它下次记住。可是，这种惩罚只是一种"训练"，相当于告诉它，"你不可以这样调皮。"无论怎样，惩罚都不是因为猫"做错了"。猫不需要"承担责任"。

　　人类社会则完全不同。我们从小就被教育要为自己的行为负责。好好学习，天天向上。考试前认真复习，不可以作弊。如果平时懒散，考试前也不用功，那么考砸了就是"我们"的责任。铤而走险作弊被抓的话，更要为这个错误负责。类似的，如果你通过努力在某个领域取得卓越的成绩，人们也会认为这是你"应得的功劳"。而如果世界上本没有"责任"，所有这一切都将是幻觉。维系人类社会的许多环节都将不复存在。

　　尤其严重的后果，是法院将不再有权对任何人进行审判。

　　"罪有应得"是法律背后十分朴素的观念。当然，法律的主要功能之一是警诫和规训：不可以犯罪，因为犯罪会遭受相应的惩罚。警诫和规训的逻辑或许并不预设责任概念。哪怕罪犯对自己的罪行没有任何责任，法院也可以为了警示他人而进行审判。可是，法律的功能不限于警诫。如果没有了"善有善报，恶有恶报"的朴素观念的支撑，法律也将失去公正的基础。法律公正，在于给不同的罪行以相应的惩罚。而这恰恰要求人们对自己的行为负责。一个人谋杀另一个人，跟一颗陨石在月球表面砸一个坑，本质完全不同。我们不会怪陨石破坏了月球的容颜，却完全可以把受害人的死亡归罪于凶手。

前文讲到，道德责任预设了意志自由。如果男生因为蛊虫而喜欢一个女生，他"本人"就无须对此行为负责。只有当一个人面对的可能性不止一种时，他的选择才算是"他的"选择。否则，如果一个人事实上只能做一件事情，又怎么为其中的利害负责呢？对于自由意志与道德责任之间的这种关联，哲学家通常称为 PAP，即"其他可能原则"（The Principle of Alternate Possibility）。

- PAP：某人对某行为负责，仅当他在当时原本可能不做此行为。

PAP 是关于道德责任与意志自由的非常质朴的观点。对于那些"事实上只能如此"的行为，我们无可问责。绝大多数罪犯在行凶时都有"不行凶"的选择。我们由此才可以对其罪行问责。比如，那些在侵略战争中"只是服从命令去屠杀"的官兵可以被定罪，是因为他们其实"原本可以不服从命令"。

可一旦我们接受了 PAP，决定论就会带来前所未有的麻烦。前文讲到，决定论对自由意志构成挑战。根据决定论，如果某人在某刻做了某事，他就不可能在此刻做不同的选择。而既然道德责任预设了自由意志，决定论的世界也就容不下道德责任。

8.2.2　相容论者来救场？

上述结论是不是过于草率了？毕竟，决定论未必真的排除了所有的自由意志。相容论者认为，决定论不影响自由意志的存在。若是能力的条件式分析最终可行，我们就算在自然规定了一切的世界里也"原本能够"做出不同的选择。而既然原本能够做出不同的选择，我们也就需要为自己实际的选择负责。

可惜，就算我们按接纳能力的条件式分析，也无法从决定论手中挽回 PAP 所要求的"其他可能性"。

条件式分析的对象是"能力"（ability）。PAP 谈论的则是"可能性"（possibility）。"能做某事"与"可能做某事"在概念上并不完全一样。能力总是某个人的能力。一个人能不能爬山、弹钢琴，是关于他自身的一些特质。所谓一个人"原本能在某刻做不同的事情"（could have done otherwise）的说法，也是关于他本人的特点。PAP 不同。PAP 关心的是与现实世界不同的可能性。两者之间有着比较微妙的差别。回想，在决定论的世界中，你必定在某个寒冷的清晨起床上班。相容论者认为，你当时"原本能够不起床"——只要你不想起，就不会起。可是，"你当时没起床"的可能性真的存在吗？根据我们的直觉，似乎并不存在。决定论的世界无论如何只允许一种可能性。哪怕你当时具有某种不起床的"能力"（ability），都不存在你当时赖床不起的"可能性"（possibility）。总之，能力与可能性在概念上虽然相似，两者对于物理决定论的反应却并不相同。

从"道德责任"的角度看，就更会发现条件式分析挽不回道德责任提供的空间。当男生被下了蛊，喜欢上原本无感的女生时，的确符合相容论者的判断：他原本能不和这个女生在一起，因为他"如果不想"，就"不会"和她在一起。可男生真的就因此对自己的选择负有了责任吗？并不会。女生知道真相后依然会伤心。男生要是在蛊虫失效后离开，也不该背负"出尔反尔"的罪名。

因此，为了避免混淆，我们需要更精准地理解 PAP 的表述。PAP 的实际内容不是"某人对某行为负责，仅当他在当时原本'能够'做此行为（could have done otherwise）"，而是"某人对某行为负责，仅当他在当时原本'有可能'不做此行为（it was possible for him to do otherwise）"。所以，根据 PAP 原则，相容论的条件式分析也没法从决定论的世界里拯救道德责任。

8.3　法兰克福：好在，决定论的世界里也不能乱来

但 PAP 真的正确吗？道德责任是否预设了我们做出不同选择的可能？当代著名哲学家法兰克福（Harry Frankfurt）对 PAP 提出了一系列批评。

我们先看一看法兰克福所举的 PAP 的反例，再来考察他对道德责任的解释。

8.3.1　有人偷偷逼你作弊，你要不要作弊？

设想，小萌是一名学生，正在考试。考试太难，小萌有题不会做。犹豫了许久之后，小萌在某个时刻 T 决定作弊。于是，她看了一眼同桌的答案，并最终顺利考过。在常识看来，小萌的作弊行为完全来于她自己的意愿，没人逼她。所以，小萌应该为作弊行为负责——是她本人做错了这件事。如果被监考老师抓到，她也应该接受相应的惩罚。

但继续假设：实际上，小萌的脑中早已被悄悄地植入了电极。电极由小坏操控。小坏讨厌小萌，所以希望她考试作弊被抓到。不过，小坏不想亲自动手。他的计划是：如果小萌在时刻 T 还没作弊，就激活电极，让她想作弊。反之，如果小萌在时刻 T 为止主动想作弊了，电极就不会被激活，任由她自己犯错。

在这个场景中，小萌注定会作弊。无论怎么选择，她最终都会作弊。关于"是否作弊"，小萌在这个场景中并没有自由意志。她尤其没有 PAP 所说的"其他的可能性"。只不过，小坏事实上并没有激活电极。小萌作弊的行为始终和小坏无关——她的决定来自于自己。

法兰克福指出：直觉上，小萌虽然没有自由意志，却依然应该为自己的行为负责。电极的植入虽然限制了小萌的行为选项，却完全没有参与她具体的抉择过程。小萌作弊的想法由她自己产生，作弊的行为也来自这个想法。所以，小萌完全无法摆脱责任。如果小萌得知实情后想为自己开脱，"不怪我哦，反正电极都准备好了，我想不想都会作弊"，我们一定会觉得小萌强词夺理，推卸责任。

上述场景被称为"法兰克福式情形"。

法兰克福式的情形包含下述两点：一方面，主人公在没有外力介入的情况下决定做一件事情，并因此完成这件事情。另一方面，主人公的抉择过程其实早已被人监控；如果在相应的时刻即将做出不同的选择，意愿就会被控制。总之，主人公只可能做出唯一的选择。只不过，实际的抉择过程本身并没有受到来自外部的影响。

法兰克福认为在这类情形中，主人公虽然不自由，却仍然要为自己的行为承担责任。因此，PAP 错了。道德责任并不要求我们有可能做出不同的选择。

现在，我们把法兰克福式的情形移到恋爱的话题上。

男生无感，被女生的闺密下了蛊。显然，如果男生是在蛊虫的作用下才喜欢上女生，他的确不必对自己的承诺负责。但假设，男生在恰好在中蛊之前主动喜欢上了女生，闺密并没用到蛊虫。法兰克福会告诉我们：这种情况下，虽然男生最终并没有选择的自由，他的行动却完全来自于他本人。女生如果知道了真相，也绝不会大发雷霆。她大概只会提醒男生今后小心别中了蛊，并好心劝闺密避免非常规手段。而男生呢？要是之后依然选择离开，就是名副其实的"负心"了。（见图8-2）

图 8-2 没中蛊，就要对自己的选择负责，哪怕其实没有"别的选择"

8.3.2 唯一选项好不好，要听对方的"解释"

同样的不自由，同样被剥夺了其他可能性，为什么法兰克福式场景下的主体就有责任，而电极或蛊虫刺激产生的行为就没有责任？如果PAP是错的，那么道德责任的基础究竟来自于哪儿？

法兰克福认为，电极或蛊虫是否被激活所带来的主要差别，是我们怎么"解释"当事人的行为。如果电极和蛊虫没激活，那么小萌作弊的主要原因就是"想作弊"，而男生选择女生的主要原因就是"喜欢"。反之，如果激活了，小萌作弊的原因就变成了"小坏在捣乱"，男生选择女生的原因就变成了"被女生闺蜜下了蛊"。在第一组情况下，行为的主要原因来自当事人的意愿，所以当事人承担责任。而在第二组情况下，行为的主要原因是外部力量的控制，所以当事人没有责任。

"解释"（explanation）是哲学和日常生活当中非常重要的概念。

人类几乎所有的理性活动都有解释的参与。物理学家看到苹果落地，问，"苹果为什么落地？"亚里士多德会说，那是因为"地面"是苹果在宇宙中最自然的位置。牛顿会说，苹果落地是因为万有引力。这些都是物理学家对自然现象的解释。除了物理学之外，化学是对化学现象的解释，心理学是对心理现象的解释，社会学是对社会现象的解释。而解释一件事情，就是澄清它背后的因果链条。比如，苹果落地的原因是万有引力，蜡烛燃烧的原因是氧化反应。解释苹果的下落、蜡烛的燃烧，就是提炼这些因果链条。

另外需要注意，"链条"的说法其实还不够严格。链条由一个个简单的环节依次串起。每一环只有唯一的要素。我们完全可以用"A，B，C，D……"这类序列表达因果链条。其中，D 是 C 的原因，C 是 B 的原因，而每个字母只对应一个单一状态。可实际上，因果关系非常复杂。A 的原因可能不只有 B，而是同时有 B1、B2 等很多平行的原因。比如，苹果落地的原因除了万有引力，还包括"没被采摘""没被人用手接住""空气密度没有大到能让苹果浮起来""地球没有爆炸",等等。所有这些都是苹果落地的原因。只要这些条件中有一个不满足,苹果就不会落地。而显然,如果把这些复杂的因素都强行镶入因果链中的某一环,这个环将会又大又丑。所以,很多哲学家抛弃了"因果链"(causal chain)的说法,转而谈论"因果域"(causal field)。

如果真实的因果关系是"域"而不是"链",对"解释"又有什么影响呢?实际上,无论真实因果关系如何,人类的理性往往只能进行简单的线性说明。苹果落地是因为万有引力,这已经是对苹果落地非常恰当的解释了。如果有人非要说,"不行,还得强调苹果有没有人采摘,空气密度多少,地球有没有爆炸",那他一定会被嫌弃啰唆、"杠精"无疑。也就是说,生活中的大多数解释都只是在因果域中抓取了"最显著"的因素。没人采摘、地球没爆炸,这些因素在苹果落地的因果域中非常次要,不值一提。它们通常也就不会出现在"苹果落地"的因果解释中。

那么,究竟哪些是主要因素,哪些是次要因素呢?

很多哲学家认为,主要和次要因素的差别取决于不止一个条件。其中,场景的细节和已知的信息尤其重要。比如,一起车祸发生的原因是什么?如果我们只知道"车祸"两个字,最可能的解释就是司机的大意。司机疏忽大意对于车祸的成因最为关键。可现在,假设车祸地点是交通事故的多发地段。有了这个信息,我们就会倾向于把车祸的首要原因归咎于道路规划的缺陷。但我们再假设司机喝了酒,行车不稳。此时,车祸的主要原因又回到司机本人。总之,一个事件怎么解释与它的细节及我们已知的信息相关。

回到之前的恋爱主题。在法兰克福式的场景中,男生对女生无感,但随后自己主动喜欢上了对方,闺密没用有蛊。在另一个场景里,男生被下蛊后才喜欢上女生。男生在第一个场景中对自己的选择负有完整的责任,在第二个场景中没有。法兰克福认为,两者的差别恰好在于我们对男生行为的"解释"不同。当男生主动喜欢女生时,他喜欢是"因为他愿意"。而当中蛊后,他喜欢是"因为闺密的控制"。在前一种情况下,喜欢的原因来自男生本人,他自然要为此负责。后一种情况里,喜欢的主要原因是别人的控制,我们也就免除了男生的责任。

至此,我们终于帮恋人找到了"我当初是不是你唯一选择"的答案。

首先,肯定要语气坚决地说:"是,你就是我当初唯一的选择!"而一旦被问起:"所以你和我在一起,是因为没的选"时,就可以搬出法兰克福的责任理论:"确实,我和你恋爱当初,没有其他选择。但我和你在一起,不是'因为'没的选,而是'因为'喜欢。我们是因为喜欢才在一起的,不是吗?"

听到这儿,对方大概心满意足了。原来,只要心愿足够强大,它就会成为你做出某个选择的首要原因。哪怕不自由,哪怕没有其他选择,你唯一能选的道路也依然会是"你自己"的选择。

法兰克福着重讨论了外力介入的情形,但他的论证也能够从决定论手中挽回道德责任。

根据决定论,如果男生喜欢上一个女生,他就必然会喜欢这位女生。无论女生有没有闺密,闺密会不会下蛊,都对结果毫无影响——物理规律早就决定了一切。这样一来,男生的选择不再自由。那么他是否就因此免除了所有的行为责任呢?完全不会。在决定论的世界里,"物理规律"这四个大字能解释一切。所以,它们也就不再不是任何事件的"主要原因"。

通常,一种规律越普遍,覆盖的现象越多,也就越难以捕捉到某个具体事件的主要特征。比如,"人要吃饭"是普遍规律。这个规律适用于历史上所有人的所有吃饭行为。也正因此,它就不是任何一个人选择任何一道菜的首要原因。设想,你爱吃螺蛳粉。每次经过米粉店时都会坐下点一碗螺蛳粉。有一回,你跟朋友逛街,午饭时走进米粉店,你依然点了一碗螺蛳粉。朋友被熏得头昏眼花,问"你干吗吃螺蛳粉?"你该怎么解释?吃螺蛳粉的主要原因是什么?显然,你应该回答:"因为我真的很爱吃。"既然是你最爱的事物,你的朋友虽然被熏得眼冒金星却也不至于翻脸。反之,如果你说"因为人要吃饭",就完全没抓住重点。"人要吃饭"没错,你和朋友到了中午也要吃饭;而且,如果人都不用吃饭,你大概根本也不会喜欢螺蛳粉。可这一切都解释不了为什么你偏偏选了螺蛳粉,而不是西红柿炒鸡蛋。

"物理规律"同样如此。这四个字解释了一切,却也因此陷入空泛,无法说明复杂又具体的人生情形。当我们看到一对恋人在一起,会说在一起是因为喜欢对方。无论喜欢的是对方的外表、性格,还是喜欢对方本人,都是比较准确的解释。没人会在意他俩的相恋是不是物理因果中必然的一环。如果男生有一位情敌,见两人在一起后心酸地问女生:"为什么选他而不是我",女生却说:"因为物理规律",虽然给了对方台阶下,台阶却也砌得非常敷衍。

综上,就算在决定论的世界里,物理规律也不是解释我们具体行为的主要原因。根据法兰克福的观点,我们也就依然保留了自己的道德责任。因此,即使世界是决定论的,人类也不可以随便乱来。

8.4 自由与自我

法兰克福通过反对 PAP 证明了道德责任不需要绝对的自由。不过，道德责任是否完全独立于自由的概念呢？答案似乎是否定的。通过刚刚的讨论，我们可以发现：为一个行为负责，至少需要行为符合当事人自己的意愿——只有这样，一个人的意愿才可能"解释"他的行为。而行为和意愿的符合，正好满足了此前我们所讨论的"行为自由"（free act）的条件。

本节，我们来看一看法兰克福对自由概念的具体说明，以及他对自由和"自我"之间关系的阐释。

8.4.1 初阶自由与高阶自由不同

法兰克福把"行为自由"看作比较基本的自由概念。一个行动是自由的，当且仅当它来自于当事人的意愿。你想睡觉，于是倒头睡觉；你想喝水，于是起身喝水。这都体现了你的行为自由。生活当中人们最常讲到的言论自由、财富自由等，都属于行为自由的范畴。

根据我们方才的总结，行动自由是道德责任的必要条件。法兰克福情形中的主人公具有道德责任，是因为他们的意愿恰当地解释了他们的行为。而这恰好预设了行为和意愿之间相符。如果一个人明明想做善事扶老奶奶过马路，却身体不受控把老奶奶推到马路中间，那么就算后果严重，此人也未必负有多少道德责任。同样，想行凶作恶，身体不受控地把钱财分给了穷人，也不配受到表扬。总之，只有当行动跟意愿匹配时，我们才为自己的行为承担责任。法兰克福的情形说明了道德责任不要绝对的意志自由，却也不能排除行动自由对责任的必要性。

不过我们也看到，行动自由虽然是道德责任的必要条件，却不是充分条件。男生中了蛊，愿意和女生在一起，于是两人在一起。尽管男生的行为完全符合自己的意愿，却不必为自己的行为负责。

至此，法兰克福对道德责任与自由之间的关系做出了比较完整的说明。道德责任不需要 PAP 所说的其他可能性，不需要绝对自由，却不能没有行为自由。

不过，"自由"的概念似乎不限于此。

我们之前所讨论的行动自由和意志自由，都仅仅涉及意愿和行为两个概念，而这些意愿和行为关系到生活中最基本的层面：比如要不要起床上班、要不要吃薯片、要不要扶老奶奶过马路，等等。常识却认为：一个人的自由意志在很大程度上和他的内在"人格特质"相关。一个人有没有"自由的灵魂"，部分对应于"他是谁"这个终极形而上学问题。那么，什么是关系到人格特质的灵魂自由？跟猫猫狗狗们相比，人究竟有什么不同？

为了说明"自由""品位"与"人格"之间的这些关联，法兰克福区分了"一阶"（first order）自由与"高阶"（high order）自由。其中，一阶自由源于一阶意愿，而高阶自由源于高阶意愿。

想喝水、想跑步、想吃薯片，都是典型的一阶意愿。泛泛地说，一阶意愿以具体的行为或场景为内容，并且往往是自发的、本能的，甚至无法直接控制的。在这点上，人与动物完全相同。想吃小鱼饼干，这是猫的一阶意愿；想给猫铲屎，这是人的一阶意愿。无论吃小鱼饼干还是给猫铲屎，都只针对具体的行为与情形。而一阶自由，就是行为和一阶意愿的符合。当一个人想喝水的时候喝水，喝水就是享有一阶自由的行为。当他想喝水的时候听见手机响,非常不情愿地接了电话,接电话的行为也就不具备一阶自由。

高阶意愿则不同。高阶意愿不以具体的行为和场景为内容,它们是对"自己有哪些意愿"的意愿。设想,一个人深知健身有益健康,可实在太懒,完全没有"想健身"的愿望。看着日渐肥胖的自己,他抱怨,"为什么我根本不想健身呢?我也好希望自己想健身啊!"

这里的"想想健身"就是一种高阶意愿。"想想健身"不同于"想健身",不针对某时某刻要不要健身的具体情形。相反,想想健身是"希望自己具有'想健身'的一阶意愿"这么一种状态。之所以"高阶",是因为它以一阶意愿为自己的内容。

高阶意愿与人的性格品位等十分相关,是因为涉及对某种生活方式的总体认知和评价。"想想健身"就伴随着对"想健身"的认可。想想健身的人会在想健身时自我肯定,说"我真棒""我太自觉了""就要这样渴望积极的生活"——哪怕健身还根本没有开始。类似的,"想想健身"也包含了对"不想健身"的批评。比如,每当想在沙发上偷懒时,想想健身的人都可能会对自己说,"这么消极的想法要不得""都这么胖了还不能面对现实吗""再这样下去也许活不过四十岁呢"。无论正面负面,这些高阶意愿都是人们对自己一阶意愿的评价。

刚刚这些自我评价语句,很多适用于具体的一阶行为。"我真是太棒了"既能用于肯定自己想健身的积极想法,也可以表扬每天健身半小时的行为。好在,这种兼容性并不会抹杀高阶与一阶意愿之间的差别。一阶与高阶意愿不仅内容不同,存在的方式也不太一样。一阶意愿通常比较短暂。一旦存在,就会立即在意识中显现,并直接左右我们的行为。"想喝水"的一阶意愿,就只在我们感到渴、看到水杯、心想应该喝水的时候才会出现。相反，它不会在我们专心工作或打游戏的时候出现。有人能连续打几个小时游戏都不喝水。在这个过程中，他也就完全没有想喝水的一阶意愿。而反之，高阶意愿大多始终存在。它们往往藏在我们的意识深层，准备应对头脑中不断冒出的一阶意愿。想健身的人，未必一天到晚老对自己重复"我爱健身我爱健身"。这些自我激励的声音可能只会在真正想健身或想偷懒的时候才会在脑海里出现。但显然，这并不影响一个人平时仍然是一个"想想健身"的人。可见，如何看待一阶欲望，是一个人综合自我评价的一部分。它更像是一个人的性格特点，而不是一个人的行为。

正如一阶意愿对应一阶自由，高阶意愿也对应高阶自由。一阶自由是指想吃就吃，想睡就睡。高阶自由呢？法兰克福认为，高阶自由就是一个人高阶与一阶意愿之间的契合。想想健身的人想健身，想想工作的人想工作，这就是高阶自由。

只有当一阶欲望与高阶自我评价彼此吻合的时候，人才能避免与自己冲突。这也是高阶自由之为"自由"的原因。反之，如果想想健身的人老是不想动，想想戒糖的人总会想吃提拉米苏，一定非常痛苦！陷入这种冲突中的人既无法拥抱欲望，也不能遵从思想。显然，这样的人并不自由，是自己欲望的奴隶，也是自己思想的囚徒。作为人格特质，"自由"需要人与自己达成和解。一个想想戒糖却又时常想吃提拉米苏的人如果要获得高阶自由，就必须彻底止住吃甜食的一阶欲望，或者改变态度，来接纳这种欲望。

猫猫狗狗没有高阶意愿。与人不同，猫猫狗狗不会因为想吃想睡就瞧不起自己，也谈不上因为想吃想睡就欣赏自己。由此，人与动物之间在自由概念上的差异，高阶自由做出了很好的解释。

关于高阶意愿的本质，还有两点需要澄清。

首先，高阶意愿未必要对一阶意愿进行棱角分明的"评价"。评价总要说"好坏"。"想健身好""想吃甜食坏"，这些都是对一阶意愿的评价。然而，高阶意愿不一定包含"好坏的概念"。意愿可以只是一种行为倾向，而行为倾向不必伴随概念化的想法。以一阶意愿为例。想吃提拉米苏，不等于要在脑中念出"提拉米苏"这四个字。相反，想吃提拉米苏的一阶意愿可以仅仅是肚子发出咕噜噜的声音、内心的空虚感，见到薯片、奶茶、冰激凌却统统无动于衷，只有看到提拉米苏才眼前一亮。这样的人虽然并没在心里默念"提拉米苏"四个字，却明显想吃提拉米苏。同样，高阶欲望不用对自己进行"值得表扬"这样的说教。如果一个人每当下班回家后躺在沙发上看美剧吃薯片时总会隐隐地困惑，而想要健身时感到莫名的欣喜，他就算有着"想想健身"的高阶意愿。

其次，高阶意愿不等于相同或相反的一阶意愿。可能会有人疑惑：当一个人对躺着吃薯片的自己心生疑惑的时候，真的只是"想想健身"吗？更贴切的说法是不是"想瘦""想健康""想活得久"？可这些都只是一阶意愿。所谓想想健身，大概无非是这些跟"懒"相反的一阶意愿。这样看来，人格自由，并不是一阶与高阶意愿的融合，而是不同一阶意愿之间的融合。

这种观点的主要问题是混淆了意愿和欲望。

意愿和欲望常常彼此不分：当我们看到甜食，既有吃它的意愿，也有吃它的欲望。不过，意愿和欲望在概念上并不相同。意愿（will）是引发我们行为的机制；而欲望（desire）则不必带来行动。当你在寒冷的清晨起床上班时，你有起床上班的意愿，却没有起床上班的欲望。哪怕你真的非常渴望继续睡觉，你的意愿依然坚强地把你从床上拖起来。或者，当你盯着购物车里的商品看了很久，却还是为了节约而点击了"删除"。此时，你对这些商品充满了欲望，却最终没有买它的意愿。总之，无论意愿和欲望间有多少千丝万缕的联系，两者依然可以分离：意愿直接关系到我们的行为，欲望却未必。所以，如果一个人对躺着吃薯片的自己心生疑惑时，只要他没有立即起身锻炼，就没有"想健身"的一阶"意愿"。他有的，仅仅是对瘦、健康和长寿的欲望。因此，对于吃薯片的自己所感到的疑惑，最好的解释依然是"想想健身"这个高阶意愿。

8.4.2 高阶自由不能解释什么是道德责任

高阶自由的引入，对道德责任的话题会不会有影响？

我们回到女生的闺密下蛊的场景。如果男生是在蛊虫作用下想和女生在一起，就对自己的行为没有责任。前文讲到法兰克福的解释，是因为当男生被下蛊时，他自己的意愿不足以"解释"和女生在一起的原因。

高阶意愿可以为这个场景给出更多说明。根据设定，蛊虫最有可能控制的是男生的一阶意愿。毕竟，一阶意愿才能直接引发相应的行为。另外，一阶意愿最靠近人的本能，神经基础相对简单，也更容易被外力操控。而高阶意愿是人格的一部分，生理结构比较复杂，也就很难被掌控。由此，闺密下蛊时，最有可能的情形是这样的：在蛊虫的作用下，男生有跟女生相处的一阶意愿，却还没从高阶认可这个意愿。男生只是机械地想和女生在一起。这种希望却并没有被纳入他综合人格的一部分。而在相应的法兰克福式情形中，男生因为主动喜欢上了女生，他的一阶意愿也就更可能伴随了高阶的认可。这种对比恰好说明了在下蛊的情形中，男生"本人"为什么没有充分介入自己的选择之中。

那么，我们能不能就此以高阶自由解释道德责任？是不是当一个行为同时满足一阶和高阶自由的时候，当事人就负有道德责任？

可惜，高阶自由依然不是道德责任的充分条件。假设闺密的蛊虫非常厉害，脑神经知识也远超常人。她不仅能控制男生喜欢女生的一阶意愿，也激活了他认可这种喜欢的高阶意愿。这种情况下，男生的"喜欢"就会顺利纳入他人格的一部分。然而，我们很难认为"他本人"参与到了喜欢的抉择之中。一旦真相暴露，女生肯定会伤心，而男生将愤怒地离开。

8.5 小结

围绕"是不是对方当初唯一的选择"这个问题，我们讨论了道德责任与意志自由的关系。根据经典的 PAP 原则，只有当我们能做出不同选择的前提下，才谈得上"我们"的道德责任。否则，无论出现任何好的或不好的结果，都将与我们无关。如果 PAP 成立，人类将无法在决定论的世界里持有道德责任。作对方的"唯一选项"，也将是一件悲哀的事——当对方面对唯一选项时，自己也将无法真正地参与其中。

法兰克福的思想实验在 20 世纪中期提出。尽管哲学家们对思想实验的结果存有争议，法兰克福依旧提供了关于道德责任的重要洞见：我们对一件行为负有责任，当且仅当我们的意愿能够恰当"解释"这个行为的产生。面对"唯一选择"的问题时，恋人也就可以放心地回答：对方是自己的唯一选择，而且选择对方，是"因为"自己喜欢，不是"因为"没有其他选项。

在经历了这么多次的哲学考验之后，我们总算遇到了一个恋人能够妥善回答的问题。

道德责任的概念处于形而上学与伦理学的交汇处。

形而上学探求世界的本质。本书的第四章到第七章所涉及的都是形而上学话题，比如个体的结构、现实与可能的差别、时间的存在。关于道德责任，形而上学可以提的问题包括：什么是道德责任？道德责任的基础是什么？道德责任与决定论是否相容，等等。

与形而上学不同，"伦理学"（ethics）研究自我与他人之间的伦理关系。伦理学涉及的主要问题包括："善"的本质是什么？是否存在绝对客观的道德真理？道德义务必须遵守吗？人类在特定的情形下应该怎么做，等等。道德责任是其中非常重要的一部分。前文讲到，道德责任是维系很多社会现象的纽带。没有了道德责任，我们从根本上将不应为自己的行为受到奖赏或惩罚，司法审判等社会机制也会失去自己的伦理基础，世间再无"正义"可言。因此，哲学家们始终不愿放弃道德责任，并不断在各种概念框架下为道德责任寻求生存的空间。

第 9 章

我和你妈同时落水，你先救谁？

章节要点：
- 规范伦理学
- 功利主义介绍
- 电车难题：功利主义的困境
- 康德绝对义务观
- 初始义务观

9.1 千古难题难在哪儿?

在恋人的各种难题中最让人头疼的,是那句著名的"我和你妈掉水里,你先救谁"。这个问题已经难到仿佛不再是个问题,而是一种刁难。被问到"先救谁"时,恋人的第一反应往往不是"该怎么答",而是"对方怎么问这种问题?我俩是不是三观不合?"如果生长在东方,还可以披上儒家的铠甲自我保护,"怎么能问这种忤逆长辈的问题?"

实际上,"先救谁"的问题不仅难,连提问者往往也不知道自己期待什么答案。如果回答"先救妈妈",肯定会把恋人气跑。可如果斩钉截铁地说"先救你",恋人就算当时高兴,也会事后疑惑——毫不犹豫地抛弃母亲,他是不是人品有问题?所以,任何回答都不会让人完全满意。

无论"先救谁"的问题多么不恰当,我们也应该搞清它难以回答的原因。毕竟,就算这次把问题稀里糊涂地打发了,下次可能还会遇到。本章我们会从伦理学角度分析"先救谁"的困境。我们将试图说明:"先救谁"之所以难以回答,是因为"人应该做什么"这个伦理问题没有完美的答案。

为了澄清"先救谁"的伦理特质,我们先剔除一些不相关的角度。

首先,"先救谁"不涉及对方的"感知"和"喜好"。如果问题的内容是"我和你妈你更'愿意'救谁",答案其实非常明显。问更愿意救谁,等于在问"救谁会让自己更开心"。这是一个事实性问题。如果真想回答,实话实说就好!有些人喜欢母亲多些，愿意救母亲；另一些人喜欢恋人多些，愿意救恋人。而一个人愿意先救母亲还是先救恋人，完全取决于他的客观心理特质。此时，回答愿意先救谁，就好像比较两把尺子的长短一样简单，完全不必纠结。至于恋人听了以后是开心还是疑惑，都已经和这个题目本身的难度无关了。

其次，"先救谁"问的也不是"事实上会先救谁"。事实总是非常复杂的。有些人的母亲已经去世，而有些人的母亲是游泳健将。如果问一个人"事实上母亲和恋人同时落水"，对方就必须考虑非常多的因素：当时天气怎么样，周围有没有人可以求助，母亲和恋人会不会游泳，离谁更近，等等。恋人显然不关心这些啰唆的细节。如果你列举出各种不同情形下的救助方案，对方一定会跳脚说："哎呀，我问的不是这个！"

不是真实喜好，也不是实际行为，那么"先救谁"问的究竟是什么？作为一个难题，它究竟难在哪儿？

最可能的解释，是恋人其实关心自己在对方心中的位置。"在你心里，我能不能和酒肉朋友比？能不能和游戏比？能不能和事业比？和父母比呢？"比来比去看似无聊。把不同的人与事摆在生活中不同的位置各自安好，这未免太过理想了吧？不过，就算大多数人不会庸俗地用一把尺子衡量人生的各个方面，内心其实已经有了大致的排序。先救谁、先牺牲哪个，这类残酷的问题其实是逼你把内心的排序表达出来。

排序的具体形式有很多种。有些排序十分讨喜，比如：当你非常非常有钱，是先陪恋人逛街买衣服，还是先陪妈妈逛街买衣服？这种问题没有"错误"答案，怎么说都不伤人。这个问题的实质是：有一份多出来的快乐，你愿意先给谁？反之，"先救谁"的价值排序要残忍得多。"先救谁"问的是：如果必须牺牲一个，你选谁？显然，牺牲任何一个都是错的。作为一般的道德原则，我们无权牺牲任何一个人。只要我们的选择不可避免地带来他人牺牲，就一定会触犯某些道德约束。很无奈，但事实就是如此。（见图 9-1）

图 9-1　千古难题，实在太难

为了指明道德约束在这里的影响，不妨思考这样一个情形：一对恋人相爱多年，已经谈婚论嫁了。此时，男生失散多年的母亲忽然出现。男生感动，对母亲却没有多深的感情。母亲对男生也很淡漠。在男生和母亲各自的心里，对方并没占有多重的情感位置。男生的恋人见状，信心满满地提出了禁忌之问，"如果我和你妈同时落水，你先救谁？"男生虽然更爱恋人，却对这个问题感到犹豫。真的可以牺牲母亲吗？就算刚刚相见，感情不深，这样做真是正确的吗？

现在，我们初步理解了"先救谁"的困境来自于哪儿。恋人想知道自己在对方心目中的排序，于是就要求和对方的母亲进行比较。但由于道德的限制，恋人的提问方式却让对方完全无法作答。

可是万一真的遇到母亲和爱人同时落水的情形,又该怎么做呢?总不能因为不想牺牲就谁都不救啊!把头埋进土里,或者望着天空发呆,在道德和常理上都不可容忍。哲学家又会怎么回答这个问题呢?这里,我们将会介绍伦理学关于"该怎么做"的两个经典理论:密尔的功利主义与康德的绝对义务论。

9.2 功利主义的道德观:大家开心就好

为了厘清先救母亲还是爱人,我们先从更简单的一个问题开始:如果你水性极佳,在湖边见两个陌生人落水,他们同时大喊"救救我!"你先救谁?假设这两个人与你的距离相等,体型相似,救援的难度基本相同。此时,你还会像面对母亲和爱人时那样犹豫吗?完全不会。当两个陌生人落水时,"先救谁"的问题就容易得多——随机救起一个就好,不管是谁!要是还来得及,就把另一个人也拉上岸。就算真的不幸只救回了一人,你在道德上也无可指责。

当然,任何人的溺水都是悲剧。如果那个不幸的溺水者的家属赶到,可能会在悲痛中怪你,"为什么不先救我们的亲人啊?"他们的怪罪情有可原。对他们的遭遇,你也可以表示同情。然而,你完全不必自责。毕竟你已经做了能做的一切。(见图 9-2)

为什么两个陌生人落水时,你就可以心安理得地任选一人援救呢?是因为他们与你毫无瓜葛,所以你不必在乎吗?

图 9-2 两个陌生人先救谁？根本不难！

并非如此。让我们回到恋人和母亲落水的场景。只不过，两人都戴了相同的面具，穿着一样的衣服，身材也几乎相同。从远处看，你无法分辨谁是谁。此时你先救谁呢？先救谁，已由不得你选。你同样只能随机先救一个人上岸。当然，如果另一个人因此溺水，对你而言将是天大的悲剧。由于这个原因，或许无论怎么选，你最终都做不到心安理得。然而，和上一个场景一样，你做了能做的一切。即使回到当初，不知道谁是谁，你也依然只能随机救一人上岸。可见，你能从两个陌生人中任选一个救，并不是因为他们跟你毫无瓜葛。哪怕这两个人碰巧是你的恋人和母亲，也不改变这个结果——只要求救的两个人对我们而言貌似完全相同，就可以毫不犹豫地随机先救一人。

为什么会有这个结果？道德不是绝对禁止牺牲任何一人吗？可实际上，如果绝不允许牺牲，那就谁都不能救。毕竟，选择营救任何一个人，都是在事实上牺牲另一个。

对于陌生人落水的例子，最好的解释大概是这样的：陌生人落水时，我们对于先救谁的利害关系完全无知。既然这两个人的生命价值根据已知的信息完全相同，我们就能确定"救谁都一样"。而反之，母亲和爱人落水时，我们知道两人的身份。这就使利害关系难以计算——母亲和恋人，谁的生命更有价值？因为这个问题太复杂，人们答不出来，所以才会手足无措。

按照刚刚的说法，道德约束并不是绝对的。比起"绝对不可牺牲他人"的说教，道德的根本要求似乎是"带来利害关系的最大平衡"。这就是"功利主义"（utilitarianism）的伦理学观点。

当然，"利害关系"的说法比较狭隘。"功利主义"的名字也常常被人嫌弃：仿佛功利主义者都是冷酷无情、工于心计的人；不仅自己如此，还向他人鼓吹"道德无非如此"，简直败坏风俗。可这完全是对功利主义的误解。功利主义者的"功利"并不限于功名利禄。他们更没有认为一切道德原则都可以用金钱和权力等衡量。

那么，什么是功利主义的"功利"呢？功利主义者又如何判断该做什么，不该做什么？

9.2.1 什么是"功利"？快乐的内在价值

所谓"功利"其实非常简单，就是"快乐"。

快乐是人最重要的状态之一。吃甜食很快乐，打游戏很快乐，跟恋人逛街很快乐。这些都属于快乐的感觉。快乐不只是一种身体感觉。除了身体的快乐之外，还有心灵的快乐。完成一项重要的工作任务、维持一段长久的友谊、读懂一首诗，这些满足感虽然比吃甜食更加深刻，但终究也是一种快乐。甚至很多哲学家认为，思考哲学是最快乐的事。总之，功利主义者的"快乐"覆盖了非常广阔的范围。任何有价值的事物，都多少会给我们带来快乐。

当然，功利主义者并不只是"追求快乐"这么简单。熬夜玩游戏很快乐，但熬夜带来的后果又让人痛苦：黑眼圈、高血压、精神萎靡、食欲不振。熬夜玩游戏的那一点点快乐很容易会被这些痛苦抵消，甚至得不偿失。作为道德哲学的经典立场，功利主义也不会傻傻地鼓励你熬夜打游戏。"功利"不只是快乐，而是快乐减痛苦之差。只有快乐减痛苦之差足够大，功利主义者才会让你做出相应的选择。假设我们有两个选择。选项一：熬夜打游戏，很爽，但是天亮之后头疼欲裂，综合幸福指数为零。选项二：下班吃饭之后玩一会儿游戏，比较爽，但按时睡觉后头脑清醒，综合幸福指数为一百。此时，功利主义者会毫不犹豫地选方案二。可见，功利主义者并不会莺歌燕舞、游戏人生，那是享乐主义（hedonism）的态度。一个严格的功利主义者完全可以是禁欲主义者。如果禁欲带来的精神愉悦感超出了肉体的快乐，功利主义者就会毫不犹豫地拿起皮鞭抽打自己。

可能会有人疑惑：追求快乐是人的天性，何须功利主义者提醒呢？有些人短视，只求一时的快乐；另一些人长远，培养持久的快乐。可其中的差别，仅仅是眼界与脾性的不同，又何须功利主义者提醒呢？

但其实，功利主义想解释的对象不是快乐本身，而是"道德"。通过诉诸快乐，功利主义想回答的问题是："什么是我们应该做的？"看见老太太摔倒时，我们该怎么做？看到老太太摔倒又想到可能是碰瓷时，我们又该怎么做？家人饥饿难耐，该不该偷富人的面包？两个人同时落水，该先救谁？这些都是"我们该怎么做"的具体问题，关系到道德原则的选取。

功利主义的完整命题也就成为：

- 任何情况下，任何人都应该选择那个能够最大化快乐减痛苦之差的行为选项。

不过，功利主义是正确的吗？我们不是从小就被教育"节制""不要纵情享乐"吗？或者，道德的本质，难道至少不该抑制一下人的本性？既然人天生就趋利避害，追求快乐，道德或许至少应该提供相反的平衡。

把道德和人性对立，大概是对道德最深的误解之一。社会的确需要通过教育让人遵守规范，但这并不等于限制人性本身。相反，我们之所以节制，是因为纵情享乐往往适得其反。人不仅天生喜欢快乐，更喜欢眼前的快乐。如果完全不加克制，绝大多数人都会忍不住玩手机到后半夜，顾不得第二天长黑眼圈。所以，节制本身，不等于道德就要摒弃快乐。

功利主义者以快乐作为道德的原则，有没有其他的理由呢？为什么不能用其他标准？功利主义对快乐的选择，其实是基于哲学家对"价值"概念的一个古老区分。

亚里士多德曾经指出：很多事物的价值仅在于它们会产生"其他"的价值，比如金钱。金钱的价值毋庸置疑。现代社会，金钱已经是衡量其他事物的重要标准。银行账户里存了五百万活期比只剩五十元要更有价值——如果让一个人从这两个状态中任选一个，其他条件等同，多数人都会毫不犹豫地选择五百万。金钱有价值，可金钱的价值又在于哪儿呢？金钱能消费，不消费时又会提供安全感，改善人际关系，或者允许你用一场说走就走的旅行逃离讨厌的社交圈。这些都是金钱的价值。但其实，它们都不属于金钱"本身"，只是金钱所"带来"的价值。

这些价值直接属于所购买的商品、安全感、良好的人际关系，等等。至于金钱本身的价值呢？几乎没有。诚然，的确有很多人喜欢"钱本身"，他们只要盯着现金或银行账户里的数字就会开心。但即便对这些人而言，金钱的价值也未必是内在的——金钱对他们有特殊的价值，只是因为他们看到金钱时会感到"快乐"。所以，爱钱的人不是真的爱钱，只是爱快乐。哲学家通常把金钱的这种价值称为"工具价值"（instrumental value）。一个事物有工具价值，是指它能产生其他的价值。

快乐呢？快乐的价值又在哪里？似乎不在任何其他地方。快乐本身就是好的。

当然，快乐也能产生其他的价值。心情快乐时态度更积极，工作效率更高，承受打击时的抗压打能力也更强——这些也都是快乐的工具价值。但除此之外，快乐本身就值得追求。如果有人问你为什么没日没夜地工作，你说"工作开心啊"，对方却追问"那为什么要开心啊"，你一定会觉得对方不可理喻。开心本身就是目的。开心可以不为别的，就只为开心而已。与"工具价值"相对，哲学家们把快乐的这种价值称为"内在价值"（intrinsic value）。一个事物有内在价值，而且它本身就是好的。

不同哲学家对内在价值的范围有不同的界定。功利主义者只承认快乐这一种内在价值。亚里士多德则认为"美德"（virtue）也有内在价值。勇敢、慷慨这些品质，哪怕常常让当事人吃亏，也都是值得追求的。但无论怎么界定内在价值的范围，绝大多数哲学家都认可快乐的内在价值。

快乐具有内在价值的另一个说法，是它"有内在的好"（is intrinsically good）。与"价值"一样，"好"比较宽泛，既涵盖了物品特质，也包括了人格涵养。与之相对，痛苦"有内在的坏"（is intrinsically bad）。顾名思义，内在坏的事物本身就是坏的。

痛苦本身就是坏的，需要避免，无须解释。如果你怕打针，别人问为什么，你可以说"怕疼"。如果对方继续问"那为什么怕疼呢"，那他一定是傻，或是在故意刁难你。

因此，我们可以把快乐和痛苦看作价值的两极。快乐值得追求，痛苦需要避免——不为其他，只因它们是快乐和痛苦。

快乐与痛苦的内在性对道德又有什么意义呢？道德原则的根本目的之一，正是让我们做出最有价值的选择。在寒冷的冬日清晨是起床工作还是请假睡觉？如果没病，起床上班似乎是最符合道德原则的要求——上班不仅保证了自己的收入，也避免给同事带来麻烦。看上一款手机，是努力挣钱还是想法去偷？道德原则要求我们选择前者，因为偷盗损害商家的利益、自己的名声、社会的风俗。总之，一个好的道德原则，应该会让我们做出最有价值的选择。

功利主义认为，"快乐"和"痛苦"就是对"价值"的最佳解释。

既然只有快乐的内在价值毋庸置疑，不如就用快乐解释所有的道德原则。"不能杀人""不能偷盗""要慷慨""要助人为乐"，这些要求不都是为了世间多一些快乐，少一些痛苦？杀人不道德，是因为会给受害者及其亲属带来无尽的痛苦。在功利主义者眼中，所有道德要求都源于一条原则：选择去做那个带来快乐最多、痛苦最少的行为。不这样，就不够道德。

这里需要注意：快乐和痛苦虽然处于价值的两极，它们却并非"矛盾"。所谓矛盾，是指白的不能是黑的，高的不能是矮的。一只足球可以部分白部分黑，但不能全白或者全黑。一个人作为校园男生可以很高，作为职业篮球运动员很矮，却不可能根据某一标准又高又矮。那么，快乐和痛苦是不是跟黑色和白色一样水火不容呢？未必。一段经历可以同时包含快乐和痛苦；

一个人也可以让你既伤心又快乐。至少，当回忆一段经历时，人们常常分得清快乐和痛苦的部分。而如果快乐和痛苦分属不同的部分，就不会产生矛盾。

其实，哪怕同一个事物的同一"部分"里，快乐和痛苦也可以并存。两者甚至可以互为因果，相互转换。快乐有时会带来痛苦。你越疯狂享受假期，越容易担心这快乐会转瞬即逝。反过来，痛苦本身也可以让人快乐。我们往火锅里拼命加辣椒时明知道会难受，但哪怕嘴被辣歪，也觉得辣锅才吃得爽。对于无辣不欢的人来说，辣的痛感本身就是一种快乐。

快乐和痛苦的这种紧密结合并不影响功利主义原则。之所以被辣出了眼泪还拼命加辣椒，正是因为辣锅带来的快乐最终大于痛苦。如果一个人能从五分辣的痛苦中找到十分辣的快乐，就会在权衡之后往锅里多放一勺辣椒。

9.2.2 谁的快乐：功利主义者要求我们自私吗？

出于趋利避害的本能，人们往往首先追求自己的快乐，把别人的苦乐排在后面。很多人在屈从于这种本能时会拉功利主义垫背："人不为己天诛地灭！""功利主义主张追求快乐避免痛苦，功利主义是对的，所以我也是对的！"

这些显然都是非常糟糕的借口。功利主义者从没要求人人为己。快乐有内在价值，无论你的快乐或我的快乐。凡是快乐，都有内在价值。所以，功利主义者在要求我们带来更多快乐时，是以整个世界为尺度的。如果牺牲自己就能让所有人获得永世的幸福，功利主义者会毫不犹豫地牺牲自己。就算犹豫，他们也会承认："在道德上，我应该牺牲自己，只是我做不到。"

随着我们对快乐与痛苦考察范围的不同，可以把一些伦理立场做如下排序：

- 个人主义：只考虑个人的快乐和痛苦。
- 集体主义：只考虑集体的快乐和痛苦。
- 人类中心主义：只考虑所有人类的快乐和痛苦。
- 功利主义：考虑所有的快乐和痛苦。

个人主义只考虑自己的得失，看起来最自私。但我们不必责备个人主义的立场本身。作为道德理论，个人主义无所谓自私或善恶。它仅仅认为：道德要求人们只为自己考虑，为自己考虑是唯一正确的事情。与此同时，个人主义不涉及任何个人的道德品质。我们甚至可以设想这样一个人：他在生活中非常大度，从不计较自己的得失，每次遇到问题都首先考虑他人的快乐和痛苦。然而，他在理性上却认为个人主义是"正确"的，在一次次牺牲自己的利益而帮助别人时，他都会慨叹，"唉，这次又做错了，没能遵循正确的道德要求，下次一定改。"这样的人在生活中几乎不会出现——他的感情与理智正好与多数人相反。不过，这个例子依然说明：在概念上，个人主义和人的自私与否无关。个人主义者在生活中有可能非常无私。

集体主义是小学思想品德课上出现频率很高的一个词。不过，我们的用法和思想品德课不太一样。思想品德课的集体主义是对人格的一种塑造。拥抱集体主义，是指我们应该懂得克制自己的欲望；当自己的利益与多数人冲突时，服从多数人的利益，就像《星际迷航》中 Spock 说的那样，"多数人的需求大过少数人的需求"（the needs of the many outweigh the needs of the few）。作为人格塑造的一部分，集体主义中的"集体"是抽象的、不确定的。一个班级是一个集体，一个民族、一个国家是一个集体。而无论面对哪个集体，只要为多数人而牺牲自己，就是集体主义。

伦理学所谓的集体主义则不同。伦理学的集体主义是指：我们只需考虑一部分人的快乐与痛苦，而不是所有人的。考虑自己所在集体的快乐是对的；考虑所有人的快乐是错的。这样解释后，"集体主义"既不那么自然，也不显得高尚了。设想，小明是三年一班的小学生。老师一直告诉他要懂得和他人分享、热爱集体。老师教育得没错，小明也谨记老师的教诲。有一天，小明经历一次奇遇，面对两个选择：要么，让三年一班全体同学的幸福指数提高一百；要么，让所有人类的幸福指数提高八十。小明想，"如果选后一种，那全班的幸福指数就少了二十。不行！我要首先维护我的集体，让全班同学幸福指数提高一百！"小明的想法是道德上正确的吗？显然不是。如果他的老师明事理，听到小明的想法，一定会启发他，"小明，我让你热爱集体，其实是为了让你考虑他人的感受。但是你不能只爱自己的集体啊，这样反而变得自私了。如果你有这个能力，应该尽可能让更多人获得幸福啊，对不对？"当然，若是在战争年代，保家卫国是每个人的义务。但作为一般的道德准则，我们难道不应寻求所有人的福祉吗？可见，我们刚刚列出的集体主义还没有摆脱自私的嫌疑，不是足够恰当的道德理论。

人类中心主义摒弃了集体主义的缺点。与其关照某个特殊的集体，我们应该在同等情况下考虑全人类的幸福。"人类中心主义"常常被当作负面的词语，用于指责人类浪费资源，破坏环境，唯我独尊。但这些行为绝不是道德人类中心主义所提倡的。破坏环境，浪费资源，这些只会在短期内让少数人受惠，他们的子孙确要遭殃。既然忽视了后代子孙，破坏环境的行为也就没有考虑全人类的快乐和痛苦。

不过，人类中心主义却忽视了其他的生灵。我们重视人的快乐和痛苦，那要不要考虑猪、牛、羊的快乐和痛苦？如果鱼会疼，还要不要吃刺身呢？还要不要把活的小龙虾放进锅里去煮？根据人类中心主义，即便小龙虾神经高度敏感，会在开水中承受剧痛，我们也该毫不在乎。毕竟，人类吃小龙虾会非常快乐，而小龙虾的权重为"零"！何乐而不为呢？但显然，这种论断并不符合我们朴素的道德直觉。

相比之下，功利主义是最合理的道德原则。既然我们目前考虑的道德框架以快乐和痛苦为核心，那就应该尽可能实现更多的快乐，避免更多的痛苦。无论是谁的快乐，都应该尊重！所以，功利主义原则上要求我们尽可能善待所有生灵，并客观地看待自己在人宇宙中的位置。人的快乐要关心，猫猫狗狗的快乐也要关心。就算不得不吃牛排、吃小龙虾，也要尽可能减轻牛和小龙虾的痛苦。

9.2.3　快乐怎么计算？能比较吗？

回到"先救谁"的问题之前，还需要解释一下功利主义计算快乐的方式。

牛、羊、生鲜能感到快乐痛苦，我们就不能吃肉了吗？当然不是！功利主义者不必吃素，他们只需要说明：不吃肉虽然增加了牛、羊、生鲜的快乐，却也加深了人类的痛苦。综合来看，还是吃肉更划算。人生在世，我们无法避免给他人带来麻烦。我们所能做的，只是在众多行为里选择那个带来快乐最多、痛苦最少的，寻求"快乐减痛苦之差"的最大化。

不过，功利主义有争议的一点，也正是认为快乐和痛苦可以量化。生活丰富多彩，快乐和痛苦又多种多样，怎么能进行完美的量化呢？在春天的花田散步，在秋天的湖面划船，两者怎么比？快乐各有几分？读一首诗和思考一段哲学论证呢？买新手机和买新包包呢？我们好像很难给这些快乐打分。痛苦也是一样：一个月戒肉和一个月断网哪个更痛苦？痛苦各有几分？答案并不清楚。

好在，功利主义者不必给快乐和痛苦一个精确的数值。我们完全可以模糊地用当事人的"选择意愿"进行衡量。如果一个人在读诗和思考哲学之间愿意选择后者，哲学就带给他更多的快乐。而如果他举棋不定，两个选项为他带来的快乐就几乎相等。这个测量方法虽然不够精确，但已经能为功利主义者提供比较合理的参照。

除了快乐和痛苦的可度量性之外，功利主义在现实生活中还会受到至少两个方面的限制。

一方面，是计算能力不足。人类对未来的预判有限。根据功利主义，我们的每个行为都应尽可能实现最大的福祉。福祉的范围不限于当下，也包括未来。寒冷的冬日清晨是请假睡懒觉还是起床上班？仅就短期来看，起床上班似乎是更好的选择。上班会保证稳定的收入，还有利于养成勤劳勇敢的正面人格。起床后对着镜子里的自己夸耀一番，简直太满足了！可是，从长远看，透支身体不利于健康，还有过劳死的风险。也许每天早起上班会带来积极的生活状态，却减了五年寿命。所以，究竟怎么选是最好的，人类往往并不清楚。

另一方面，人们关于"当下"的信息也十分不足。两个陌生人落水该救谁？这两个人也许其中一人单身，另一人家庭美满，还经营着有数万员工的企业。就算生命无价，这样两个人的离世尽管都是生命的悲哀，但给别人带来的痛苦却不尽相同。如果第二个人的离世，不仅是一个生命的悲哀，还会毁掉一个家庭，并影响千万人的工作。那么，客观地来看，功利主义要求我们先救第二个人。然而，我们对这些情况可能一无所知。两个陌生人落水，我们只能假定两人的生命价值近似，随机营救。客观上看，功利主义者可以认为"不该如此"。但当事人从主观上并未违背功利主义原则，也就并没有做任何"道德上错误"的事。毕竟，我们所有的道德选择都只能以已知的信息为准。

面对恋人和母亲时，"先救谁"的问题又为什么难回答呢？

功利主义者看来，之所以难，是因为恋人和母亲的生命与你有着太多的利害关系。失去任何一个都意味着巨大的痛苦。这种痛苦是当事人本人的，也是当事人面对的两个家庭的。在主观视角下，当事人十分清楚亲人的失去会给两个家庭带来的痛苦。因为痛苦的程度都很深，当事人算不清怎么选取，才不会陷入两难境地。

在母亲与恋人之间选择，和在两个陌生人之间选择，两个场景之间主要有如下两个差别。

首先，自己和身边人的痛苦往往更加真切。再有同情心的人，也难以直接感受陌生人的痛苦。于是，虽然溺水对任何人而言都是悲剧，陌生人的溺水很难和亲人的溺水有同等的权重。母亲和恋人之间"先救谁"的问题也就重要得多。而通常，对越重要的事情，我们越会犹豫。决定早餐吃什么只需要三秒钟；选择去哪里工作可能需要一个星期。对于先救恋人还是母亲这么重要的事情，我们自然没法在恋人提问后的两三秒内想清。

其次，面对两个陌生人时，我们可以做理想化的假设：既然两个人都不认识，那最好的方法就是给他们相同的权重。即假定两个人的溺水最终会带来等量的痛苦。这样假设后，就完全不必纠结，任选一人就好。母亲和恋人的情况不同。我们尽管知道母亲和恋人的溺水都会带来"巨大的悲伤",却没法假设两个人溺水带来的悲伤相同。所以,为了回答"先救谁"的问题,功利主义者就不得不在已经乱成一团的生活中寻找线索,比较救谁能避免更多的痛苦。

至此,我们虽然没有提供"先救谁"的答案,却起码对难回答的原因给出了解释。如果你认同功利主义原则,可以这样回复恋人:"问先救谁,其实是在问你和母亲在我心里的权重,是在问谁的陪伴给我更多幸福,谁的离开让我更加伤心。可惜,你们对我都太重要,我的理智有限,算不清楚,也没法回答。"

见你这么坦诚,恋人多半也就心软了。即使对方听到之后感到失望,说"既然想不清楚,那你就一个人好好想想吧",你也有挽回的机会。比如,你可以回复:"别走!刚刚是我糊涂了,居然只考虑了自己的快乐和痛苦。当我面对'先救谁'的问题时,其实应该考虑所有人的快乐和痛苦啊。我们在一起,会有我们的孩子,孩子也会有他们的孩子。如果救了你,世界上将会多出多少快乐!所以,我会先救你。"

这个回答非常符合恋人的心意,也避免了因违背伦理原则而损害你的人品。在功利主义者眼中,这个回答堪称完美。当然,也不要为了讨恋人欢心就毫无原则。功利主义者的"快乐"并不肤浅。高贵的品格,同样是快乐的重要源泉。如果恋人问"先救谁"的目的是故意刁难,甚至是为了疏远你和父母的关系,那么功利主义者也是会三缄其口的。

9.2.4 功利主义的优势:能告诉你具体该做什么

讨论功利主义的弊病之前,需要先讲讲它的一个优点:功利主义能告诉你该做什么。

有些道德观念虽然伟光正大，却不能直接指导实践。"做一个高尚的人、脱离低级趣味的人"，固然很好。可什么是高尚呢？什么又是低级趣味呢？对于暂时还不高尚、没脱离低级趣味的人来说，这些问题很难回答。在双亲生病时把全部积蓄捐给乞丐，是高尚的吗？顺利完成一个艰巨的工作任务后玩一整天网游，是低级趣味吗？不清楚，可能是也可能不是。总之，"要高尚、要脱离低级趣味"的格言本身并没有告诉我们怎样达到这种境界。

另外一些道德原则虽然具体，却不适用于所有的情况。比如，"不偷盗"非常具体。与"低级趣味"不同，"偷盗"的边界非常清晰。我们非常清楚怎样算偷盗，怎样不算。可是，"不偷盗"是指绝对不可偷盗，还是常规情况下不可偷盗呢？如果不幸生于战争年代，家中的亲人即将饿死，你经过一家面包店，店主生活富裕。可不可以偷几只面包带给家人？如果你通过偷面包让家人活了下来，就一定违背了道德要求吗？未必如此。

除了应用难判断之外，很多道德原则之间甚至彼此冲突。答应了朋友晚上聚餐，母亲却在傍晚病倒。此时，我们负担着两个道德义务：遵守承诺，赴约聚餐；跟母亲去医院。可惜，两个义务不可调和。在救母亲和守承诺之间，我们只能选择其一。怎么办呢？不知道，"守承诺"和"救母亲"的道德约束本身没有给我们任何提示。

在这些时候，功利主义完全可以拯救我们。

功利主义认为，道德约束的终极目的是产生更多的快乐、更少的痛苦。所以，只需要算一算：你去赴约，朋友其实也不会开心多少；不救母亲，母亲和你的痛苦都会增加很多。于是，应该陪母亲去医院，跟朋友改天再约。现实生活中的人或许很少进行这么明显的计算。绝大多数人都会毫不犹豫地直接陪母亲去医院。守约和救母亲之间的"冲突"根本不会对一般人构成困扰。然而，我们恰恰需要理解生活是"如何"化解这类冲突的。既然"信守承诺"和"救母亲"这两个观念本身并未提示如何处理，我们又是如何做出选择的呢？或许，人们毫不犹豫地救助母亲，正是因为遵循了功利主义原则——母亲比聚餐"重要"。要是一个人居然为了赴约而把病倒的母亲一个人留下，我们不正是会指责他"因小失大"？

当然，母亲生病的例子过于简单。并非所有的道德冲突都能立即解决。如果朋友和你说了一个秘密，父母却问你他说了什么，你该"保守秘密"还是"服从长辈"？答案已不再明显。这时，功利主义就可以隆重登场了——想不清了？算算就好。

9.2.5 功利主义的死穴：电车难题

无论功利主义有多少优点，依然跟大多数哲学理论一样有着自己的困境。"电车难题"（the trolly problem）思想实验就是功利主义的一个死穴。

"电车难题"设想了这样一个场景：一辆火车行驶，前方的铁轨上绑了五个人。火车开得快，来不及刹车。这样下去，五个人必死。好在，前方有一处岔道，车可以驶向另一个方向。只不过，这个方向的铁路上也绑着一个人。如果不扳道，火车会轧死五个人；而如果扳道，会撞向那另外一个人。问：如果处在扳道工的位置，你应不应该按电钮，让火车变道？（见图 9-3）

图 9-3　电车难题：该不该按电钮，牺牲一个，救五个？

根据功利主义原则，你应该按电钮。牺牲一个人，救活五个人。

毕竟，五个人的快乐大于一个人的快乐，五个人的痛苦大于一个人的痛苦。而且，这五个人背后可能是五个完整的家庭，他们的死亡所带来的痛苦又会翻倍。所以，如果道德原则最终仅仅是追求"快乐与痛苦之差的最大化"，你就应该毫不犹豫地让火车变道。为了排除干扰，让我们假设绑在铁轨上的六个人有着类似的工作与家庭环境，而你不认识其中任何一人——所以，不用担心，不必纠结，你就安安心心地把他们当成完全等同的六个人，按动功利主义者为你擦亮的电钮就好。

这个判断却与常识相悖。

另一条轨道上的人出现得蹊跷，但毕竟是无辜的。而我们无权剥夺一个无辜的生命。在任何情况下，道德都不允许杀害无辜。出于客观权衡，也许会有人最终痛苦地按下电钮。但他们不应因此"信心满满"，更不能毫无愧色地说自己"只是做了正确的选择"——这个选择是否正确,远非功利主义者所认为的那么明显。

因此,电车难题描绘了一类场景,道德常识要求我们做出的选择与功利主义相反,功利主义也无法解释全部的道德现象。

有人或许会想:常识的判断会不会出错?剥夺一个人的生命确实不好,可这是我们在电车难题伦理场景中的无奈选择。更何况,功利主义也没要求你亲手杀人。你只需要按动电钮而已。电钮被擦得干干净净,你的手上也不沾血。按动电钮,就像考试做选择题时"选C"一样事不关己——一个理性判断而已。所以,你还担心什么呢?

上述反驳认为:常识对电车难题的第一印象并不准确,既然只需要"按电钮而已",剥夺一个无辜的生命也就不那么可怕。这个想法本身却非常可怕!很多灾难就是来自一个个平淡无奇的电钮。甚至,灾难越大,需要的"杠杆"越多,决策者的操作终端就越简单。手持刀斧行凶固然恐怖,可你能有多大的力气,凭刀斧伤得了几人呢?相反,启动核武器优雅得多:你只需要转动钥匙,输入指令就行。旁边甚至可以放一杯红酒。但显然,我们不该因为启用核武器的手上不沾血,就认为这在道德上情有可原。

况且,"按电钮"的细节设定其实无关紧要。再设想,同样是五个人被绑在铁轨上,火车即将驶过,没有岔路,也没有电钮,只有一位胖子站在高高的桥上,而你在胖子的身后。胖子很重,但你力气也不小。如果你稍微努力,能直接把他从桥上推落至铁轨上。如果你推了,胖子就能挡住火车,拯救另外五个人。问:你该不该推?

修改后的场面血腥了很多。你不仅要牺牲一个无辜的人,还要亲手把他推向车前。对此,常识的判断不再含糊:绝不可以推!把胖子推落至铁轨,就是亲手杀死他!而道德直觉告诉我们任何时候都不可亲手杀害无辜的人。对此,功利主义者将无话可说。根据功利主义原则,我们依然只能把胖子推下去。毕竟,按动电钮和亲手杀人的结果一样——为救五人,牺牲一人。功利主义认为:你应该这么做,做得毫不愧疚。思考至此,功利主义已露败象。

综上,功利主义无法说明所有的道德现象。也许,我们在日常生活中可以心安理得地衡量快乐与痛苦。该不该聚餐爽约,该不该告密,这些"小事"或许可以计算。可在生命面前,功利主义道德原则就立即失效了。

如果问出"先救谁"的恋人碰巧也听说过电车难题,就更让人头疼了。

借用功利主义原则,我们好不容易想出了"太难、算不清"这个答案,并花言巧语地编出"先救你,因为你给世界带来更多快乐"的说辞。现在,这些说辞统统失灵。因为对方可以逼问:

那好,如果不是我和你妈,而是我和一百个陌生人同时落水呢?万一我落水了,同时附近有船在沉没。你如果先游向沉船,就能救船上的一百个陌生人,而我生死难测。你先救谁?根据你的功利主义原则,你会毫不犹豫地抛下我!是吧?想都不用想?

说罢,恋人伤心地走掉了。对方则留在原地呆呆地回想,"好像真是这么回事,我虽然不是超人,不能一次救一百人,但如果能救,功利主义原则的确会让我先救一百个陌生人,不管恋人死活。"(见图9-4)可见,功利主义不仅无法解释全部的道德直觉,最终也没法回答"先救谁"的问题。

图9-4　功利主义会让你毫不犹豫牺牲恋人

好在，功利主义不是唯一的道德哲学理论。与功利主义针锋相对的，是康德的绝对义务论。绝对义务论能解释所有的道德现象吗？能不能帮恋人回答"先救谁"的问题呢？

9.3　绝对义务论："你不可……！"

功利主义把所有的道德都还原成"快乐"和"痛苦"。康德则认为道德原则是绝对的。"不能杀人""不可偷盗"，这些道德原则本质上和快乐痛苦无关。不可杀人就是不可杀人。这是"绝对的道德义务"（absolute moral duty），任何情况下都不能更改。在康德看来，一旦你开始计算快乐和痛苦，也就不再把"不可杀人"当作道德原则来遵守了。

9.3.1 道德义务是绝对的！

绝对道德义务论与功利主义在"电车难题"上对比十分鲜明。功利主义要求我们按动电钮，牺牲一个，救五个。绝对义务论者则会说"不行，把手从电钮上拿开！"哪怕这五个人的家属找你哭诉，你也不能妥协。我们可以同情这五个人的遭遇，为他们感到难过。但"不可杀人"的道德要求并不会因后果严重而有所松动。任何情况下，都不应剥夺其他人无辜的生命。这才是"道德"对我们的要求。

与功利主义相比，绝对义务论更能体现道德的严肃性。在功利主义者眼中，所有那些"不能杀人也不能偷盗"的条条框框都只是工具，它们无非告诉了我们"这些不能做，不然会有人不开心哦"。而在绝对义务论者看来，道德律是独立存在的。就算世界上没有快乐和痛苦，就算道德律只会带来痛苦，也应该被严格遵守。实际上，很多人对功利主义的疑惑正是源于心中绝对义务论的道德观。"什么快乐痛苦？道德哪能这样计算？"

前文提到，功利主义者未必是斤斤计较之人。但功利主义原则常常要求我们在生活中"处处计算"。既然寻求快乐和痛苦差值的最大化，功利主义者就可以为极其微小的快乐而放弃普遍的道德要求。

比如，你去餐厅吃午饭，结账时见一个乞丐从餐厅门口经过。你的午餐一共35元。这时，你想起了快乐的边际递减效应：35元对餐厅微不足道，就算收了款，老板也不会开心多少；门口的乞丐却非常需要这笔钱——35元能缓解他的寒冷和饥饿。所以，何不把这35元给乞丐呢？这样做，会带来快乐和痛苦之间最大的平衡。你于是对店员说，"要不，我就不付钱了吧，我把钱给乞丐，他更需要这35元。"店员以为自己听错了，像看怪物一样看着你。乞丐虽然开心,但可能也会因此担心你精神不正常,悻悻走开。

把该付餐厅的钱给乞丐,这非常荒诞。付钱消费是现代社会的基本要求。当然,如果这位乞丐是外星人,威胁不给35元就毁灭地球,而你只有这35元,那么"消费就付钱"的原则的确要让位于人类的安危。可功利主义者不只面对外星人会松口,面对普通乞丐也会松口——他们对道德原则本身没有丝毫坚持。只要任何一个行为比"结账"带来的总体快乐更多,功利主义者就认为不该付款。

功利主义者或许会辩解说:关于结账,不能只考虑乞丐和餐厅老板,也要考虑我啊!我吃霸王餐肯定被打,会很疼!所以综合来看,还是得付钱。只不过,付钱的原因不再是"消费要付钱"的约束,而是快乐和痛苦间的功利考虑。何况,要是人人都吃霸王餐,就根本不会有餐厅,甚至连现代社会的商品交换行为也都不再成立了。总之,"消费要付钱"完全符合功利主义原则。

现实中的功利主义者确实可能是遵纪守法的良民。但在道德绝对义务论看来,功利主义对遵纪守法的态度非常的别扭。付钱消费,只是因为不付钱会被打吗?被打确实难受。可我们遵循道德的原因难道只是惧怕后果?根据这种观点,如果你身强力壮,店员瘦小不堪,你就"应该"拒绝付款,拒绝得理直气壮。此时,"消费要付钱"的社会风俗和法律约束,反倒是站在了邪恶的一方。

相比之下,道德绝对义务论在理得多。道德义务是绝对的:即使有乞丐从餐厅门口经过,我们也应该结账。消费付钱天经地义。作为道德要求,"消费付钱"无关于"应该平衡快乐减痛苦之差"的功利考虑。

9.3.2　绝对义务的困境：死脑筋

绝对义务论者非常尊重道德的严肃性。可他们未免太严肃了。"任何情况都不通融？"生活中的道德实践往往没这么死脑筋。或许人们不会时刻衡量快乐与痛苦之差，但也常要比较不同义务间的轻重缓急。

以"不可撒谎"为例，设想：你的恋人被仇人追杀，躲进你家，仇人找过来问："人呢？是不是在你这儿？"你该怎么答？正常人都会说"什么人？不在！"并表示诧异。多数人担心的，是对方不信，还穷追不舍。至于自己撒不撒谎，根本不值得纠结。刀都快架到恋人脖子上了，还不撒个谎？绝对义务论者却不会这么做。康德尤其认为：任何情况下都应该说真话。哪怕恋人被仇人追杀，也应该诚实地说："人在这儿呢。"

我们刚刚还嫌弃功利主义者冷血，想不到绝对义务论者更冷血。功利主义冷血，是把所有人的生命输入"快乐减痛苦"的算法，算法让你消失，你就得消失。绝对义务论者的冷血则是让道德律碾压一切——所有那些来自生命温度的通融，都被斥为"不道德的"。

当然，我们对绝对义务论者的指责比较刻板。与所有其他哲学家一样，绝对义务论者不会允许自己陷入荒唐的泥潭。对于"哪怕恋人被追杀也不能撒谎"，绝对义务论大概可以这样解释：道德上应该说真话，不等于抛弃实践智慧。如果康德的恋人被追杀，躲进了他的家中，康德的内心台词或许是："啊，怎么办，又是一个道德难题，如果被对方问，我还是应该说真话的，但权衡之后，我还是不说，毕竟不是所有人都得做他们'应该'做的事"。

所以，绝对义务论者和功利主义者在是否撒谎隐瞒恋人的去向这件事情上，实际的行为可能完全一样。两者的差别是：功利主义者认为"应该"撒谎隐瞒，而绝对义务论者认为"不应该"。功利主义随时松动具体的道德原则，而绝对义务论则认为：每当妥协时，我都主动承担了一个道德污点。

谁的解释更合理呢？两者各有优劣。

绝对义务论的优点是：主动承认自己身上的道德污点，体现了比较高贵的品质，值得表扬。现实生活中的情况非常复杂，人们难免在道德原则上做出妥协。而对妥协的态度反映了一个人的道德良知。"撒个谎算什么？当时情况紧迫，我只能撒谎，我不承担任何错误！"有良知的人不这么说。若是迫于形势就能卸载道德责任，那么当电车开过时我们也就可以心安理得地按电钮，剥夺一个无辜的生命。这显然违背常识。更负责的态度是："道德约束不可更改，撒谎永远不对，但我愿意为了他人安危，而做一件错事。"听到这段内心独白，你躲在屋子里的恋人可能会更加感动呢——你不仅有着十足的正义感，还有责任，有担当，愿意为对方而自我牺牲。

可是，感动归感动，绝对义务论缺点也非常明显：它极其冷酷，甚至冷酷到我们不得不分割"应该怎么做"和"实际必须怎么做"的程度。恋人被追杀，难道我还"不应该撒谎"吗？这个时候，我难道不应该"保护恋人的生命"吗？为什么道德竟会做出相反的指示？况且，当绝对义务论者主动承担道德瑕疵，他们又为什么这么做呢？为身边的人主动承担道德瑕疵，难道不是一种自我牺牲的美德，是"应该做"的吗？而这种"应该"，又恰好是道德的要求。我们应该助人为乐，应该扶老奶奶过马路，这都是道德的"应该"。凭什么到了撒谎保护恋人的时候，"应该"就变成了实践智慧呢？在理想情形下，道德应当能够合情合理地指导实践生活。而绝对义务论的死脑筋，却割裂了道德与生活实践之间的关系。

该不该撒谎保护恋人,也体现了绝对义务的另一个困境:绝对义务论不仅残忍,还会造成不同道德义务间的冲突。

如果道德和义务是铁板一块不可调和,它们彼此冲突时又该如何?当恋人避难,仇人追来,我们其实有两个义务:其一,是诚实,说出恋人的藏身处;其二,是不伤害他人,确保恋人的安全。保护恋人不仅源于私心,也源于不伤害他人的道德义务。于是,撒谎和不撒谎,就不只是道德和私心的冲突,而是道德和道德的冲突。"诚实"要求我们说真话;"不伤害"要求我们说假话。既然两个道德原则都是绝对的,我们又该怎么做?

道德义务间的冲突,不只是实践的冲突——我们都会说假话保护恋人——而更是逻辑矛盾。即在上述情形中,"应该说出恋人的位置"既为真,也为假。为真,源于"诚实"的道德律;为假,源于"保护他人"的道德律。哲学家最讨厌逻辑矛盾。矛盾就像"圆的方"和"表面全白又全黑的桌子"一样,根本不配存在世界上。

绝对义务论的漏洞这么多,自然也没法为"先救谁"给出天衣无缝的回答。

当恋人提出"先救谁"的拷问,绝对义务论者最可能的回答是:"这个问题实在没法回答,因为生命无价,在任何情况下我都绝不应该舍弃任何一个人"。古灵精怪的恋人一定不喜欢这么自我感动的独白。"不该舍弃任何一个人?那如果换成我和陌生人同时落水,你也没法选喽?拜拜!"(见图9-5)

图 9-5 绝对义务论要求恋人必须和陌生人平起平坐

9.4 初始义务观:"你不可……",除非……

道德真的这么难理解吗?我们平时一直和各种道德规范友好相处,为什么一开始反思就总是惹麻烦?哲学家还能不能让我们好好生活?我们早已"不知道"是否喜欢自己的恋人,不确认爱的是不是对方"本人",甚至想不清什么是"时间"和"自由",难道连"道德"也要陷落吗?

愤怒和焦虑可以理解,但错不在哲学家。哲学的工作只是把这些概念的含义提炼出来。万一发现冲突,那也是人们平时对这些概念理解本身的问题。哲学并不添油加醋。何况,出现问题时,哲学家们比别人更揪心,就像本职工作没做好一样着急。

那么,除了功利主义和绝对义务论之外,哲学家还对道德做出过哪些说明呢?最著名的一个尝试,是提出"初始义务"

（prima facie duty）的概念。罗斯（W. D. Ross）认为，道德义务不等于快乐减痛苦，却也不是绝对的。每一个"你不可……"的道德义务后，都隐藏着"除非……"的补充限定。

所谓初始义务，就是我们在常规默认情况下所应遵守的义务。"红灯停绿灯行"就是初始义务。在常规交通状况下，我们应该红灯停绿灯行。但如果你看到绿灯时，有车疾速驶来，你就应该先等等。同样的，如果你开着警车或救护车执行紧急任务，那么在确定安全的情况下也可以闯红灯。

红灯停绿灯行是关于交通的行为规范，不直接涉及道德善恶的本质。而罗斯认为，道德责任本质上完全相同。"不可偷盗""不可撒谎"和"不能闯红灯"一样，只适用于常规情形。任何时候都不能撒谎吗？在你家里躲避追杀的恋人可不会同意。任何时候都不能偷盗吗？如果在战争时代，你挨饿的家人就会反对。至于"不可杀人"呢？当对方罪大恶极时，人们似乎可以正义地惩罚对方，并剥夺其生命——当然，死刑是否合理，不同国家有很多争议，但争议的存在至少说明了接受死刑的可能性。

初始义务观和功利主义不同。罗斯等人认为，在多数常规情况下，伦理善恶不等于快乐和痛苦的平衡。起码，初始义务有着相当的适用范围。去餐厅吃午饭，结账时遇到了乞丐，是老老实实付钱还是把钱都给乞丐？功利主义者会让我们算怎么做最好，初始义务论者却不会。遇见乞丐，是再正常不过的事，根本不属于"消费要付钱"的例外情形。所以，你应该想都不想，直接付钱结账。

初始义务观也和绝对义务观不同。在本该聚餐的傍晚，母亲忽然病倒。绝对义务论者此时会手足无措：是该守承诺赴约还是陪母亲去医院？两个道德义务都这么绝对，让人如何是好？

相比之下，初始义务论者就从容得多。他们可以毫不犹豫地跟朋友说："抱歉，家母生病，不能赴约。"毕竟，母亲病倒可以算作"信守承诺按时聚餐"的例外情况。母亲病倒时，你就从按时聚餐的道德约束中完全解脱了出来。

综上，初始义务观结合了功利主义和绝对义务观的优点：根据初始义务观，我们无须事事都费心地计算，更不必死脑筋到哪怕刀架在脖子了也不能撒个小谎。

与绝对义务观相比，初始义务观最显著的优点是能够化解不同义务间的冲突。前文指出，恋人被追杀的场景包含了两个相反的道德约束：诚实地说出真相，以及保护身边的人。而如果道德责任只是初始责任，两个约束就不必硬碰硬地打架了。相互比比，看谁更适用？不那么适用的就让一让——显然，恋人被追杀时，"保护身边人"依然适用，而"不可撒谎"就不合时宜了。于是，你唯一该做的，就是保护好恋人，跟仇人扯个谎。"应该"和"不应该"之间不再有任何逻辑矛盾。总之，当两个道德义务冲突时，总有一方可以让步，万事大吉。

可能有人会疑惑：义务之间的权重又怎么判断？凭什么"诚实"让位于"保护他人"，而不是反过来呢？背后的理由究竟是什么？此时，功利主义者仿佛看到了转机——"诚实"让位于"保护他人"，不正是因为保护他人带来更多快乐吗？难道不是因为恋人被害的后果严重，而撒谎无伤大雅，才放弃"诚实"的义务吗？可这样一来，初始义务论就回到了功利主义原则。

实际上，初始义务论不必担忧。功利主义并不是义务间轻重缓急的唯一解释。甚至，初始义务论可以拒绝解释"为什么"一个义务要让位于另一个——这其实是基本的道德事实而已。恋人被追杀时应该撒谎，正如恋人问"我是不是最美"时应该如实回答（或继续撒谎）一样。这些都是实践道德生活中最基本的部分。对于基本事实,我们可以解释,也可以不解释。解释总有尽头。

初始义务论者会如何面对"先救谁"的挑战呢?

与绝对义务观相比,初始义务观在这个问题上有了明显的进步:当恋人和陌生人同时落水时,你可以毫不犹豫地游向恋人!根据之前的绝对义务观,你永远不可牺牲任何一人。无论恋人,还是陌生人!因此,哪怕你更在乎恋人,在道德上也绝不允许牺牲陌生人的生命,只能任由恋人在水中愤怒又疑惑地看着你。初始义务观则不同。初始义务之间存在轻重缓急。而通常,我们对自己身边的人和事负有更多的责任。父母更有责任照顾自己的孩子,而不是别人的孩子。学生有义务做好自己的功课,而不是做好别人的。当一对恋人在一起时,他们自然就为对方承担起非同寻常的道德义务。因此,落水的陌生人,只得让位于落水的恋人。

可惜,初始义务论对"先救谁"的最终回答还是会让恋人失望。救恋人,救母亲,两者都是你的初始义务。而当两者冲突时,一方就要让步。可是,刚刚提到的基本生活常识并没指明哪个义务应该让步。恋人和母亲都很重要。通常而言,人们只有在极其特殊的情况下才能够卸掉"保护恋人或母亲"的道德约束。比如,万一有变态恐怖分子要求你为恋人和母亲画很丑的眼妆,拍照传上网,否则就炸掉地球,那你似乎确实应该让恋人和母亲委屈一下,为了全人类的安全画一个很丑的妆。然而多数情况下,保护恋人和母亲这两个道德原则绝不退让。于是,当两者必须舍弃其一时,你只能纠结。见你这么纠结,恋人也就再次气到转身离开。

9.5　绝对义务的回归:"你不可……,除非……"

初始义务观是不是对道德约束最好的解释?答案并不确定。罗斯等人对道德原则的洞见其实也适用于绝对义务观。初始义务观的核心论点是:"不该偷盗"这样的道德要求存在例外。而这个观点其实有两种表述方式。试比较:

A."你不可偷盗",除非……
B."你不可偷盗,除非……"

两个表述之间有什么差别?看上去确实很像,至少用到的汉字完全一样。两者的差别,仅在于"除非……"出现在引号之内还是引号之外。引号表达的,是关于偷盗的道德约束的具体内容。A 对应道德的初始义务观。根据 A,禁止偷盗的道德义务,其内容是"你不可偷盗"。而当我们遇到"除非"后面的例外时,"你不可偷盗"的义务即被消解。

B 则把例外情形直接写进了道德义务的条文之中。修改后的 B 不再是初始义务,而是绝对义务。既然一个条文已经罗列了全部的例外,它自己也就成为绝对不可更改的——任何例外都将是它本身的一部分。

绝对义务论者可以主张:绝对道德义务的真实形式,不是"你不可偷盗",而是"你不可偷盗,除非……"。道德义务的真实内容比我们以为的复杂。日常生活只谈论"不可偷盗",避而不谈"除非",只是因为懒——澄清这些补充条文实在太烦琐。比如,"不可偷面包"如果有例外,就至少包括了:战争时期家人快饿死时、对方是富裕的面包店主时、对方是正在买面包的富裕银行家时、外星人入侵地球引发混乱导致面包的所有权不清时，等等。如果你愿意，可以把这个列表无限延长。无论多么天马行空的情形，只要的确能从我们身上卸下"不可偷盗"的负担，就是条文中的例外情形。总之，"不可偷盗"的真实义务非常复杂，内容极其烦琐，哪怕用一本书也写不完。尤其在《旧约》的故事里，摩西受上帝启示而在石板上做"十诫"。石板很小，根本写不下补充条文。所以，我们不该因为摩西仅仅写下了"不可偷盗"，就认为关于偷盗的道德约束只包括这四个字而已。

把道德义务搞得这么复杂有什么好处？好处是：道德义务将同时保留绝对的威严性与变通的灵活性。

绝对威严，因为当把例外写入补充条文后，整个道德约束将变得不可侵犯。无论在任何情况下，我们都应该遵从"不可偷盗，除非如何如何"的约束。如果某个场景允许偷盗，它就早已被写进了"如何如何"的补充条款。

变通灵活，是因为"不可偷盗"不再是四个镶金大字，而是变成了一段复杂的代码。代码讨论了各种可能的情形，并分别告知这些情形中可不可以偷盗。通过代码的优化，"不可偷盗"的道德约束不仅变得人性化，也避免了和其他道德约束间的冲突。比如，"不可偷盗"的补充条文中可以包含"如果被强大的魔鬼逼着在'偷一个面包'和'毁灭全人类'之间进行选择，赶紧去偷面包"。这样一来，"不可偷盗"也就不会跟"不可杀人"产生冲突了。

除了威严感与变通性之外，绝对道德义务的上述修补还有一个特点：它不认可以高尚的道德之名行不计后果之事。

比如：要不要以牺牲经济为代价执行极端激进的环保政策？要不要不顾文明的冲突无原则地引进难民？这些问题背后都有复杂的政治经济博弈，我们不予深究。需要注意的是，很多人把这些博弈理解为高尚道德与现实功利考虑之间的较劲。

仿佛保护环境是我们的道德义务，而发展经济则是功利而庸俗的主张；仿佛无条件接纳难民就恪守了"帮助他人"的原则，而优先保护本国文明秩序就是自私自利的计算。然而，根据上述对绝对义务的优化，事实未必如此。极端环保主义者自以为遵守了保护大自然的某种道德约束，敞开双臂拥抱难民的人自以为实现了无私的品格，但他们可能都错了。也许，"帮助他人"的补充条款中早已写入了"不可过度伤害本国人民的福祉"。"保护大自然"的原则下面也可能有一行小字："除非损害了多数人的生计。"总之，在不计后果维护纯洁的道德原则时，人们可能只是误解了这些道德原则的内容。

9.6　小结

恋人和母亲同时落水了，先救谁？如果说"先救母亲"，恋人会伤心；如果说"先救你"，恋人会开心，却转而怀疑你的人品。怀疑人品，是因为"毫无顾忌地抛弃母亲"在道德上不可原谅。

本章从道德角度分析了"先救谁"的千古难题。虽然我们最终没有找到让恋人满意的答案，却至少明白了这个问题难在哪儿。首先，根据功利主义，你算不清恋人和母亲谁更重要，所以犹豫。即便算出了恋人更重要，但在恋人和一百人的沉船之间以同样理由选择后者，恋人还是会伤心地离开。其次，根据绝对义务观，你不可牺牲任何一人，所以在恋人和母亲之间做出抉择很难。恋人却不会同情你，因为绝对义务观认为：哪怕恋人和陌生人同时落水，你也会犹豫不决——毕竟，你绝不可牺牲任何一人。最后，根据初始义务观，你在恋人和母亲之间犹豫，是因为不确定"救恋人"和"救母亲"的义务谁更优先。

初始义务观虽然避免了"不知道先救陌生人还是恋人"的尴尬，但仍然无法为恋人和母亲之间"先救谁"提供答案。

功利主义、绝对义务观、初始义务观，都属于"规范伦理学"（normative ethics）领域。规范伦理学研究"人们应该做什么"的问题。不同人在不同场景下，应该怎么做？怎么做才是道德上"正确"的？

这个问题看似极其简单。社会早已为我们提供了各种行为规范：红灯停绿灯行、敬老爱幼、助人为乐、不偷不抢，等等。在常规情况下，这些行为规范畅通无阻。功利主义、绝对义务观和初始义务观通常也不会给出相反的指令。然而我们看到，一旦遇到特殊情况，社会规范本身的指导意义就十分有限了。恋人和母亲落水时先救谁？电车即将压死五个人时要不要牺牲另一个人？恋人被仇家追杀时要不要撒谎？对此，常识行为规范并没有现成答案。想要回答这些问题，也就必须反思"我们应该怎么做"背后的道德原则——功利主义，绝对义务观，还是初始义务观。常识行为规范背后的哲学依据究竟是什么？只有找到道德规范的最佳哲学解释，才能在常规情形之外的道德困境中找到"应该怎么做"的答案。

除了规范伦理学之外，伦理学的另一个主要分支是"元伦理学"（metaethics）。元伦理学并不直接问"应该做什么"，而是探讨更根本的"什么是'善'（good）"。元伦理学可以看作关于"善"的形而上学，具体涉及：什么是"善"本身？道德真理是客观存在，还是人和社会的想象？一个由原子、分子构成的世界中，真的包含"善"这样的属性吗，等等。元伦理学与规范伦理学之间有着千丝万缕的联系。对"善"的解释也会影响到"我们应该做什么"的回答。本书并没有涉及元伦理学，因为恋爱中的经典提问很少触及"善"的本质。幸好如此！不然，恋人们又会增添很多哲学烦恼呢。

心灵哲学

第 10 章

把我的意识上传后，你会继续爱那个程序吗？

章节要点：
- 什么是心灵哲学？
- 身心现象差异
- 身心实体二元论
- 实体二元论的身心互动困境
- 行为主义
- 副现象主义

10.1 意识传输的风险了解一下？

科幻电影是很多人的最爱。好的科幻电影情节连贯，逻辑清晰，看起来轻松愉快没负担。

不过，有些恋人在看完电影之后会问："如果我的意识也被上传到程序里，你还继续爱这个程序吗？"意识传输是科幻影视剧的常见题材。从《阿凡达》到《黑镜》，都有意识上传的主题。意识传输可以让人获得全新的身体，甚至在虚拟世界中永生。科幻电影看多了，恋人自然忍不住问。好在，多数人在看完电影后心情比较愉快，不会刁难，你大声回答："会的，会继续喜欢那个程序"也就可以了。

正面的肯定回答似乎没错。既然问了，恋人也就假设了意识可以传输，传输之后的程序也还是自己本人。可是，意识传输没那么简单。和"怎么知道喜欢对方"一样，它背后隐藏着很多哲学问题。恋人不想还好，可一旦胡思乱想，就会开始疑惑："传输了意识之后的程序真的是我吗？你确定？你居然答得毫不犹豫，说明你喜欢的可能不是我本人，等我没了以后你肯定会和别人在一起……"

意识传输涉及的哲学问题包括了人格同一性、意识结构、身心关系等多个方面。本章我们会从身心关系的角度讨论意识传输的可能性。

或许会有人问：意识传输有什么深奥的？虽然意识传输目前还是天方夜谭，但这只是因为科技还不发达。只要脑科学和IT技术发展到一定程度，肯定就能完成意识传输。至少，科幻影片讲述意识传输时没暴露明显的逻辑矛盾啊。

但事实上，很多科幻设定都隐含了逻辑和哲学的困境。比如，经典的时间穿越主题。如果你穿越到过去，不小心改变了历史，那之前的历史究竟有没有发生过？万一你还不小心杀死了自己的祖先，那么你还会出生吗？就算出生了，这个人还是你吗？你还是你吗？当然，科幻电影一般不会让主人公找自己祖先的麻烦，但时间旅行的逻辑问题一直在。意识传输也是类似，它涉及很多关于"我是谁""谁是我"的问题。只不过，这些问题常常被影片的流畅叙事掩盖了。

正式讨论之前，我们要先引入主流科幻电影关于意识传输的两个基本假设：

- [意识同一] 人格同一性由意识承载；只要一个人的意识还在，他本人就在。
- [物理基础] 意识存在物理基础，只要能再现意识的复杂物理基础，就能再现意识。

有了 [意识同一] 和 [物理基础]，原则上就可以进行意识传输了。毕竟，再现了意识的物理基础就再现了意识，而再现了意识就再现了你"本人"。这样，人们就可以开开心心地穿梭在不同的身体或程序之间，寿与天地齐。

我们初步澄清一下 [意识同一] 和 [物理基础] 的主要内容。

先看意识同一。在讨论什么是一个人"本人"时，我们曾纠结过很久。束论只把人看作属性的集合，基底论认为人还有基底。当时，我们曾把"有意识"当作人的属性之一——就算昏迷不醒，一个人还可以是他本人。那么，[意识同一] 为什么又认为意识能承载人的自我同一性呢？原因在于：无论是否清醒，一个人的意识总是他本人的意识。睡着的时候，意识也陷入沉睡。醒来后，意识一同醒来。根据常识，我们一般不会认为一个人在睡着后就完全失去了自己的意识，醒来后竟获得另一个全新的意识。因此，意识似乎是承载人格同一性的恰当基础：只要一个人的意识还在，他就还是他本人。很多宗教其实都预设了意识与人格同一性的关联。基督教认为，人死后肉身消逝，灵魂升天。灵魂是什么呢？在神学家看来，灵魂就是意识。而作为意识，灵魂既能思考，也能感知和想象，不然，死后又怎么享受天堂的美妙呢？无论基督教正确与否，意识同一都是其生死观的重要基础。

[物理基础]则来自朴素的唯物主义直觉。人有意识，无非是因为他有大脑。大脑的生物状态在主观上反映为人的意识。只要我们能完整模拟大脑的状态，当事人的意识就可以重现。意识传输之所以目前还不可能，只是限于我们脑科学知识的发展局限。一旦突破了科技的限制，人们就可以肆无忌惮地进行意识传输了。另外，承载意识的物质基础不一定非得是人类的大脑。地球演化出了碳基生命，生命却完全有可能以其他元素为基础。意识上传的科幻场景，就是把碳基生命的意识载入硅基的电脑程序中。总之，只要物质形态足够复杂，任何形式的元素都有可能承载意识活动。

[意识同一]与[物理基础]看似纯真无害，却有可能产生严重的后果。正如时空穿越可能伤及祖先，意识传输也有严重的伦理隐患。

根据[意识同一]和[物理基础]，意识之所以能上传，是因为我们掌握了当事人完整的脑图。只要再造脑图中的物质形态，就可再造此人的意识。然而，万一科技公司不小心拷贝了不止一份呢？如果他们在"复制"之后不小心点了两次"粘贴"

呢?点两次粘贴,就会打印出两份完全一样的大脑。根据[物理基础],这两份大脑都承载意识,而[意识同一]会把这两个意识归属于同一个人。毕竟,如果第一份程序拷贝延续了"你本人"的意识,第二份程序拷贝凭什么不行?两份都是一模一样的程序拷贝,不可以双重标准哦。

也就是说,如果接受了[意识同一]和[物理基础],原则上就可以复制出无数个"你本人"。这些拷贝之间不仅内容上完全一样,甚至根本就是"同一个"。每个人都是"你"。你却同时是很多人。对于你身后的恋人来说这是莫大的灾难。"说好了上传后继续爱这个程序,可我现在该爱哪个程序?程序们都说是你本人,居然还都有意识!我现在该怎么办呢?到底哪个程序是你?你又在哪儿?"

如果恋人在上传后被意外地拷贝了不只一份,那你一定要跟科技公司死磕到底。这个问题太严重了:不仅对方从一个人变成了两个,我们还不能销毁任何一个副本。因为每一个副本都已经是对方本人。销毁任何一个,都是一次谋杀。(见图10-1)

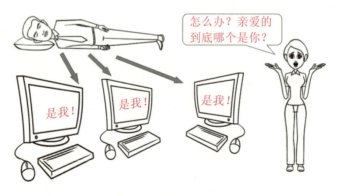

图10-1 意识传输的风险:人格复制

或许有人会想：能不能把这些拷贝归类分级呢？比如，规定你的第一份脑扫描是"母本"，其他都是"副本"。母本才是本人，副本只是替身。副本不仅帮母本完成工作，还能为母本英勇挡枪。岂不美哉？可惜，这种想法根本经不起推敲。母本和副本之间的差异完全是人为规定的。副本并不比母本少一块肉。强行区分母本与副本，是无端歧视副本，非常违背平等精神。况且，为什么把第一份脑扫描的产品成为母本呢？为什么不把最后一个复制看作母本？

可见，科幻影片中关于意识传输的假设会产生很多问题。如果按照 [意识同一] 与 [物理基础] 的思路解释意识传输，我们就根本没法断定上传之后的程序还是不是你本人。在你信誓旦旦地回答"等你意识上传了我会继续爱那个程序"之后，恋人很可能心生疑惑："那个程序是我吗？如果不算，那对方岂不是在出轨？"

意识传输是否注定失败？有没有更好的方法理解意识传输？为回答这个问题，我们将依次考察几个经典的心灵哲学理论。看看它们能否化解意识传输的矛盾。

10.2 身心二元论：心灵是心灵，身体是身体

意识传输涉及心灵的本质以及身心之间的关系。我们的心灵究竟是什么？心灵和肉体之间有哪些关系？心灵是否一定依赖于肉体存在？

哲学史上最经典的心灵理论之一是身心"实体二元论"（substance dualism）。实体二元论认为，身体和心灵是两类不同的实体。身体是物质实体，心灵是思想实体。虽然身体和心

灵常常结合在一起,但两者之间能够彼此分离。物质可以不会思考,心灵也可以没有物质。

"实体"(substance)是非常重要的哲学概念。

根据定义,实体是"能独立存在的事物"。一只排球可以看作是一个实体。即使离开了球场和球员,排球依然存在。什么又不是实体呢?排球的"圆形"和"白色"都不是实体。颜色和形状不能独立存在——它们总要依附于排球这样的具体事物。同样,一个人可以看作是一个实体,而笑容仅仅是人的属性。如果世界上出现了微笑,就一定有微笑的面孔存在。在讨论一个人的"条件"和"本人"之间的差别时,我们把条件称为人的"属性"。可以想见,属性都不是实体。属性都要依附于具体的事物而成立。

对于"实体"的具体范围,哲学家们争论不休。一个人真是一个实体吗?或许,人可以独立生存。社交恐惧症的人尤其能一个人活得自在。如果能拒绝现代社会的馈赠,你甚至可以逃上荒岛,自己织布耕田。可这算是"独立存在"吗?就算躲在荒岛上死宅,人不也需要空气和水吗?没有空气,就没法呼吸,更顾不上耕田织布了。所以,人的独立不是绝对的。同样的,排球也不能绝对独立存在。排球能安安稳稳地躺在地上,得益于内外气压的一致。如果气压剧烈变化,排球就会原地爆炸。近代哲学家斯宾诺莎(Spinoza)认为,上帝是唯一的实体。上帝全知全能至善,只有上帝才不需要外物。而其他的一切——无论人、天使、打火机,都生活在上帝创造的世界之中。

身心实体二元论认为,身体和心灵就是两类不同的独立实体。像排球跟排球运动员一样:两者虽然总是同时出现在赛场上;但比赛结束后,排球运动员就会离开,留排球独自在场地上。身体与心灵也是如此。身体与心灵在生命的进程中紧紧捆

绑在一起。可一旦生命结束，心灵就会脱离消亡的肉身。（见图 10-2）

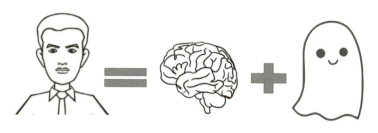

图 10-2　二元论解剖学：肉体加灵魂才是完整的人

心灵"脱离肉身"的说法有着浓厚的宗教色彩。二元论仿佛为"灵魂不死"量身定制。在西方历史上，二元论的确为宗教信仰提供过理论支持。但二元论并不是灵魂的免死金牌。就算心灵与身体"可以"分开，也不等于两者一定分得开——就算身体与心灵是不同的实体，它们也完全可以总是同时生成与消亡。总之，二元论者不必相信"世界上有鬼"；他们完全能和唯物主义者友好相处。二元论和唯物主义的主要差别仅在于：唯物主义者认为心灵在本体论上依附于肉体，心灵因肉体而存在；而二元论认为，即使心灵和肉体总是共同出现，它们也是本质上不同的两类事物。

跟唯物主义相比，二元论看起来相当烦琐。如果你信仰灵魂不死，那么接受二元论还情有可原。但要是不相信存在死后的世界，又何必强调身心不同呢？但实际上，二元论的主要理论基础不是宗教，而是身体和心灵在现象上的差别——身体和心灵的性质十分不同。对此最好的解释，大概就是把这两组性质归属于不同的实体。

10.2.1　身心现象差异：以"红色"为例

什么是身体？什么又是心灵？

前一个问题比较简单：身体由物质组成。虽然物理学家不断刷新我们对物质的理解，物质概念的含义依然比较统一。桌椅是物质，空气是物质，光波是物质。另一些概念的"物质性"不那么明显，比如引力、真空，但它们也都是物质。总之，物质概念似乎包含了宇宙中一切可见的现象。哪怕我们对"物质"还没有一个准确的定义，也不影响人们基本理解什么是物质。至于人的身体，就是人由物质所构成的那部分。

心灵呢？在日常语言中，"心灵"的范围比较广。心灵首先可以指性格。我们说某个人有美好的心灵，另一个人则心灵恶毒。从性格层面看，心灵未必与身体有本质的不同。毕竟，美好心灵的绝大多数特质——比如热心帮助他人、勇于坚持自我，都可理解为身体的行为倾向。然而，心灵不只是性格特质。科幻电影中上传的心灵也不是个人的"品格"。心灵与身体最显著的差异在于"意识"。一个人的心灵，首先是他的意识世界，是他在主观上的所见所想。所谓心灵的美好与恶毒，其实也正是一个人主观心灵感受的外化。

为了说明身心之间的这种差异，我们不妨问一下什么是"红色"。苹果是红的，玫瑰是红的，可"红色"又是什么？从物质的角度看，红色是特定频率的光波。苹果红，因为苹果反射的光波具有这种频率。无论你看没看见，光波本身都可以存在。当然，随着物理学的发展，我们未必一定要把红色解释成"光波"。物理学家也许会找到比光波更加精确的基本概念，以解释颜色的产生。

可是，无论物理学发展到多远，都不能完美还原心灵所看到的红色。心灵看到的红色不是光波，不是特定的波长。心灵看到的红是鲜艳的。即使从不计算频率，心灵也能直接知道苹果、玫瑰和血液的颜色相同。看到红色时，心灵会感到振奋和愉悦；做物理习题计算波长时，却异常烦闷。综上，作为物质属性和心灵属性的红色并不相同。

不只红色，很多心灵能感知的特征都是如此。比如"疼"。人们都不喜欢疼。无论刀伤还是烫伤都非常难受。正常的人在疼痛时一定会立刻寻找原因，然后包扎伤口。现代医学认为疼痛源于C纤维神经冲动。但无论科学家把痛的神经机制分析得再清楚，他们研究的也不是"痛感"本身。在逻辑上，一个人完全有可能感到剧痛，神经系统却风平浪静，没有任何疼痛的典型特征。或反过来，一个人的神经系统完全有可能符合疼痛的客观特性，心灵却感觉不到疼。

可见，身心之间的鸿沟没法用脑神经科学填补。疼痛如此，红色也是如此。红色的光波投向视网膜，引起大脑的一系列反应。这些反应却仍然不是我们看到的红色本身。无论把人类大脑的视觉机制研究得再透彻，也不排除有人会"看到"红色，脑神经却纹丝不动；或者反过来，大脑活动符合人类看见红色时的全部特点，却就是"看不见红色"。

就算心灵现象总有固定的物质基础，我们也不能把身心两者等同。你眼中的红，居然对应某种特定频率的光波。这本身就令人十分惊讶！"为什么两类如此不同的性质能彼此对应？"人们在日常生活中不问这类问题。哲学家却始终觉得我们需要一个解释。

二元论对于身心差异的解释简单明了：身心存在现象差异，因为身心本是不同的实体。身体是物质实体；心灵是思想实体。物质实体的属性都是物质属性——比如桌子的长、宽、高，光波的频率。而心灵实体的属性都是思想意识。心灵的红色和疼痛都是"意识"感受的内容。茫茫宇宙之中不止有物质。我们之所以"看得见"红色，是因为物质身体之外还有心灵。这些都不能被还原成物质属性，都是心灵的某种显现。

虽然意识不是物质，没法测量长、宽、高，却并不神秘。恰恰相反，意识是我们所有人最为熟悉的事物。早在认识大千世界之前，我们就已经具有意识了。我们看到花的红、感受火的热。就算还没学过物理，不知道颜色和燃烧的本质，我们也已经见过它们在意识中的投影。

此前回答"怎么知道自己喜欢你"的时候，我们讲到了笛卡尔的"我思"。哪怕我在做梦，哪怕有全能的魔鬼骗我，我也必须存在。而这个"我"就是思想意识。只要我还有意识，就一定存在。这就是笛卡尔的"我思故我在"。笛卡尔认为自我意识远比外部世界更加亲切。意识当中的确有一些难以窥探的阴暗角落——弗洛伊德就从潜意识的垃圾箱里翻出很多龌龊的想法。但无论怎样，意识的表层部分却清晰异常。疼就是疼，不疼就是不疼。意识绝不会骗你！相比之下，物理世界要凶险得多。在物理世界中，我们会反复跌倒，犯各种实践错误。认知错误则更是数不胜数。就连最简单的"红色"的本质，也用尽了物理学家几个世纪的精力去探索。心灵与物质如此不同，把它们归为两类实体最合适不过。

笛卡尔是近代哲学史上身心实体二元论的代表人物。身心实体二元论也常常被称为"笛卡尔主义二元论"（Cartesian dualism）。

笛卡尔的怀疑方法能帮助我们能够更好地理解"身心是可分实体"的论点。刚刚讲到，意识中的红色感知不等于红色的光波。但这只是身体和心灵在属性上的差异，不足以说明身心是可分的实体。笛卡尔却发现，"魔鬼"的思想实验进一步告诉了我们为什么身心可分。在魔鬼欺骗的思想实验中，世界上没有天地海洋，没有物质，我们其实是一些孤魂野鬼，却自以为有身体而已。这个思想实验说明：我们可以独立于身体而理解灵魂。起码，我们完全能设想没有身体的心灵。因此，在概念上，心灵就有可能独立于身体而存在。

10.2.2　二元论者怎么传输意识？

对于热爱当代唯物主义世界观的人，二元论简直不可理喻。心灵怎么可能独立于肉体而存在呢？但我们发现，二元论有着很深的理论基础。无论身心属性的现象差异，还是笛卡尔魔鬼欺骗的可能，都提示了身心分离的概念可能性。

二元论者又会怎么理解意识传输呢？前文讲到，科幻电影关于意识传输有两个基本假设：

- [意识同一] 人格同一性由意识承载；只要一个人的意识还在，他本人就在。
- [物理基础] 意识存在物理基础，只要能再现意识的复杂物理基础，就能再现意识。

二元论者接受 [意识同一]，却反对 [物理基础]。

笛卡尔认为，意识是人的本质。我们可能没有身体，却不能没有意识。尤其"灵魂不死"的宗教图景默认升入天堂的灵魂正是一个人本人。否则，天堂也就不值得向往了——反正我们自己过不去，过去的也不是我们自己。

二元论者不接受 [物理基础]。在概念上，意识心灵实体不需要物理基础。根据二元论，无论技术再怎么进步，能制造的物理基础再复杂，都不足以直接产生意识。哪怕完美克隆一个人，这个克隆的行为方式与本人完全相同，他也完全可能没有自己的"意识"。

不过，二元论者具体如何理解心灵与身体的关系呢？

[物理基础]背后的世界观是唯物主义。意识就是物质，复杂的物质可以直接生成意识。二元论者则倾向于把身体看作意识的"容器"。通过身体，意识得以跟物理世界互动：一方面接受物质信息，另一方面则对物质世界施加影响。在二元论看来，身体不是意识的必要条件，更像是意识的工具或"财产"。工具和财产的地位或许远远低于"必要条件"，但也不差。与"科幻"相比，二元论的设定更像"奇幻"类影片——邪恶反派就算肉体毁灭，灵魂也可以继续飘荡。飘荡着的灵魂尽管存在，却不能自给自足。所以，邪恶反派的灵魂总希望重获肉体。有了肉体才能统治世界，享用世间的一切。

所以，二元论者上传意识不是为了延续存在，只是为了给意识提供"人格表达"的机会。恋人上传自己的意识也不是为了永生，更不是为了给对方一个念想，而是为了尽可能按照之前的方式跟对方相处。面对"上传意识后要不要继续爱这个程序"，也就一定要回答："是，当然会！"从肉身变成程序，无非是换了一套衣服和妆容。要是对方换了妆就翻脸不认人，实在不可原谅。

更重要的是，二元论可以避免"人格复制"的困境。关于科幻场景的[意识同一]和[物理基础]假设会导致人格同一的不稳定性。即如果复杂物理必然生成意识，意识就可以无限复制；而既然载入了一个人脑部信息的程序就是"他本人"，这个程序的复制也将是他本人。他本人也就会有很多很多个，根本没法分辨。二元论不会导致这个结果。既然意识不来自于物质，复杂的物质也就生不出意识。哪怕拷贝了很多程序，意识只会选一个程序当成自己的寓所。其他的拷贝都是名副其实的"副本"。就算把当事人的言行模仿得惟妙惟肖，这些副本也不能"看到红色"，更不会"感到开心"。所以，万一意识上传的途中出现意外，生出很多拷贝，我们也可以放心地销毁。（见图 10-3）

图 10-3　二元论框架下可以安全传输意识

由此，我们为"意识传输"找到了比较靠谱的理论。只要拥抱身心二元，就能毫无风险地用意识传输延续自己的人生。哪怕二元论未必正确，也至少从理论上说明了意识传输的可能性。

10.2.3　二元论的困境：身心之间没法互动

可惜，多数哲学家已经抛弃了实体二元论。随着自然科学的发展，唯物主义兴盛。既然科学能解释越来越多的现象，何必还要假设存在非物质的心灵呢？实体二元论的衰落不仅源于科学的发展，也来自二元论内部的一些理论问题。其中，最严重的问题是身心互动。

所谓身心互动，就是身心之间相互的因果影响。一个人想要起身喝水，就真的起身喝水。这是心灵对身体的影响。此时，喝水的想法为因，喝水的行为是果。反之，被刀划伤时感到疼痛。这是身体对心灵的影响。被刀划伤为因，感到疼痛为果。通常，人类的心灵与身体结合得十分紧密，我们甚至常常忘记两者之间的差别。

然而，如果身体和心灵是两种不同类型的实体，又怎么发生相互作用呢？生活中可见的因果作用都只发生在物质实体之间。我们理解一只台球为什么能把另一只撞飞，理解为什么斧头能把木柴劈成两半——无论打台球还是劈柴，都只涉及物质间的作用。哪怕更加复杂的化学变化也是如此。燃烧现象曾困扰了人们许多个世纪，化学家们却始终将解释其为物质间的细微作用。

现在，二元论者却告诉我们心灵是非物质的思想实体。非物质的思想实体，又怎么能影响物质呢？物质又如何反过来影响心灵？多数奇幻类影片和电子游戏都尊重一个基本设定：物理攻击对灵体类敌人几乎无效。面对飘在空中的幽灵，冷兵器只能造成很小的伤害，普通火焰攻击也收效甚微。当然，为了避免把主人公逼上绝路，奇幻影片和电子游戏总会留一些对付幽灵类敌人的后路。哲学却不是打怪升级。哲学家们可以静下心来，认认真真地询问二元论者："说吧，那种幽灵一样完全没物质属性的心灵，怎么就能控制自己的身体呢？"

被逼无奈，二元论者也给出过一些答案。

比如笛卡尔就曾经辩解：身体与心灵结合于脑中很小的一个区域——松果腺。人体接受的所有刺激最终都反映为松果腺的活动方式。松果腺的活动又直接和心灵相关。笛卡尔的说法显然有些敷衍。松果腺毕竟是物质。无论再小也是物质。因此，物质和心灵之间的互动方式也就依然没有说明。

上述问题可称为二元论身心互动的"理解"难题。除此之外，二元论的身心互动理论还会遇到"物理封闭"的挑战。

所谓物理因果的"封闭"（closure），是指所有的物理状态都有充分的物理原因。在讨论自由意志的时候，我们遇到物理的封闭性。回想，你在冬日清晨纠结许久，最终还是起床上班。起床貌似是你自由的决定。但既然你的决定对应了特定的神经状态，这个状态又有充分的物理原因，你的决定其实并不取决于你。

物理因果封闭性不仅威胁了自由意志，也给身心作用带来困扰。

当你艰难地起床上班，你的英勇行为似乎来自于"你的意愿"。常识认为，你是"因为"下定决心才起床上班。心灵活动对你的身体产生了重要影响。可根据封闭性，你起床上班有着充分的物理原因。下定决心时，你的神经状态必然会导致起床上班的行为。至于"心灵"的作用，其实可有可无。也就是说，哪怕不存在任何心灵状态，世界也会正常运行。那些心灵自以为对世界施加的影响都是虚幻的——物理世界原本就会这么运行，毫无偏差。封闭原则，果然把身体的物质世界"封闭"了起来，心灵根本进不来。

可见，物理因果封闭世界里的心灵非常凄惨。不仅不自由，还没用。心灵不仅跳不出既定的因果链条，甚至也不能在唯一的现实因果链中发挥任何作用。

如果物理封闭性影响的是心灵的作用本身，可这跟二元论又有什么关系呢？心灵对身体的作用，是常识的基本假设。根据物理封闭性，心灵没作用，那便是常识错了，怪不到身心二元论头上啊。但其实，如果抛弃二元论，就可以立即化解心灵作用和物理封闭性的冲突。比如，在唯物主义者眼中，"心灵"无非就是某种物质。心灵对物质的作用也就是物质对物质的作用。大家都是物质，也就不会被物理封闭性排除了。

总之，身心二元论的世界可爱又可怕。可爱，是因为它为灵魂不死提供了空间。就算意识传输太贵，消费不起，我们在死后也可能继续存在。可怕，是因为灵魂在宇宙中异常孤零，就连活着的时候也无法真正与身体互动。

10.3　行为主义：所行即所想

二元论不是唯一的心灵理论。唯物主义与实体二元论针锋相对。唯物主义认为世界上最终只有物质存在，心灵的本质只是物质。当然，"唯物"的说法比较笼统。从唯物主义框架出发，哲学家们发展出了许多不同的心灵理论。

20 世纪早期最著名的唯物主义理论是"行为主义"（behaviorism）。

行为主义认为，非物质的心灵听起来匪夷所思。虽然这样的心灵的确有可能存在，却太过神秘，谁都没法证实。行为主义者认为，任何概念理解都要采用公众可见的标准。你看到"红色"了？觉得"疼"了？对不起，别人看不到你的意识。别人只看得见你被刀划伤后有没有皱眉头、吹伤口、敷药；别人只知道你有没有在交通信号灯变红时停车。至于你"内心"的感受，别人看不见。当然，你也不必委屈。你同样也不能直接看见别人的内心。比如，当你看到富二代炫耀跑车的时候，真能看到他们的"开心"吗？其实不能，你只能看见他们的表情和手势。关于他人心灵的问题，大家都是平等的。

可既然我们都看不见别人的内心，又怎么对他人的心灵做出判断呢？"看到红色"和"感到疼痛"这类词语还有意义吗？行为主义者认为这些词语依然能用。我们只是需要重新解释它们的意义。所谓"觉得疼"，并不是意识感受到的某种内部状态。相反，疼是一系列行为或行为倾向。人在疼的时候会皱眉头、龇牙咧嘴、吹伤口、找药……这些就是"觉得疼"的全部内容了。类似，"感到开心"是指一个人会笑，会拥抱身边的人，会兴冲冲地拿手机点一份下午茶。"开心"无非如此。

10.3.1 这么不靠谱的行为主义，为什么相信？

行为主义看似极其荒唐。难道我们都是木头，是机器人吗？不管别人是否能看到，我确确实实地感到开心或疼痛啊！对于前文讲到的心灵属性和物理属性的差别，我们竟能视而不见吗？

这种疑惑情有可原，对行为主义却未必公平。

行为主义不必否认我们具有很多内在心灵状态。你在冬日的清晨觉得冷，感到困，仿佛身体被掏空。这都是实实在在的感觉。再胡来的理论都不能否认这些事实。行为主义同样如此。实际上，我们可以把行为主义理解为关于"心灵概念"的理论。你觉得冷，感到困。但你的感觉大概不是"冷"和"困"这两个概念的所指。既然人人都懂什么是"冷"和"困"，这两个词的所指也必定也是人人可见的特征。行为主义者只是强调：与内在意识不同，行为才是人人可见的。

比如说，一个人在上课或开会时觉得非常困。大家怎么知道他困呢？方法有很多：如果看到他始终节奏均匀地点头，听到他轻微的鼾声，或者看到他偷偷地掐自己，那他一定是困了。行为主义者说：这些就是"困"的含义。当我们在生活中说一个人"困"的时候，指的往往不是他的主观感受，而是他的行为。再设想，如果一个人在课堂或会议室坐得笔直，头不晃动眼不歪，文字也写得工工整整，他就不算"困"。万一他说自己主观上感到困，我们也大概只会同情地劝他："别怕，你现在根本不'困'，你现在的'困'只是幻觉。"

类似的，我们可以想象一个人主观上感到剧痛，却没有任何外在表现。这个人不龇牙咧嘴，不吃止痛药，也不主动告诉别人自己疼。被问道"你感觉怎样"时，他只是放下茶杯淡然地说了一句"非常疼"。那我们一定怀疑自己听错了。与其说"疼"，我们似乎更应该给此人的感觉另起一个名字。这个人最大的问题或许不是疼，而是根本不知道用什么词表达自己的感觉。

可见，内心状态相关词汇的判断标准不完全是意识内容。这些标准部分取决于当事人的外部行为。只有当一个人的行为符合"疼"的特征时，他才算真的"疼"。

有人可能会反驳：关羽在刮骨疗毒的时候疼不疼呢？刮骨疗毒，肯定非常疼。可是关羽却淡然地饮茶下棋，完全看不出疼的样子。要是行为主义者说"关羽其实根本不疼，他什么都没忍"，未免太不公平！

好在，行为主义不必把心灵状态等同于现实的行为。他们只需诉诸"行为，或行为的倾向"即可。一个人可以倾向于做某些行为，却并未真正地做出这些行为。比如，你得知自己中彩票后想仰天大笑，但发现周围人多不好意思，所以强行忍住。虽然忍住了笑，你还是有着笑的倾向——万一最后没能绷住，你还是会笑出声来。同样的，如果你在课堂或会议室困倦不已，却强行睁大眼睛，想些其他好玩的事情分散注意力，你可能不会睡着，却依然有睡着的倾向。所以关羽虽然没表现疼的样子，却依然有相应的行为倾向。关羽意志力超群，正是因为他能抑制住这些倾向，不让表达出来。

除了诉诸倾向，行为主义者还可以从更加微观的尺度描述行为。

关羽虽然没喊疼，却可能有很多疼的微表情。也许嘴角动了一下，也许眉毛抖了一抖，或者手上太用力，把棋子捏碎了。总之，微表情专家一定能从关羽的微表情中读出他的疼痛。哪怕关羽毅力惊人，不露任何微表情，他的体内指标也一定出卖了他。至少，他的C纤维一定释放着强烈的信号，同时血压上升，心跳加快。所有这些都是广义的疼痛"行为"。

10.3.2　困境：行为常常太模糊

经过梳理，行为主义看起来不那么荒诞了。可惜，它依然有很多内部的理论困境。行为主义最主要的一个问题是：行为精度太低，很难定义心灵状态。

行为主义不承认内在的意识状态，只认可外部表现行为。如果这个理论可行，我们就必须至少能为每一个心灵概念找到对应的行为方式。"快乐"的概念必须能对应一套体现了快乐的行为。"痛苦"也是如此。否则"快乐"和"痛苦"将变得空洞，而这绝不是行为主义的本意。

可惜，常识的心灵词汇很难和具体的行为一一对应。

假设一个男生去相亲，对女生一见钟情。那么他"喜欢"的感觉要对应什么表现呢？是脸红心跳，害羞得说不出话？还是故作镇定，装出满不在乎的霸道总裁范儿？显然，不同性格的人会有不同表现。要是不了解这个男生，就没法直接从他的行为中读出他的想法。毕竟从表面来看，脸红心跳和满不在乎是完全相反的行为。我们也就很难用它们定义同一种心理状态。可见，一个心理状态在事实上可以对应不同的外在表现。行为主义很难在心理状态和外部行为之间找到完美的一一对应关系。

此外，同一种表现背后的心理状态也可以完全相反。男生去相亲，一见钟情，却发现对方笑而不语。笑而不语是为什么？是暗暗地喜欢？还是礼貌地反感？此时，男生一定非常不安。不安的原因，是女生表现出的行为对应很多可能的心理状态。如果行为主义者跑过来劝男生"不要急，女生就只是在'笑而不语'而已，没有任何歧义"，男生一定会生气地骂回去。

行为主义者大概会反驳："笑而不语"的确含混，但女生的真实行为比这复杂得多。

前文刚刚提到行为倾向和生理指标。能不能用这两个方法解释女生的心理状态呢？也许女生除了笑而不语外，还有很多行为倾向。比如，她会在男生约吃饭或看电影时带上闺蜜，会保持和男生的距离，并会在恰当的时候说"你是个好人，想和你一直做好朋友呢"。这些行为倾向能否告诉我们女生不喜欢男生呢？未必。面对这些行为倾向，多数人会知趣地离开。可万一男生非常执着呢？万一男生在听到"你是个好人"的时候，心想"我的确是个好人，所以相信你内心一定是喜欢我的，你只是需要时间承认而已"，女生又能怎么办？好像没有任何办法了。行为总有歧义。无论多细致的行为倾向都有被误解的可能。

原则上，能让男生死心的，只有二元论视角下女生的内心状态。根据二元论，无论女生行为有没有歧义，她的意识中都印着一个大大的"呸"字，还伴随些许厌恶感。这个状态无可争议地体现了"不喜欢这个男生"几个字。当然，男生依然不能直接看到女生的内心。他可能因此继续锲而不舍，但这也只是生活中的误解。至少，二元论允许我们恰当谈论"女生不喜欢这个男生"的事实。

行为倾向救不了行为主义，微表情和生理指标同样帮不上忙。宏观行为有歧义，微表情和指标也有歧义。比如，女生笑而不语的同时脸红心跳？但脸红心跳可能是因为紧张，而不是喜欢。脸红心跳的同时多巴胺分泌升高？那可能是因为女生刚刚运动完，或者跟男生相亲时吃了甜食，等等。

10.3.3 行为主义者怎么传输意识？

行为主义的困境多多，它对意识传输的解释也相当吃力。行为主义的一个直接后果是：意识传输必须同时提供行为表达的可能性。否则，如果传输后的程序没有足够的行为表达能力，也就没有相应的心灵状态。

在很多科幻场景中，意识传输只是"保留"人格的方法。只要把一个人的意识扫描进一个程序就算延续了生命。这个程序也许暂时没手没脚，不能工作，甚至没法吃喝玩乐享受人生。但不要紧，只要程序还在运行，此人的意识就得以保留。一旦安装了四肢，或在虚拟场景中获得了"身体"，就又能活蹦乱跳地表达自我了。所以，心灵状态的"存在"和"表达"不同。就算没有任何行为倾向，心灵也可以存在。

行为主义却和这个设定相互冲突。

根据行为主义，没有行为倾向就没有心灵状态。哪怕我们把一个人的意识传入程序，只要这个程序没有表达的输出途径，行为主义就会把它看作一部低配的机器而已。也就是说，如果你的恋人上传了意识，却没钱为程序外置完整的仿生人体，你就完全不必对这个程序念念不忘。哪怕你把这个程序留在库房积灰，行为主义者也不会怨你狠心——他们会嫌这程序根本还不算意识。（见图10-4）此时，困在程序中的恋人一定非常伤心："我只是不能表达，凭什么说我没心灵呢？"

图 10-4　行为主义太苛刻

除了歧视不能表达的程序外，行为主义同样会陷入人格复制的问题。如果一个人的心灵就是他的行为倾向，我们就可以通过复制一个人的物理基础来复制他的心灵。一旦科技能够完美重现一个人的神经状态，自然也就可以无限拷贝这个状态。行为主义者认为心灵就是行为，所以这些复制品也就具有心灵。结果是：我们仍将不知道谁是"真身"。

10.4　副现象主义：心灵是物理的"副产品"

行为主义是比较极端的唯物主义。行为主义虽然承认我们有各种各样的意识状态，却对其避而不谈。不过，"唯物主义"本身并不意味着忽视心灵。很多唯物主义者认可我们的心灵状态。我们感到开心,感到疼痛,"开心"和"疼痛"这些词也可以直接指向相应的内心状态。唯物主义者只是否认这些心灵状态在本体论上的独立性。跟二元论不同,唯物主义者往往把心灵当作复杂物理状态的体现——只要物理状态足够精密,就能重现心灵。

当代的"副现象主义"(epiphenomenalism)最准确地表述了这种唯物主义观点。

副现象主义认为心灵只是物质的副现象。世界上最终只有物质。物质规律自给自足,自我封闭。只不过,某一些复杂的物质状态会衍生出心灵现象。心灵是复杂物质的高级属性。你看到红色,觉得疼痛,这都是脑中神经活动的"体现"。没有这些基础神经活动,你也就没有相应的意识内容。

关于低级属性和高级属性的差别,我们可以用"盖房子"来理解。以最简单的红砖房为例,盖房子需要砌很多红砖。一个红砖不是房子,一堆红砖散在一起也不是房子。然而,当很多红砖以某种方式摆在一起时,就有了"房子"。如果我们指着一个红砖房,问"这里有什么",最自然的回答是"有很多红砖,它们共同构成一座房子"。反之,我们不能说"有很多红砖,除此之外还有一座红砖房"。红砖房不是红砖之外的事物,而是红砖的某种组织形式。

在副现象主义者眼中,意识的物理基础就像红砖,意识就是红砖盖出来的房子。一方面,意识离不开物理基础。另一方面,意识也不等同于神经活动。"红砖房"毕竟不是"红砖的堆砌"本身。除了名字不同,红砖房还有着很多红砖没有的性质——可以居住,可以避雨,还能生火吃饭。意识也有着大脑神经活动所没有的性质。副现象主义认为,我们意识经验中的所有内容都来自脑神经活动,却不是这些神经活动本身。神经自己可不会"看到红色"或"感到疼痛"。

比起行为主义，副现象主义能更好地说明身心现象的差别。意识中的"红"和物理世界中光波的"频率"不同。这几乎是生活常识。看到红色是看到红色，神经活动是神经活动。行为主义却把两者等同。副现象主义通过区分低阶和高阶属性，能够把它们看作不同的性质。

另外，副现象主义也比二元论更谨慎。在很多人看来，提出非物质的心灵还不如相信"有鬼"。就算心灵和物质不同，人们在日常生活中也从未见过脱离肉体的心灵。实体二元论的宗教意味虽然为信仰提供了理论支持，却也因此脱离了世俗理性的范围。

所以，副现象主义虽然名字听起来生疏，却很好地捕捉了朴素唯物主义的观点。在重回意识传输的话题之前，我们先介绍一下副现象主义对身心互动关系的解释。

10.4.1　副现象主义与身心互动：心灵只是一部电影？

前文提到，心灵和身体之间有着持续的因果作用。你想喝水，于是起身喝水。被刀划伤，所以感到疼痛。物理状态会生成相应的心灵状态，心灵状态也会引发物理状态。二元论者对此束手无策。两类完全不同的实体之间怎么发生作用，常人难以理解。何况，物理世界的因果自给自足，非物质的心灵根本没有插手空间。行为主义对身心互动的解释则相当直白。我们都是物质，所谓心灵也只是一些行为和行为倾向；由此，身心互动里没有心灵的位置。心灵只是我们给某些物理状态取的名字而已。

副现象主义对身心互动的解释要更加复杂。

虽然副现象主义只认可物理事物的存在，却允许高级物理属性构成心灵属性。所以，物理状态影响的范围也就包括了两个方面：一方面，物理状态可以影响物理状态；另一方面，物理状态也可以间接地影响心灵状态。

回想"清晨起床"的场景。你在冬日的清晨挣扎许久，最终起床上班。让我们假设：刺激你起床的原因不是毅力，而是银行发来的短信："信用卡分期即将付款，请确保余额充足"。你看着短信发呆，心情沉重。没怎么纠结就直接爬起来了。这个过程中，短信的后果包括如下两个方面：

- 你看短信的神经状态，促成你想起床的神经状态。
- 你看短信的神经状态，促成你想起床的内心状态。

你脆弱的神经看到短信，进而促成了想起床的神经状态，这是物理-神经学的范畴。期间的过程确实比较复杂，但终究可以获得科学的解释。

与此同时，短信通过你想起床的神经状态，也间接促成了你想起床的内心状态。"间接"，是因为它必须通过脑神经发生作用。正是通过对脑神经的刺激，银行的短信才让你"想起床"。在现象主义看来，起床的内心想法和对应的脑神经反应属性不同。两者也就不能被简化为"同一个后果"。也就是说，副现象主义允许我们讨论"身-心"作用：物质短信对心灵决策的实实在在的作用。

副现象主义也认可心灵对身体的作用吗？能否说你"因为"心理的决定，"所以"起床上班了呢？

可惜不能。心灵只是物质的副现象。物质世界的因果对物质封闭，没有心灵的位置。在主观看来，你是"因为"想起床的心灵决定而产生了起床的身体行动。可实际上，把你从床上拖起来的是"决定起床"的脑神经状态。从这个状态到起床之间，有充分的物理因果链条。这个链条极其充分，任何补充都显得多余。心灵对身体的控制，终究是一种幻觉。

我们不妨用电影放映来理解副现象主义式的身心互动关系。

播放电影时，我们会看到各种画面，比如：警匪追逐，公路飙车，相撞之后油箱起火、爆炸。影片呈现了因果连贯的故事。我们以为有警匪，有追逐，以为汽车的相撞导致爆炸。这些画面尽管"存在"，其间的因果关系却并不真实。之所以这些画面能彼此相续，不是因为故事的内在逻辑，而是因为电影胶片一帧帧的放映。如果放映机坏了，或者画面破损，我们在看到汽车相撞之后就看不到油箱起火。

副现象主义者眼中的心灵状态就像影片中的画面。心灵世界看似因果连续：我们"读到"银行短信，"感到"心情沉重，于是"决心"起床上班。从意识的角度看，这三个心灵状态之间彼此相续，因果相连——因为看到短信，所以感到沉重，又因为感到沉重，所以想上班。可实际上，这条心灵的因果链根本无效。真实的因果关系仅仅发生于神经物质层面。我们的脑神经依次经历了三个状态，在意识中投射出三幅画面。这三个神经状态因果相续，我们却误以为三幅画面的内容之间也有因果关系。

10.4.2　副现象主义的意识传输？

副现象主义对意识传输的解释，会不会比行为主义者更理想呢？毕竟，副现象主义认可心灵属性，更加尊重心灵现象。前文讲到，行为主义要求上传了意识的程序必须搭配表达的技能，否则就只是一堆代码。副现象主义不会落入这个俗套。就算没有行为表达能力，副现象主义也认可某些复杂的物理基础能直接构成心灵状态。

不过，副现象主义还是没法逃离"副本"的困扰。复制了你脑信息的程序虽然继承了你的心灵状态，可那真的是你本人吗？如果是，这个程序的其他拷贝也将同样是你本人，你又是哪个程序呢？反之，如果上传了你大脑信息的程序不是你本人，又何必上传意识呢？干吗花自己的钱购买服务，却让另一个人在自己死后享受人生？

10.5 意识与"本人"

在讨论心灵理论的时候，我们一直以 [物理基础] 为参照。

[物理基础] 认为，只要能以相当的精度还原意识的生理基础，就能再现意识本身。既然二元论、行为主义和副现象主义的心灵概念不同，它们对物理基础的态度也就不一样。二元论拒绝 [物理基础]，认为心灵是非物质实体，不被物理状态生成。物理无非是给意识提供了身体而已。行为主义虽然拥抱 [物理基础]，却在概念上把心灵状态划归为物质。谈心灵就是谈物质，非常俗气。副现象主义的名字蹊跷，却最符合常人对唯物主义的理解——物质第一性，心灵第二性。心灵不是物质，但依靠物质而存在。

在以 [物理基础] 考察心灵理论的时候，我们并没有质疑 [意识同一]。相反，我们一直默认了一个人的意识就是他本人的承载者。正如笛卡尔在怀疑方法中指出的：哪怕没了身体，只要思想意识还在，我就存在。意识和个人同一性的这种紧密关系，正是科幻影片中的基本假设：延续一个人的生命，是要延续他的意识；否则，为什么不仅仅延续他的四肢、五脏六腑或血液循环呢？

可 [意识同一] 真是正确的吗？有没有可能我们的人格同一性不完全取决于意识？

哲学家们对此给出过不同的答案。有人认为人格同一性完全来自于人的生理基础——一个人始终是一个人，因为他持续地占据着自己的身体。当身体消逝，人格也随之消失。另一些哲学家认为"身体"的标准过于宽泛。大脑是身体，头发指甲也是身体，我们并不会因为理了发剪了指甲就从世界上消失。就算头发剪得巨丑，你恨不得自己马上变成另一个人，也不会因此真的改变身份。相比之下，也许大脑才是我们身体中最根本的部分。如果我的大脑被移植到另一个身体中，那么醒来后，我就会认为"自己有了一个新的身体"，而不是"完全成了另外一个人"。

有人或许以为：大脑不正是因为保存了意识才重要？为什么不直接把个人同一性等同于意识呢？

可惜，意识未必能完美捕捉到人格同一性。此前，我们一直把"复制"带来的困境归罪于 [物理基础]，仿佛意识复制带来的混乱都是唯物主义的错。但实际上，哪怕忘掉现代科学教育，抛弃唯物主义，我们也会遇到身份混乱的困境。

为说明这点，不妨拿身心实体二元论开刀。

前文始终默认二元论完美地规避了意识拷贝的难题。根据二元论，意识是非物质的心灵实体。无论造出多么复杂的物质结构，都不能直接产生心灵。这的确避免了"意识传输"过程中发生意外的可能。可惜，二元论同样会被意识拷贝的问题所困扰。不要忘了，实体二元论的一个重要理论背景是有神论。而在基督教的传统中，意识由全能的上帝所创造。既然上帝全能，他就完全可以用"非物理"的方法"直接"复制意识。

假设，上帝趁笛卡尔熟睡的时候造出一模一样的拷贝。这份拷贝不仅在身体上和笛卡尔完全相同，也配了一个非物质的灵魂。两人同时醒来，都觉得自己才是真的。显然，他俩不是同一个人：虽然身材外貌完全相同，两人的意识却彼此分离。

可我们真能分出谁是谁吗？他们两人之中真的只有一个"真正的笛卡尔"吗？答案并不清楚。至少，我们很难用意识连贯性的标准来回答。复制品的意识"忽然出现"，所以不算真身？可熟睡中的意识大多是断裂的。而既然都是断裂的，就没法用"谁连续谁不连续"来辨别真身。此外，我们更没法用记忆区分谁是谁。上帝能凭空制造灵魂，也就能完美地复制记忆。当笛卡尔和他的复制品同时醒来，两人的记忆可以完全相同。复制品或许不止"记得"昨天吃过的晚餐，还记得昨晚没完成的文章，准备爬起来继续奋笔疾书呢。

虽然我们用了"复制品"的说法，却完全不足以抚平两人身份混乱带来的困扰。为说明这点，我们继续假设：上帝在创造完美的复制品之前，曾在极短的时间内让笛卡尔凭空消失。随即，又让笛卡尔和他的"拷贝"同时出现。这个操作会让两者的差别更加微弱。根据常识判断，如果上帝让一个人凭空消失，又立即让他重新出现，我们并不会怀疑重新出现的是"他本人"。于是，重新出现的笛卡尔，仍然应该是笛卡尔本人才对。可问题是：如果从无到有重新出现的笛卡尔是"笛卡尔本人"，那为什么另一个凭空出现的竟不是笛卡尔本人呢？（见图10-5）

可见，意识副本泛滥的同一性灾难，并不仅仅源自唯物主义的意识观。二元论者完全有可能面对相同的问题。因此，问题可能不在 [物理基础]，而在 [意识同一]。也许，以意识解释人格同一性，本身就有陷入人格混乱的隐患。"什么是一个人本人？"这个问题依然没有完美的答案。至于上传了意识的程序还是不是你本人，大概你自己也不会知道。

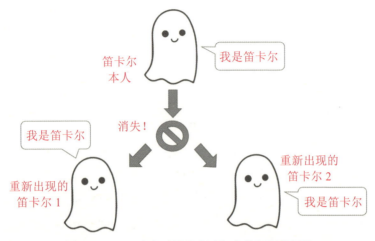

图 10-5　二元论也不能完全避免人格复制的困扰

10.6　小结

"意识传输后，还爱不爱程序"本不是恋人的经典话题。不过，越来越多的影视剧以意识传输题为题材，恋人在观影后又总得说点儿什么。所以，"意识传输"大概会成为恋人问题清单里的新成员。

意识传输涉及灵魂的本质、灵魂与肉体的关系、人格同一性等哲学话题。从古希腊时期，柏拉图和亚里士多德就不断探讨灵魂的结构与本质。基督教神学更把灵魂当作救赎的载体。笛卡尔则通过怀疑的方法提炼了"意识"的确定性，并以二元论解释身心之间的差异。

在哲学的不同分支中，灵魂与肉体的关系属于广义的形而上学。两者都是对"世界为何"的解释。发展至今，对心灵的本质及身心关系已独立成为"心灵哲学"（philosophy of mind）的研究主题。身心二元论、行为主义、副现象主义，都是近当代心灵哲学中比较主流的立场。我们看到，每一种立场都有自己的优势和出发点，也都有难以克服的困境。笛卡尔认为，心灵是我们最为熟悉的现象；对于心灵的存在，我们远比外部世界更加确定，但也许心灵才是最神秘的。也许，我们平时只是一厢情愿自以为懂得什么是心灵、意识、自我，这些概念的复杂程度却远远超出了常识的想象。

扩展阅读

本书十章介绍了认识论、形而上学、伦理学、心灵哲学等领域的一些基本问题。如果你希望更深入地了解相关领域，可继续阅读劳特里奇（Routledge）的当代哲学入门（Contemporary Introductions to Philosophy）系列。比如：

- Michael Loux, *Metaphysics*: *A Contemporary Introduction*, Routledge, 2006
- Harry Gensler, *Ethics*: *A Contemporary Introduction*, Routledge, 2011
- John Heil, *Philosophy of Mind*: *A Contemporary Introduction*, Routledge, 2004
- William Lycan, *Philosophy of Language*: *A Contemporary Introduction*, Routledge, 2008
- Alex Rosenberg, *Philosophy of Science*: *A Contemporary Introduction*, Routledge, 2012

本书对形而上学和伦理学的介绍即参考了卢克斯（Loux）和金斯勒（Gensler）教材的框架。认识论领域的教材，推荐：

- Richard Feldman, *Epistemology*, Prentice Hall, 2003
- Duncan Pritchard, *Epistemology*, Palgrave MacMillan, 2016

其中，上述部分教材已有中译本面世。

至于哲学经典原著，大多对当代读者不够友好。人们越是熟悉的名字——康德、黑格尔、萨特、海德格尔，其著作也越晦涩。初学者直接啃康德和黑格尔的著作，很容易心灰意冷。

哲学原著中最适合入门的，有柏拉图的《对话录》，以及笛卡尔的《谈谈方法》和《沉思集》。柏拉图的《对话录》开卷有益。《对话录》以苏格拉底为主人公，而苏格拉底口中问出的每一个问题，几乎都是对理性的一次敲击。笛卡尔的《谈谈方法》和《沉思集》则是用清晰易懂的语言建立完整哲学体系的经典尝试。

如果你不满足于只思考具体的哲学问题，还希望掌握完整的哲学史视野，可以阅读一些经典的哲学史教材。比如：

- Anthony Kenny, *A New History of Western Philosophy*, Volume 1-4, Clarendon Press
- Samuel Stumpf, *Socrates to Sartre: A History of Philosophy*, McGraw-Hill College, 2002

其中肯尼（Kenny）的四卷本哲学史教材已有中译本。

致　谢

本书的主要内容改编自我在"孤独的阅读者"开设的同名哲学课程。十分感谢"孤独的阅读者"所有同仁的支持。《恋爱中的苏格拉底》能有幸与公众见面，得益于葛旭船长、白墨兮老师、黄河清老师对人文普及教育的坚持。与陈湛、凌云、蒋运鹏、韦滕捷等老师们的交流也始终让我受益匪浅。李思仪、胡昂俊、郭仁举帮助整理了书稿，我的父亲张伟光也认真地校对了书稿中的很多章节。清华大学出版社的编辑老师不厌其烦地为书稿提出宝贵的修改意见。

感谢家人长期以来的支持与陪伴。

最后，感谢我的爱人——让我在思考恋人的各种提问时，脑中总会浮现出具体生动的声音和形象。尤其，在读书稿的过程中，她又提出很多新的问题，为下一本书提供了灵感。

张小星